Montreal

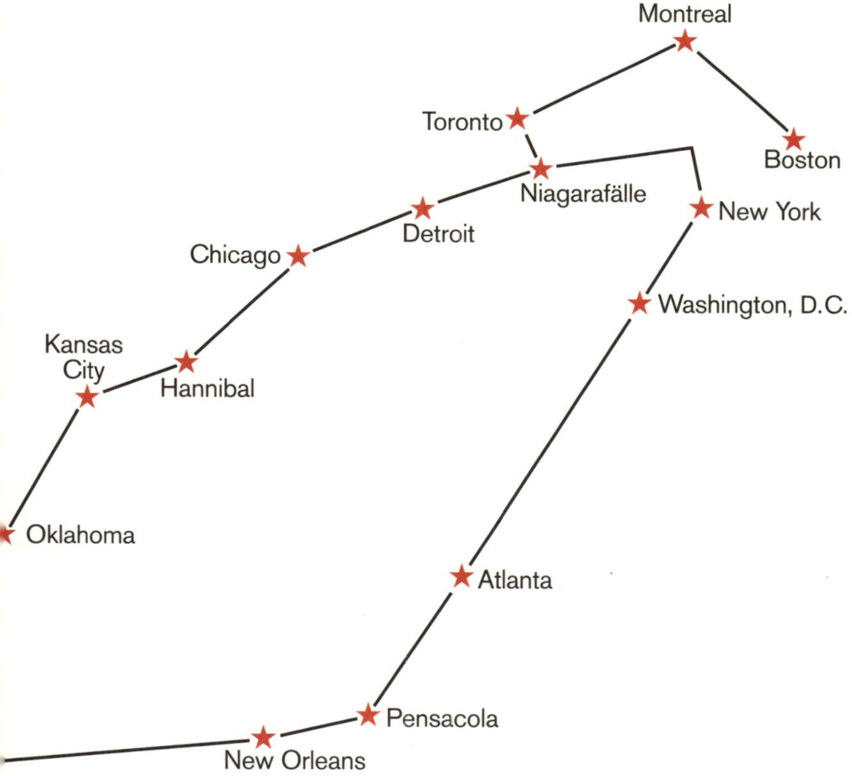

Toronto

Niagarafälle

Detroit

Boston

New York

Chicago

Washington, D.C.

Kansas
City

Hannibal

Oklahoma

Atlanta

Pensacola

New Orleans

S. FISCHER

Felicitas Hoppe

PRAWDA

★ EINE AMERIKANISCHE REISE ★

S. FISCHER

Erschienen bei S. FISCHER
2. Auflage Februar 2018

© 2018 S. Fischer Verlag GmbH, Hedderichstr. 114,
D-60596 Frankfurt am Main

Gesamtherstellung: CPI books GmbH, Leck
Karten Vor-/Nachsatz: Peter Palm, Berlin
Printed in Germany
ISBN 978-3-10-032457-3

Die Reise ist noch nicht zu End,
wenn man Kirch und Turm erkennt.

3668IlfPetrow heißt ein von der sowjetischen Astronomin Ljudmila Georgijewna Karatschkina entdeckter Kleinplanet, getauft auf die Namen des Schriftstellerduos Ilja Ilf und Jewgeni Petrow, die in den dreißiger Jahren des langsam versinkenden letzten Jahrhunderts vier Monate lang im Auftrag der Prawda unter der Führung von Mr und Ms Trone alias Adams, deren Geschichte hier nicht erzählt werden kann, die Vereinigten Staaten von Amerika in sechzig Tagen, über zehntausend Meilen, von Ost nach West und von Südwest nach Ost bereisten. Danach bestiegen sie ein Schiff, fuhren wieder nach Haus und schrieben ein Buch. Ihnen ist diese Reise gewidmet.

NORDOSTEN

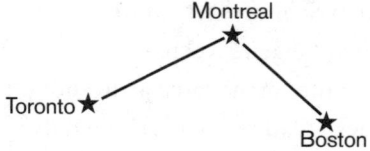

Wir sind hier doch nicht in Amerika! Schreiben Sie das
in Ihre Notizbücher, Gentlemen, falls einer von uns tatsächlich noch einmal versuchen sollte, die Füße auf Ihren
Schreibtisch zu legen. Nicht dass wir das wollen, wir können nicht anders, Amerika ist nun mal das Land unserer
Träume: Ein freies Land mit sehr freien Menschen, jeder
sein eigener Sheriff, einsam rauchend, ohne Manieren,
mit einem eigenen Stern auf der Brust und einem Hut auf
dem Kopf, den er auch beim Essen nicht abnimmt. Und
mit einem windigen Schreibtisch hinter der Schwingtür,
auf dem bis heute, wenn der Mörder von hinten die Stube
betritt, gestiefelt, gespornt, übereinandergekreuzt, unsere
nach Westen gerichteten Fersen liegen. Wir sind einfach
unsterblich.

Schreiben Sie das in Ihre Notizbücher, Gentlemen: Wir
sind unsterblich. Und ergänzen Sie, damit hier keine Verwechslung aufkommt, dass ich bis heute kein Sheriff bin,
keinen Schreibtisch, keinen Stern und kein Hobby habe,
keine Kuh, keine Firma und Sporen schon gar nicht. Aber
schreiben Sie auch, dass mein Vater aussah wie Karl May
und dass meine Mutter die schwarzen Haare einer Indiane-

11

rin trug. Zum Fasching ging sie mit Stirnband, als Squaw, mit Zöpfen bis auf die Hüften hinunter, er als Orientale, mit aufgemaltem Schnurrbart und Fes. Sie reisten auf ihre eigene Art und auf eigene Kosten.

Karl May konnte mein Vater auswendig, nur das Land der Seen seiner Träume hat er niemals gesehen. Was braucht ein Land, wer den Kosmos hat? Er ging barfuß von Schlesien nach Niedersachsen und wurde, was er immer schon war, Filmvorführer und Missionar, in Gemeindehäusern und Kinozelten, wo man ausländische Namen bis heute so fröhlich mit deutscher Zunge ausspricht wie sein Großvater, der Kürschner, der wirklich (tatsächlich) nach Amerika ging, denn seine Frau war am Eselsfieber erkrankt und glaubte fest ans Schlaraffenland, bis er, im Angesicht unerfüllbarer Träume, die schlesische Flinte ins amerikanische Korn warf, weil er an deutsche Sprichwörter glaubte. Er gab einfach auf, kehrte um und verstarb.

Schuld daran sind natürlich die Russen. Diese abscheulichen Russen mit ihrem entsetzlichen Gegengewicht, mit ihren schrecklichen Büchern. Bücher wie Dynamit, die bis heute mit Schicksalen gegenhalten, die einer anderen, finsteren Schwerkraft folgen und meine Mutter tiefer und anders trafen als alle rauchenden Colts. Anna Karenina rezitierte sie, so händeringend wie lässig, aus dem Stegreif, auf langen Spaziergängen, durch sämtliche Winterlandschaften. Wir, die hungrigen vier, lauschten und blieben ergriffen schlaflos zurück, hinter dünnen Wänden in kleinen Zimmern, in die weder Schreibtisch noch Sporen passten, dafür endlose Selbstmörderzüge, die unablässig durch die Bahnhöfe unserer Träume rasten, ohne ein einziges Mal anzuhalten. Immer gegen die Sonne, von Westen nach

Osten, einmal Sibirien, keinmal zurück. Warum ist es in Sibirien so kalt? Weil Gott es so will, sagt mein Bruder, der Kutscher.

Aber legt man erst einmal die Ketten ab, wozu haben wir schließlich Zähne und Zangen, fährt man ganz wie von selbst einfach weiter, was im Traum so leicht ist, wie durch Meere zu schwimmen, die Jahreszeit spielt keine Rolle mehr. Was scheren den Flüchtling, den Schwimmer, die eisige Scholle, das Beringmeer, die Aleuten, Alaska. Am Ende, denn die Erde ist rund, kommen wir durch die Hintertür zurück ins Land der Verheißung, ins freie Geschehen, und stehen plötzlich nicht mehr im Schnee, sondern unter der brennenden kalifornischen Sonne. Vier unauffällig gekleidete Gestalten, die, leicht erschöpft zwar und leicht gebückt von der beschwerlichen Reise, ihr kleines bescheidenes Glück machen wollen, das Gesicht nicht gen Himmel, sondern zu Boden gerichtet. Vier furchtlose Schürfer, die eines Tages garantiert jenen Schatz finden werden, den man bis heute vergeblich sucht.

Ein guter Plan, ziemlich gut sogar. Allerdings muss er erst ausgeführt werden, was zunächst heißt, von allen Zweifeln befreit. Platz für die Bühne, für frische Visionen! Vorbilder gibt es ja reichlich, schließlich sind wir hier drüben nicht die Ersten. Der Kürschner war jedenfalls vor uns da. Und nach dem Kürschner ein zweiter Kürschner, mit einer anderen, dritten Frau, die den Zweifel, nichts als die langsam fallende Feder einer halbtoten deutschen Brieftaube, entschlossen von ihrem schmutzigen Ärmel bläst, denselben Ärmel nach außen dreht, sich als Köchin in der Wüste verdingt, drei Jahre im Diner Zum letzten Kaktus entschlossen Buletten und Pfannkuchen wendet, nebenbei heldenhaft Kaffee aufgießt, danach ins höhere Management aufsteigt und den alten Kürschner beiseiteschiebt, um ihre eigene Kette zu gründen: Enjoy your personal prick any time! Damit warb sie und blieb.

Aber will man sich daran ein Beispiel nehmen? Will man wirklich Besitzer von Prickly Pears sein? Kamen nicht andere, Größere vor ihr? Geht nicht alles längst drunter und drüber in der großen Küche des dampfenden Fortschritts, in der, Hand in Hand mit meiner Erinnerung, meine Halbbildung so entschlossen alles in eins kocht und so rührend verherrlicht, die Lebenden wie die Toten: Tante Erika aus Amerika, Kolumbus und Tocqueville, John Jacob Astor und Levi Strauss, Karl Pfizer aus Ludwigsburg und Max Kade aus Steinbach, Rockefeller aus Rockenfeld, Steinweg und Söhne, MrundMsAdams, Ilf und Petrow, Martin L. King, Brecht und Adorno, da Ponte und Weber, Dixie und Jazz, Hustensaft und verwaschene Hosen, Meinung und Mode, Sklaven und Kunst, Geschäfte und Krieg, Dollar und Daten, Dr. Seuss, Dr. Apple und Dr. Jobs.

Ach, all diese fröhlichen Doppelagenten mit ihren schnell verderblichen Schatten und ihren zweiten und dritten Gesichtern, von den Durchgereisten gar nicht zu reden. Dann schon lieber ein Doktor wie Snowden, Spion und Schneemann in einer Person, der kurz vor der Sintflut mit knapper Not durch die Hintertür nach Russland entkam und, wenn er nicht gestorben ist, bis heute vor einem Bildschirm sitzt, Brieftauben füttert, Daten auf Trab bringt und darauf wartet, sich endlich in einen russischen Roman zu verwandeln, der mit dem einfachen Satz beginnt: Alle glücklichen Spione sind einander ähnlich, jeder unglückliche Spion ist unglücklich auf seine Weise.

Was allerdings sein Unglück betrifft, so muss man sich Edward wohl eher als Helden einer romantischen Ballade amerikanisch-irischen Ursprungs denken: The Whistleblower, zu singen von einem deutschen Tenor und am Steinway begleitet von einem gewissen Lang Lang. Die beiden trafen sich vermutlich in Boston, Grand Tour, wo sie, kurz vor Abflug bereits leicht außer Atem von den Strapazen der Reise, gemeinsam im Boston Harbor logierten, zusammen aßen und tranken, rauchten, entspannten und, immer wieder von vorn alte Filme von Tom und Jerry sahen, allem voran die berühmte Szene, in der Tom die Ungarische Rhapsodie Nr. 2 cis-Moll von Franz Liszt spielt, während Jerry versucht, ihm ins Handwerk zu pfuschen.

Das alte Spiel: Katz und Maus, Hund gegen Mond, Spion & Spion, die virtuose Kunst aller wirklichen Künstler, Arm in Arm mit ihrem akrobatischen Gegner ein letztes transatlantisches Bündnis zu schließen. Ein unverzichtbar tröstliches Stück im Kampf um Wahrheit und Schönheit, ohne das Lang Lang beim besten Willen nicht einschlafen kann. Schließlich, so die Legende, sei es die allamerikanische Katze gewesen, die ihn als Kind in Shenyang dazu verführt haben soll, sich für immer auf die Klavierkunst des Westens zu werfen. Schreiben Sie das in Ihre Notizbücher, Gentlemen: Ungarische Rhapsodie Nr. 2 cis-Moll.

Aber schreiben Sie auch, dass heute niemand mehr weiß, ob Ungarn wirklich (tatsächlich) im Westen liegt, dass Tom und Jerry in Russland inzwischen verboten sind und dass es, last but not least, an jenem legendären Abend in der Boston Symphony Hall nicht Liszt, sondern die kleine Zugabe war, die schlichte Ballade vom Whistleblower, die unerwartet für Aufruhr sorgte. Das Publikum tobte! Die eine Hälfte vor schierer Begeisterung, die andere Hälfte aus schlichter Empörung über ein Lied, das für eine Zugabe amerikanischen Zuschnitts einfach zu lang war. Denn der deutsche Tenor hielt nicht nur durch bis zur zehnten und letzten Strophe, sondern sang den Refrain am Schluss sogar zweimal, jenen berühmten Refrain, in dem der Whistleblower, kurz bevor er in Hongkong eine Maschine der Aeroflot Richtung Moskau besteigt, mit den Worten eines amerikanischen Heimatdichters auf ergreifende Weise Abschied nimmt:

The woods are lovely, dark and deep,
But I have promises to keep,
And miles to go before I sleep
And miles to go before I sleep

Der Wald ist dunkel, süß und tief,
Doch da ist jemand, der mich rief,
Weshalb ich Meilen weiter lief,
Denn da war jemand, der mich rief

Aber der Dichter war nicht allein im Wald. Auch mich hat man gerufen. Jemand hat mich gerufen, jemand hat mich gezwungen aufzustehen, meinen Koffer zu packen und ein letztes Mal auf Reisen zu gehen. Das war am neunten September, zweihundert Jahre nach Tocqueville, achtzig Jahre nach Ilf und Petrow, drei Stunden nach meinem ersten Auftritt bei Radio Goethe und knapp sechs Stunden bevor ich, am Morgen danach, einen roten Ford Explorer bestieg, um in westlicher Richtung zwei Russen zu folgen, die ich beim besten Willen nicht einholen kann, zwei Alt-meister der Tarnung, klug genug, sich gegen Rot und für einen mausgrauen Ford zu entscheiden.

So bin ich in Boston gelandet, allerdings nicht im Harbor, sondern im Newbury Guesthouse. Die Nacht war schlaflos und kurz. Hitze stand auf der Feuerleiter, die Kälte in hohen Stiefeln im Zimmer. Der alte Streit zwischen Drinnen und Draußen, zwischen Wachen und Schlafen, der erbitterte Kampf des schlaflosen Gastes gegen die hohe Herrschaft der Klimaanlage. Immer dieselbe kindliche Sorge um den kostbaren Reiseschlaf, immer dieselbe quälende Frage: An oder aus? Versengte oder erkältete Träume? Eine so einfache wie philosophische Frage, auf die es, auch zehntausend Meilen später, keine schlüssige Antwort gibt.

Ein scharfer doppelter Pfiff, und ich erhebe mich wieder, um mit Stiefeln und Sporen über meinen geöffneten Koffer zu fallen, in das hungrige Maul eines feindlichen Tieres, das mir zwischen Bett und Bad den Zugang zum Schreibtisch versperrt. Völlig unmöglich, meine Fersen hochkant in westliche Richtung zu legen, von meinem Wunsch zu rauchen gar nicht zu reden. Aber jemand hat mich gerufen. Weshalb ich mich, meinem schläfrigen Körper zum Trotz, ein letztes Mal gegen die mächtige Klimaanlage erhebe, aufstehe und ans Fenster trete, das Fenster langsam, behutsam nach oben schiebe und durch das halb geöffnete Fenster, jetzt fast schon erlöst, hinaus auf die Feuerleiter trete, um, endlich im Freien, in vollen, kräftigen Zügen, die erste Zigarette des langsam versinkenden Tages zu rauchen, eine kurzatmige American Spirit, orange, die sich, wenn man nicht schnell genug zieht, andauernd selbst zum Verlöschen bringt.

So rauchen nur Angestellte und Frauen. Denn ich bin nicht die Erste, die versucht, sich hier zum Verschwinden zu bringen. Im Hinterhof stehen zwei sehr müde Köche russischer oder asiatischer Herkunft hinter zwei fleckigen Schürzen unter sehr hohen Hüten, an den unteren Rändern leicht angesengt, die sich, im Rücken eine hohe Mauer aus schwarzen Plastiksäcken, gegenseitig über die Stirnen wischen und Blicke über die Schultern werfen, bevor sie sich endlich Feuer geben: zwei Zigaretten, die sich gierig aneinander entzünden, um danach um die Wette herunterzubrennen.

Zwei als Köche getarnte Verbrecher, denen die letzte Stunde schlägt, ohne Aussicht auf Rettung, ohne Hoffnung auf letzte Begnadigung, weshalb sie die Kippen, kurz vor Daumen, kurz vor Schafott, so entschieden wie schicksalsergeben zu Boden werfen, um sie, irgendwo unter der Feuerleiter, mit ihrem linken Turnschuh zu zertreten, als zerträten sie ein Insekt, als wären sie selber nichts als ein Insekt, eine Spinne, ein Käfer, ein Ungeziefer, dessen halbtoter Körper in einer Streichholzschachtel verschwindet, damit die Tat keine Spur hinterlässt. Ihre letzte freie Entscheidung.

Und ich der letzte und einzige Zeuge. Typisch kleiner Tourist, das Zimmer immer bescheiden zum Hinterhof raus, immer schön auf der Seite der kleinen Leute, da fühlt er sich sicher, geladen, gerufen, da glaubt er, Teil des wirklichen Lebens zu sein. Allerdings viel zu verzagt, viel zu sentimental, viel zu sehr mit sich selbst beschäftigt, um Anteil zu nehmen. Ein schlechter Schöffe, ein Beisitzer, der nichts verhindern kann. Legt Zeugnis ab, aber erhebt sich nicht. Längst haben die Köche die Flucht ergriffen. Erst als ich sie nicht mehr sehen kann, drücke ich meine Kippe aus, werfe sie hastig übers Geländer, schlüpfe durchs Fenster ins Bett zurück und gebe mich meinen Träumen hin, meiner lachhaften Angst vor den nächsten zehntausend Meilen.

Als hätten nicht Tausende andere vor mir dieselbe Strecke zurückgelegt, in Trecks, auf Pferden, in Kutschen und barfuß, ohne Stiefel und Sporen, ohne Sattel und Bügel, bei Regen und Schnee, im Traum und im Schlaf, von Scholle zu Scholle, alle mutterseelenallein und alle insgesamt sehr schlecht bedichtet. Weil Gott es so will, sagt mein Bruder, der Kutscher. Weil wir alle nur Teil eines Films sind, dessen Betrachter, kurz vor Abspann, den Kasten schließt, um seinen müden Kopf auf ein Kissen zu legen, auf dem reichlich Platz für vier Köpfe ist, reichlich Platz für die Angst vor der Reise und vor denen, die mich begleiten werden.

Denn meinen Führerschein habe ich nur zum Schein, aus purem Trotz, aus reiner Gewohnheit und Angeberei. Weniger Ausweis als Erinnerung, trage ich ihn seit zwanzig Jahren mit mir herum, ein Souvenir aus vergangenen Zeiten, ein Dokument ohne Wert, mit einem Bild, auf dem mich niemand erkennt, auf dem ich mich selbst nicht wiedererkenne und das keinerlei Auskunft darüber gibt, was ich tatsächlich kann, sondern nur über das, was ich einmal wollte: mein eigener Herr sein, meine eigene Dame.

Aber ich bin keine Dame, nur ein reisender Gast, der letzte Möchtegernritter des langsam versinkenden letzten Jahrhunderts, der nicht weiß, was es heißt, eine eigene Firma zu gründen, eine Kuh zu melken, nebenbei ein Hobby zu haben und nach Feierabend Gedichte zu schreiben. Ich bin der, der einfach nur mitfährt, der klassische Windschattentyp. Nacherzähler und Trittbrettfahrer, Karl May und Frau Eckermann in einer Person, die sich überall dranhängt, an die erstbeste Kuh, die erstbeste Kutsche, die mit hängender Zunge auf den fahrenden Zug springt und sich nachher staunend beim Reisen zusieht.

Schreiben Sie das in Ihre Notizbücher, Gentlemen: Seit ich denken und schreiben kann, fahre ich einfach bloß mit. Aber ergänzen Sie auch, dass das keine geringe Aufgabe ist, dass mein Unwissen mich nicht unglücklich macht und dass ich, immer der Nase nach und die Nase immer nach vorn, in das Glück des Zufalls verliebt bin, dass ich auf alles vertraue, was mir reisend entgegenkommt, und dass ich auf alles ein ehrliches Auge habe, auf die Karten von früher und auf die kleinen smarten Geräte von heute, die immer kleiner und kleiner werden, bis sie am Ende verschwinden, um wieder so groß wie früher zu werden.

So vertrauen natürlich nur Frauen, weil Vertrauen ein Ding der Unmöglichkeit ist. Noch unmöglicher allerdings, nicht zu vertrauen, denn nichts lässt sich zum Verschwinden bringen, überall hinterlassen wir Spuren. Selbst meine Träume der vergangenen Nacht sind nicht verschwunden, sondern haben sich auf erstaunliche Weise in einen rauschenden Fluss von Daten verwandelt, in eine so schlichte wie einfache Suchanzeige, die schon morgen früh mein Schicksal besiegelt. Denn während ich schlief und noch glaubte zu träumen, ist meine Reiselust durch den Äther gewandert und hat sich in den Wunsch nach Gesellschaft verwandelt, in die Suche nach passenden Reisebegleitern.

Der Text, von dem ich bis eben nichts wusste, weil

die Maschine ihn ohne mein Zutun verfasst hat, lautet so: Wanted: Deutsche Schriftstellerin auf der Suche nach einem russischen Kleinplaneten, sucht kundige fahrtüchtige Begleitung für eine Reise durch die USA in vierzig Tagen über zehntausend amerikanische Meilen von Ost nach West und zurück von Westen nach Osten. Fremdsprachenkenntnisse erwünscht, ebenso Kenntnisse in Navigation und Landeskunde, Flora und Fauna, Architektur, Baukunst und abbildenden Techniken. Bewerber mit Wahlkampferfahrung, Führerschein und Eigenmitteln bevorzugt. Keine Altersbegrenzung. Interessenten melden sich am zehnten September (7–8 a. m.) im Frühstücksraum des Newbury Guesthouse Boston oder bei Radio Goethe. Abfahrt verbindlich um 9 a. m. Wetterversprechen sonnig und warm. Erster Halt Sing Sing.

Sobald ein Wunsch in Erfüllung geht, rächt sich die Wirklichkeit an den Träumen. Am nächsten Morgen war ich nicht mehr allein. Die Geister, die ich gerufen hatte, drängten sich im Frühstücksraum des Newbury Guesthouse zwischen Rührei und Kaffee, französischem Toast und englischen Bohnen, lauter arbeitslose Goldsucher, alle kundig und enthusiastisch, die Jüngste sechs, der Älteste achtzig. Alle mit gültigem Führerschein, keiner krankenversichert, aber alle bis an die Zähne mit Ratschlag bewaffnet, mit Navigationsgeräten und handlichen Telefonen, mit Wünschelruten und Kameras, mit Reiseführern und Wörterbüchern, mit Fernrohren, Tablets und astronomischen Karten, mit Zeichenstift und Papier. Auch Staffeleien waren dabei, Angeln, Schaufeln und Schürfgerät, ein Schmetterlingsnetz und ein Jagdgewehr. Völlig unmöglich, eine Auswahl zu treffen. Alle glücklichen Reisenden sind einander ähnlich.

Nur was die Reiseroute betrifft, konnten sie sich nicht einig werden, jeder ein König in seinem eigenen Reich, ein Präsident von morgen, mit einer einzigartigen Route im Kopf. Lauter Reisebegleiter durch ein riesiges Land, das sie kennen wie ihre Westentasche, aber nie mit eigenen Augen sahen, keiner, der jemals cross country fuhr, aber alle ausdauernd damit beschäftigt, ihr Land zu verschönern und zu verbessern, zwischen Küste und Küste hier etwas zu streichen, um dort wieder etwas hinzuzufügen: God's own country! So viele Gärtner für nur ein Paradies.

Schreiben Sie das in Ihre Notizbücher! Aber schreiben Sie auch, dass an jenem Morgen im Newbury Guesthouse große Einigkeit herrschte im Widerstand gegen die Route von Mr Adams alias Solomon Trone. Wer das überhaupt sei, dieser Ingenieur aus dem Baltikum, der nie einen eigenen Führerschein hatte, aber mehr als einmal behauptet hat, genau zu wissen, wo Amerika liegt. Schuld sind natürlich die Russen mit ihrer kommunistischen Reiselust, mit ihrem Zweimonatsplan, zwei als Erfolgsschriftsteller getarnte Spione, nicht auf Erlebnisse, sondern Ergebnisse aus, nichts als Handlanger und Erfüllungsgehilfen, Auftragsreisende ohne eigenes Auto, ohne Lizenz und Führerschein, ohne jede Kenntnis der englischen Sprache, reisende Knechte im Auftrag von Väterchen Stalin.

Revolutionstouristen. Trittbrettfahrer von Küste zu Küste, einmal hin und wieder zurück, um wenig später ein Schiff zu besteigen und für immer dorthin zu fahren, woher sie gekommen sind, nach Moskau, wo sie, kurz vor Schafott, ihr letztes gemeinsames Buch verfassen, in dem sich nichts von dem wiederfindet, was Amerika war, was Amerika ist, was Amerika hätte gewesen sein können, was Amerika wirklich bedeutet, was es mit Streifen und Sternen auf sich hat. Kleinplanetarier eben. Zwei russische Hunde, die offenbar immer noch glauben, dass der Mond eines Tages ihnen gehört.

Und da wir schon bei den Planeten sind: Wer ist eigentlich diese Ljudmila Karatschkina? Ljudmila Georgijewna Karatschkina, sage ich laut und vernehmlich, ist eine in Rostov am Don geborene ukrainische Astronomin, die neben IlfPetrow noch ein paar andere Kleinplaneten entdeckt hat: Tarkowskij, Achmatowa, Bulgakow. Und an diesem strahlenden Morgen des zehnten September bereits im Begriff ist, noch zwei weitere zu entdecken. Einen als Landschaftsgärtner getarnten Künstler aus Kiew, der, als Sohn eines russischen Generals auf der Suche nach dem größten Kaktus der Welt unter dem Decknamen Foma reist, und eine gewisse Frau Miller, alias Jerry, Tochter eines Hauptmanns aus Halle, die auf Hochzeitsreisende spezialisiert ist und ein Stipendium auf den Kopf hauen muss. Arbeitstitel: Bräute am Wegrand.

Wir waren uns bereits im Frühstücksraum nähergekommen, an einem kleinen Tisch in der Ecke, wo wir gemeinsam einen Turm Pfannkuchen unter Ahornsirup mit Speck und Spiegeleiern verschlangen, danach frisches Obst. Spätestens nach dem dritten Kaffee wurde mir klar, dass wir zwar unterschiedliche Absichten hatten, aber dasselbe Ziel verfolgten: Wir wollten alle von Osten nach Westen. Der Plan war im Handumdrehen geschmiedet, es fehlten nur noch die Mittel. Weshalb ich mich für die einfache Lösung entschied, für die Wahl durch Zufall, für drei deutsche

Sprichwörter auf einer Serviette. Wer ihre Bedeutung errät, sagte ich, muss mit, ohne Ausstieg, unwiderruflich gefangen für die nächsten zehntausend Meilen.

Und schon fangen die Reihen an, sich zu lichten, die Begeisterung zieht sich zurück, die Karten und Wörterbücher verschwinden, der Führerschein löst sich langsam in Luft auf, die Staffelei klappt zusammen, das Schmetterlingsnetz verliert seine Aussicht auf Beute, die ganze gesammelte Reiselust geht im Halbschlaf zurück nach Hause, zum Lunch. Der Abenteurer schaltet den Fernseher ein, und die Freiheit wird häuslich. Nur der portugiesische Wasserhund bellt im Garten des Weißen Hauses weiter den Mond an. Alle unglücklichen Hunde sind einander ähnlich.

Doch genügt in der Regel ein leiser Pfiff, schon hebt er den Kopf und spitzt seine Ohren. Und ein zweiter, doppelter Pfiff, um ihn aus seiner Deckung zu holen. Da kommt er, der große Meister des Wartens, denn er hat sämtliche Punkte für MsAnnAdams gesammelt, gebürtig aus Wien, seit vierzig Jahren am Dartmouth College, Hanover, New Hampshire, letzter Gast meines gestrigen Vortrags bei Radio Goethe, die an diesem strahlenden Morgen des zehnten September einfach sitzen geblieben ist, Sprichwörter aus dem Stegreif entziffert und jetzt, so nebenbei wie entschlossen, ihren Steckbrief in die Waagschale wirft: Deutsch als Fremdsprache, erweiterte Weltkartenkunde, Verkehrsgeschichte, Literatur der Romantik und einen gültigen Führerschein. Hat beide Augen im Segel, schert die Mitreisenden, aber schindet sie nicht und wirft die Flinte niemals ins Korn, weil sie nicht an Sprichwörter glaubt. Glaubt fest an fast gar nichts, versucht nicht, den Teufel aufs Kissen zu binden, drängt sich nicht auf, ist mit Eigenbeteiligung krankenversichert und weiß, wie man Tauben in Spatzen verwandelt.

Eingewandert ohne Spuren von Heimweh, setzt sie auf Selbstvernichtung durch Metamorphosen: Raucht nach wie vor wie ein Sheriff, fährt wie ein Ranger, braucht keinen Schlaf und träumt davon, Mitglied der Royal Geographic Society zu werden. Fährt bei Wind und Wetter, schließt niemals die Augen. Ist jederzeit vorbereitet auf alles, was kommt. Unbestechlich. Weiß immer Bescheid und weiß fast alles besser. Hält Vorträge ausschließlich privat.

Ein überzeugend schlichtes Profil. Nur mit dem Namen stimmt etwas nicht. Dass im Paradies jeder Zweite ein Adams ist, ist zwar bekannt, aber AnnAdams ist ebenso wenig ein Adams wie Solomon Trone, sie hält sich seit vierzig Jahren bedeckt und reist nach wie vor unter falschem Namen, was im Paradies der ewigen Selbsterfindung alles andere als eine Seltenheit ist. Aber noch bevor mein Misstrauen sich Raum schaffen konnte, zog AnnAdams ihren letzten Trumpf aus dem Ärmel, einen fabrikneuen Ford, der seit gestern Nacht fahrbereit im Hinterhof des Newbury Guesthouse steht. Denn sie reist nach wie vor auf eigene Kosten.

Ein kurzer Blick aus dem Fenster bewies, dass der Ford weit mehr war als ein bloßes Versprechen. Da steht er und glänzt wie ein Hochzeitsgeschenk, wie eben erschaffen, taufrisch vom Band. Kein Ford Escape, kein Ford Expedition, sondern die goldene Mitte, der Goldene Schnitt: ein Ford Explorer! Nicht mausgrau, sondern rubinrot wie Dorothys magische Schuhe, mit denen man jederzeit ins Land des Wizard of Oz entkommt. So reisen nur Frauen, denen es völlig unmöglich ist, dem rubinroten Zauber nicht zu verfallen und der Versuchung zu widerstehen, auf Reisen zu gehen.

Doch nicht nur ich war entzückt, nicht nur Jerry hatte plötzlich glänzende Augen, auch Foma verbarg seine Begeisterung nicht, es hatte uns alle auf einmal erwischt, in einem einzigen Augenblick hatten wir uns alle in Red Ruby verliebt. Und aus lauter Ehrfurcht vor dem herrlichen Anblick zog Foma den Strohhut und deutete eine Verbeugung an, wobei nicht ganz klar war, ob er sich vor Ruby oder vor AnnAdams verbeugte, die in sicherer Entfernung stand und rauchte.

Schreiben Sie das in Ihre Notizbücher, Gentlemen, und ergänzen Sie, dass wir achtzig Jahre nach Ilf und Petrow und zweihundert Jahre nach Alexis de Tocqueville endlich den passenden Wagen gefunden haben, die perfekte Kreuzung aus Kutsche und Pferd, das einzige Auto, das uns wirklich durch Amerika bringt und in dem tatsächlich Platz genug für uns alle ist. Ab sofort und für die nächsten zehntausend Meilen sind wir die Schrecklichen Vier: Foma, Jerry und ich, unter der strengen Führung von MsAnnAdams, die ihre Zigarette entschieden auf dem Boden zertrat, bevor sie die Kippe wie nebenbei wieder aufhob und in einer silbernen Büchse verschwinden ließ.

Denn jemand hat uns erkannt, jemand hat uns gerufen, irgendjemand hat uns für die nächsten sechs Wochen beurlaubt, um einen rubinroten Ford zu besteigen und zwei Russen zu folgen, die wir womöglich doch noch einholen werden, nicht nur weil einer von uns fließend Russisch spricht, sondern weil wir weit besser gerüstet sind als Ilf

und Petrow und das Ehepaar Adams, weil wir nicht fünfzig Meilen pro Stunde fahren, sondern mehr als siebzig,
und das große Land, von Küste zu Küste, nicht in sechzig,
sondern in vierzig Tagen erobern werden.

Denn wir haben mehr als nur einen Führerschein, was
uns erlaubt, bei Tag wie bei Nacht zu fahren, bei Regen,
Hitze und Schnee, begünstigt durch Klimaanlage und Heizung, in jede Richtung verstellbare Sitze, perfekte Innenbe-
leuchtung, leichte Musik, Trost und Erbauung, Bibelradio
rund um die Uhr, Mulden für Kaffeebecher und Chips,
kleine Netze mit Platz für Werkzeug und nostalgische
Karten, für diverse Stecker und Ladegeräte, wo früher
Aschenbecher und Anzünder waren. Plus drei Extraplätze
für Gäste, obwohl es längst keine Tramper mehr gibt, und
einen riesigen Kofferraum, Platz jede Menge für unsere
harmlosen Hobbys, für die Welt von gestern, die Kunst
von morgen, für Stative und Staffeleien, für Rucksack und
Koffer und eine Kiste mit Büchern, für all das Gute, Schöne
und Wahre. Und für die Kühltaschen von MsAnnAdams,
bis zum Rand gefüllt, obwohl sie sich ausschließlich von
Tabak ernährt.

Es fehlte an nichts, sie hatte alles dabei, als führen wir,
mit einem kleinen Abstecher nach Russian America, von
Boston aus direkt nach Alaska, danach ohne Halt nach
Sibirien weiter und von dort aus direkt auf den Mond.
Wozu sonst das interplanetarische Cockpit und die kleine
Maschine, unwiderruflich mit dem Körper des russischen
Gärtners verwachsen, aus der die vertraute Stimme von
Becky ertönt, unserer Navigatorin für die nächsten zehn-
tausend Meilen, die all die fremden englischen Namen so
fröhlich mit deutscher Zunge ausspricht, eine dauerhaft

freundliche Stimme, die uns unbeschadet durch ein Land bringen wird, das wir endlich mit eigenen Augen sehen.

Allerdings nur, solange AnnAdams nicht fährt. Denn solange AnnAdams am Steuer sitzt, muss Becky verstummen, weil gelegentlich eine leise Eifersucht aufkommt, zwischen Stimme und Stimme, zwischen der ersten und der zweiten Frau Adams. Denn AnnAdams hält nichts von Becky, sie folgt ausschließlich ihrer eigenen Stimme, ihrer eigenen Nase, ihren eigenen Karten, ihrem eigenen Kopf und ihrem amerikanischen Pass.

Während Foma Kopilot spielte und Jerry ihre Hochzeitsbilder sortierte, saß ich auf dem einzigen Platz, der für mich übrig geblieben war: hinten links, gleich hinter dem Fahrer, im akademischen Volksmund auch als Tocquevilleerker bekannt. Rein statistisch betrachtet der sicherste Platz, weil man von dort aus den Fahrer beim Fahren nicht sieht und sich, lesend, schreibend und schlafend, einfach seinen Gedanken hingeben kann. Toter Winkel, ein perfektes Künstlerversteck für den, der nur zum Schein einen Führerschein hat und die Dinge gern etwas anders betrachtet, immer leicht nach hinten verschoben und damit immer der Zeit voraus.

Aber vergessen Sie eins nicht, Frau Eckermann: Sobald hinten ein Wunsch in Erfüllung geht, beginnt vorne der Streit um den Schlüssel zur Herrschaft. Kaum hatten wir Boston verlassen, begann Foma auf dem Beifahrersitz unruhig zu werden, der Gärtner wollte mit Macht ans Steuer, denn er hatte sich längst mit der Stimme von Becky gegen die Führung von MsAnnAdams verbündet. Aber AnnAdams fuhr ungerührt weiter, immer stur geradeaus, während neben mir Jerry ihre Hochzeitsbilder in immer höhere Ordnungen brachte, lauter Bräute, die, ohne mit der Wimper zu zucken, in immer denselben Kostümen in eine fremde Kamera starren, in die Mündung des ewigen Glücks, um sich endlich in den Traum von sich selbst zu verwandeln.

Dann begann es zu regnen, Nieselregen in einer farblosen Landschaft, leichter Verkehr, der amerikanisch dahinfloss, nichts, was das Auge gefangennahm, nichts, was mich wirklich in Stimmung brachte. Bis ich plötzlich den Abzweig nach Springfield entdeckte und laut und begeistert Springfield rief, als wäre ich auf eine verborgene Quelle gestoßen, auf ein Frühlingsfeld im September, obwohl ich genau wusste, dass dieses Springfield nur das erste von mindestens hundert weiteren Springfields war, die uns auf dieser Reise begegnen würden. Aber wo, wenn nicht hier, an einem Ort, dessen Name sich unendlich vervielfachen kann, muss das wahre Amerika sein?

Schreiben Sie das in Ihre Notizbücher, Gentlemen. Aber erwähnen Sie auch, dass es kein Zufall war, dass bereits hier, wenige Meilen vor Springfield, AnnAdams zum ersten Mal Opfer ihres entsetzlichen enzyklopädischen Wissens wurde. Unvermittelt brach sie ihr Schweigen und begann aus dem Stegreif einen Vortrag zu halten, den ersten von endlosen weiteren Vorträgen über das wahre Amerika, das überall sei, nur nicht hier in Springfield, in Springfield, Massachusetts, schon gar nicht. Hier gäbe es nämlich, außer Smith and Wesson, dem größten Hersteller amerikanischer Handfeuerwaffen, überhaupt nichts zu sehen. Selbst der berühmteste Sohn der Stadt, Theodor Geisel alias Dr. Seuss, der größte Kinderbuchautor der

Welt, Erfinder des Grinch, der Weihnachten stahl, Erfinder von Füchsen und Katzen in Socken, natürlich kein Doktor, sondern lediglich in Hochstapelei promoviert, habe die Stadt beizeiten verlassen, um in den Goldenen Westen zu ziehen, in eine Villa bei San Diego, umgeben von Mauern, elektrischen Zäunen und einem riesigen Garten mit Kakteen und Palmen, bewässert rund um die Uhr.

Von der Inneneinrichtung gar nicht zu reden: Zeichentische aus Eiche und Teak, Staffeleien aus Marmor, im Hinterzimmer ein Kabinett voller Hüte, Denkkappen zum Zweck der Inspiration. Doch weder Kappe noch Kunst, noch sein vager Titel vermochten den Doktor zu retten, denn in seinem Inneren lauerte eine heimtückische Krankheit, verwaltet von einer Frau in rubinroten Schuhen, die seidene Hauben und Schürzen trug und, mit der Rolle der Künstlergattin vertraut, jeden Morgen einen neuen Vertrag mit dem Tod unterzeichnete.

Was längst nicht mehr Teil ihres Vortrags war, sondern bereits Teil meiner lauschenden Phantasie, die sich im Tocquevilleerker zunehmend Raum schaffte und haltlos auszuufern begann. Denn so hätte AnnAdams es niemals gesagt, nie im Leben drückt sich AnnAdams so aus, Übertreibungen sind ihr vollkommen fremd. Ihre Vorträge sind eindeutig von Fakten gesättigt, immer nüchtern und auf den Punkt, ohne Sinn für die phantastischen Seitenstraßen des Lebens. Aber sie hatte sich längst verstrickt und erreichte genau das Gegenteil von dem, was sie hatte erreichen wollen. Je länger sie sprach, umso mehr wurden wir Feuer und Flamme, denn jetzt wollten wir wirklich (tatsächlich) nach Springfield. Ich, um das Geburtshaus des Doktors zu sehen, Foma, um endlich ans Steuer zu kommen, und Jerry, um das erste Bild ihrer Sammlung Bräute am Wegrand zu machen, das mich, mutterseelenallein, vor einem verlassenen Haus in Springfield zeigt.

In letzter Sekunde bogen wir ab und landeten auf einem trostlosen Parkplatz, gleich neben dem ersten amerikanischen Aldi, und fanden uns umzingelt von einer freundlichen Schar fröhlicher Helfer. Wer wir sind, was wir wollen? Reisende Künstler. Aha. Gleich will man was bieten. Hat man nicht neulich von einem Garten gehört, in der Nähe der städtischen Bibliothek, wo man die Figuren des Doktors bewundern kann? Nicht dass man dort selbst je gewesen ist, doch der Eintritt, so hört man, ist frei. Ann-Adams hörte gar nicht erst hin. Sie hatte sich längst von der Truppe entfernt, um sich in sicherer Entfernung neben einem hüfthohen Papierkorb rauchend zum Verschwinden zu bringen, mit einer kompromisslosen Double Red Road, die sie tief inhalierte, wobei sie nervös auf die Armbanduhr blickte, wiederholt den Distanzplan aus ihrer Handtasche zog, die mit ihrer rechten Schulter verwachsen schien, und uns so diskret wie deutlich zu verstehen gab, dass wir keine Zeit zu verlieren hatten.

Was Jerry nicht daran hinderte, zurück auf die Straße zu laufen, bis ans Ende der Welt, das in Springfield, Massachusetts, deutlich markiert ist, links vom Highway und rechts von einer Reihe verlassener Häuser. Ich lief hinterher wie ein Kind, das letzte Buch von Dr. Seuss in der Hand, das Buch eines toten Millionärs, der auch posthum nicht aufhören darf, weiter zu schreiben und weiter zu zeichnen, mit dem schönen Titel: What pet should I get? Zu gut Deutsch: Wer wird mich streicheln und trösten, wenn ich nach der Schule nach Hause komme, und niemand ist da?

Außer Jerry und mir war niemand zu sehen. Aber Jerry, der Profi, wusste genau, was sie wollte: Du nimmst jetzt einfach mal dieses Buch in die Hand, sagte Jerry, und hältst es nach vorn in die Mündung, und jetzt such dir das nächstbeste Haus aus, ein Haus, von dem du dir vorstellen kannst, hier wäre der Doktor wirklich geboren, von hier aus wäre er morgens tatsächlich zur Schule gegangen. Stell dir das einfach mal vor, sagte Jerry. Dann drückte sie ab.

Die ersten Bilder der Serie Bräute am Wegrand beweisen erstens, dass Jerry wirklich eine Künstlerin ist und dass zweitens die Rechnung gelegentlich aufgeht, dass es also tatsächlich möglich ist, einen Kompromiss zwischen Mensch und Bild zu finden. Das erste Foto zeigt mich, vor dem Ortsschild von Springfield, ein überfordertes Kind kurz nach Reisebeginn. Das zweite zeigt wiederum mich, in einer Nebenstraße am Ende der Welt, im Vorgarten eines verlassenen Hauses in einem verrotteten Schaukelstuhl sitzend, auf dem außer mir nie jemand sitzt, in der Hand wie die Einschulungsfibel ein Buch, dessen erster und wichtigster Merksatz lautet: Make up your mind.

Wer allerdings etwas genauer hinschaut, wird im Hintergrund, erstes Stockwerk, zweites Fenster von links, ein unbekanntes Gesicht entdecken, das Gesicht jenes unbekannten Bewohners von Springfield, der, kurz bevor er zum Angriff überging, an einem verregneten Nachmittag im September offenbar langfristig arbeitslos war und seine Zeit vermutlich damit verbrachte, eine Sammlung kleinerer Handfeuerwaffen in eine höhere Ordnung zu bringen, wobei er verständlicherweise nicht gestört werden wollte.

Weshalb ich, ängstlich, wie ich nun einmal bin, Jerry, den furchtlosen Profi, dazu antrieb, den Ort möglichst schnell

wieder zu verlassen, um zu Foma und AnnAdams zurückzukehren, die auf dem Parkplatz zwischen Ruby und Aldi
immer noch den Distanzplan studierten und sich, während
unserer kurzen Abwesenheit, über die Schlüsselgewalt ver-
ständigt hatten.

Wie der Distanzplan von AnnAdams beweist, ist es zwar
möglich, aber nicht machbar, von Boston aus an einem einzigen Tag erst Sing Sing und danach die elektrische Stadt,
Schenectady, Upstate New York, zu besuchen, wo sich das
Museum für Fortschritt und Wissenschaft befindet. Weshalb ich bereits kurz hinter Boston beschloss, darauf zu
verzichten, 125 Jahre nach seiner Erfindung, den ersten
elektrischen Stuhl der Welt mit eigenen Augen zu sehen,
und mich stattdessen darauf beschränkte, im Tocquevilleerker, von hinten links, laut und ergreifend zum Besten zu
geben, wie Ilf und Petrow vor achtzig Jahren, unter der
Führung von Ehepaar Adams und auf Vermittlung von Er-
nest Hemingway, das berühmteste Gefängnis aller Zeiten
betreten:
    Wie der Direktor, Hemingways Schwiegervater, sie
freundlich empfängt. Wie er sie in den Raum mit dem
Eichenstuhl führt. Ein Wohnzimmer ohne Fenster nach
draußen. In der Mitte der Stuhl, auf den das erbarmungslose elektrische Licht fällt. Wie plötzlich die große Stille
eintritt. Wie Mr Adams entschlossen das Schweigen bricht
und sich, nach langem Bitten und Betteln, endlich auf den
Stuhl setzen darf. Wie man ihn auf dem Stuhl platziert. Wie
man ihm den Vorgang erklärt. Wie er beflissen die Arme,
erst links, dann rechts, auf die abgewetzten Stuhllehnen
legt. Wie man ihn feierlich fesselt und bindet. Erst an den

Armen, dann an den Beinen. Mit Gurten aus Leder. Wie sich Schweißperlen auf seiner Stirn versammeln, als man die Gurte fester zieht. Wie seine Frau erblasst, als er nach dem elektrischen Helm verlangt. Wie eine zweite, größere Stille eintritt, bevor man ihm, kurz vor Schafott, schließlich entschieden den Helm verweigert, weil der Helm kein Spielzeug, sondern tödlicher Ernst ist.

Und wie Ilf und Petrow einfach weiterschreiben, während Ms Adams entschlossen ihr Taschentuch zieht, eine kleine Fahne privater Ergebung, weil Mr Adams einfach nicht aufhören kann, weiter zu betteln und weiter zu drängeln, weil er das wahre Amerika endlich am eigenen Leib spüren möchte, weil man fühlen muss, was man nicht wissen kann. Bis man ihm, um seine hartnäckige Neugier zu belohnen, statt des Helms zwei Elektroden auf der nackten Kopfhaut seiner Glatze befestigt, damit endlich Ruhe einkehrt, damit er das Ziel seiner Wünsche erreicht und sich vom Zuschauer in einen Täter verwandelt, um endlich selbst das Opfer zu werden, dem erst hier auf dem Stuhl, im allerletzten Moment, blitzartig klar wird, dass die Erfindung des elektrischen Stroms wenig Licht in die Sache des Lebens bringt.

Denn plötzlich herrscht jene Dunkelheit, in die die Geschichte des menschlichen Fortschritts bis heute gehüllt ist, jene kurze Geschichte zwischen Leben und Tod, die von einem Leben erzählt, das irgendwo in der Prärie begann, in einem Planwagen unter freiem Himmel, um nach verzweifeltem Hauen, Schürfen und Stechen in einer geschlossenen Kammer zu enden, auf einem aus Eiche gezimmerten Stuhl, den ein amerikanischer Zahnarzt namens Southwick erfand, nachdem er auf dem Nachhauseweg einen Betrunkenen sah, der Halt an einem Stromgenerator suchte und wie vom Blitz getroffen zu Boden fiel. Woraus Dr. Southwick messerscharf schloss, dass ein einziger Stromstoß genügt, um ein menschliches Leben zum Stillstand zu bringen.

Ein Zahnarzt, an dessen Namen sich vermutlich niemand erinnern würde, hätte nicht Thomas Alva Edison seine Entdeckung mit großer Entschlossenheit in die Praxis vom menschlichen Sterben verwandelt. Als wäre das Sterben ein Geistesblitz, ein Patent auf den letzten Augenblick des menschlichen Lebens, reinste und schönste Erfindung, als hätte Edison nicht schon damals gewusst, was jeder Indianer am Marterpfahl weiß: dass Tod und Sterben zweierlei sind, weil wir erst über die Schwelle müssen, die zwischen dem Wohn- und dem Schlafzimmer liegt, zwischen hier und jenem Land Nebenan, in dem wir endlich allein sein dürfen.

Doch unterschätze man die Entfernung nicht, denn so einfach kommen wir nicht davon. Auch wenn die Tür nach drüben weit offen steht und die Klinke fast schon zum Greifen nah ist, ist der kürzeste Weg nicht selten der längste: Dead man walking! Wer totgesagt ist, muss länger laufen, selbst wenn er, von Kopf bis Fuß angeschnallt, auf einem Eichenstuhl sitzt, während sein Mörder von hinten die Stube betritt, mit Elektroden und einer Kapuze bewaffnet, in der sich ein freundlicher Ausschnitt für die empfindliche menschliche Nase befindet, die die Gefahr schon von weitem riecht. Genau wie die Henkersmahlzeit davor, die in der Regel weit über dem Durchschnitt liegt, angeblich um Längen besser als alles, was man auf den Raststätten zwischen den Küsten sonst so serviert, weshalb man in

Texas nach wie vor diskutiert, ob es wirklich (tatsächlich) zulässig ist, einen Mann, der in seinem Wappen die Axt trägt, kurz vor der Schwelle so reich zu bewirten. Ob es stattdessen nicht besser und billiger wäre, ihn vollkommen nüchtern sterben zu lassen.

Aber jetzt sitzt er hier, auf einem Eichenstuhl amerikanischer Bauart, 125 Jahre nach William Kemmler, der seine Freundin mit einer Axt erschlug und die Ehre hatte, der Erste zu sein, dem viele andere folgten. Wobei er fest daran glaubte, mit Hilfe des Stuhls blitzartig in den Himmel zu kommen oder wenigstens auf dem Mond zu landen. Bis heute wissen wir nicht, wohin es diesen Kemmler verschlug, sicher ist nur, dass er, als man ihn festband, seine fortschrittsgläubigen Schergen mit den beherzten Worten begrüßte: Nicht nervös werden, Joe! Ich möchte, dass jetzt gute Arbeit geleistet wird. Dann zog man ihm die Kapuze über. Und der Henker legte den Hebel um.

Allerdings wird selten gute Arbeit geleistet. Denn niemand tritt nüchtern vor seinen Schöpfer, der Henker schon gar nicht. Weshalb dem Delinquenten in der Regel die Augen übergehen, bis sie unkontrolliert aus den Höhlen springen. Aus Nase und Poren strömt frisches Blut. Anstatt gnädig vom Blitz getroffen zu werden, verschmort er langsam, ohne Nachsicht und Gnade, bei lebendigem Leib unter dem Leder, das seine Glieder umschließt, bis er endlich langsam in Rauch aufgeht, während die Fotografen pathetisch in Ohnmacht fallen und die fleißigen Schreiber nicht müde werden, immer wieder von vorn zu erzählen, dass Thomas Alva Edison nicht nur den Tod in die Kammer brachte, sondern, allem voran, Licht und Strom für die bessere Hälfte der Welt, für all die Frauen in all ihren

Küchen mit all ihren Backöfen, in denen sie bis zum Jüngsten Tag Gänse und Truthähne braten, wenden und drehen, um sie am Ende mit schmackhaften Soßen zu begießen, als wäre das Leben ein einziger Festtag.

Weshalb es mich an diesem verregneten Nachmittag im September nicht überraschte, dass Sing Sing auf Ann-Adams Distanzplan vorsätzlich nicht auf der Strecke lag und dass sie uns umgehend nach Schenectady brachte, obwohl sie längst nicht mehr hinter dem Steuer saß, sondern vorne rechts neben Foma, der durch die Verleihung der Schlüsselgewalt unvermutet gewachsen war. Mir jedenfalls kam es so vor, während ich, hinten links im Tocquevilleerker, die Geschichte von der Erfindung der Glühbirne vortrug und Jerry mit ihrer Kamera auf die langsam bunter werdenden Bäume zielte, auf den falschen Sommer der Indianer des Volksmunds, die den trostlosen Parkplatz vor dem Museum für Wissenschaft und Fortschritt säumten, in dessen Keller sich das Archiv von General Electrics befindet, wo uns Chris Hunter erwartet, um uns die wahre Geschichte des Lichts zu erzählen.

Alle glücklichen Archivare sind einander ähnlich. Das verborgene Leben zwischen Regalen ohne Anfang und Ende, in Kellern, in die selten Tageslicht dringt, der ständige Umgang mit Staub und Papier, mit Akten und langsam zerfallenden Blättern, mit vergilbten Zeitungsausschnitten und Fotografien, die sich mit den Jahren in einen Strom nie versiegender Daten verwandeln, macht sie bucklig und klein, zu Dienern einer höheren Ordnung, unter der sie notwendig schrumpfen müssen, das ist ihr Schicksal. Schreckhafte Nachttiere, schlecht ernährt, unrasiert, nachlässig gekleidet und selbstvergessen neigen sie zu Pedanterie, weshalb sie sich ungern zur Unzeit aufscheuchen lassen.

Also kein Wunder, dass Chris Hunter, der meine elektronische Post niemals beantwortet hatte, erst nach dem dritten Aufruf durch eine freundliche Dame vorne am Tresen in der kleinen Empfangshalle des Museums erschien. Das späte Tageslicht, das auf seine Frisur fiel, die keine Frisur, sondern nichts als ein leiser Hinweis war, dass er dazu verdammt ist, auf Dauer allein zu leben, schien den Maulwurf zu blenden, weshalb er keinem von uns in die Augen sah, sondern, leicht schielend, schräg an uns vorbei, wobei er ständig von einem Fuß auf den anderen trat, ohne ein Wort zu verlieren. Wahrscheinlich hatte er nicht mehr mit uns gerechnet, wie wir nicht mit ihm. So standen wir uns jetzt gegenüber: AnnAdams mit hochgezogenen Schultern, Foma mit Rubys Zweitschlüssel spielend und Jerry mit ihren Objektiven beschäftigt.

Aus Angst, die Erscheinung Hunters könnte sich unvermutet wieder in Luft auflösen, begann ich von großen Projekten zu reden, von Prawda, von einem historischen Auftrag, von Empfehlungsschreiben, die wir nicht hatten, von unserer Suche nach Ilf und Petrow und, allem voran, von einem Film über das Leben von Solomon Trone alias Mr Adams, den irgendein Großneffe dritten Grades über seinen historischen Onkel gedreht hatte und in dem Chris Hunter eine persönliche Rolle spielte. Der Film war keine Erfindung, es gab ihn tatsächlich, ich hatte ihn mehr als einmal gesehen und jederzeit greifbar im Handgepäck.

Jetzt war ich mir allerdings nicht mehr ganz sicher, ob der bucklige Mann in der Halle tatsächlich derselbe Hunter war, denn im Film war er ein anderer Hunter gewesen, eine Art jüngerer Bruder, schlanker, mit einem richtigen Haarschnitt und einer anderen Brille, mit Händen, die in weißen Handschuhen steckten, mit denen er mit theatralischer Sorgfalt und vor laufender Kamera in geheimen Akten geblättert hatte, während er lebhaft Rede und Antwort stand. Beim Reden geriet ich ins Schwärmen über Hunters große persönliche Leistung, über die allgemeine Bedeutung von Archiven weltweit, über die besondere Bedeutung des Archivs von GE und über die unverzichtbare Arbeit der Archivare, die ich die Schatzhüter der Erinnerung nannte, die, wie ich mehrfach betonte, zu Unrecht im Schatten der großen Geschichte stehen, wobei ich mir selber verdächtig wurde.

Der Erfolg blieb nicht aus: Nicht dass Hunter plötzlich gesprochen hätte, doch begann er unter meiner sich steigernden Rede allmählich zu wachsen, sein Rückgrat straffte sich, der Buckel verschwand, er rückte seine Brille zurecht, sein Gesicht begann zu glänzen, und obwohl er mir immer noch nicht in die Augen sah, hörte er immerhin auf zu schielen. Stattdessen begann er zu zwinkern, drehte sich zweimal um die eigene Achse, strich sich verlegen durchs Haar, verbeugte sich vor meiner deutschen Geschwätzigkeit und gab uns endlich das erhoffte Zeichen, ein leichtes, kaum merkbares Winken in Richtung Keller.

So sind wir über die Schwelle gekommen hinunter zum Hort der Elektrifizierung. Im Treppenhaus wurde Jerry wieder lebendig und zögerte keine Sekunde, ihre Kamera auf alles zu richten, was links und rechts an den Wänden hing und ihr irgendwie historisch vorkam. Was Hunter weder zu stören noch zu beeindrucken schien. Schließlich wusste er, was jeder Schatzwächter weiß: dass sich die Schätze weltweit nur scheinbar abbilden lassen, denn sie genügen sich selbst. Genau wie das Archiv und die Archivare. Lauter freundliche Gesichter langsam alternder Kinder, aus denen sich nichts herauslesen lässt, allzeit bereit, alles zu teilen und vor uns auszubreiten, um am Ende das Beste für sich behalten. Denn sie sind die Hüter der Ewigkeit.

Doch jetzt sind wir da. Und tatsächlich, da liegt sie, da fließt sie vor unseren staunenden Augen dahin, die Geschichte des elektrischen Stroms, das Abenteuer der Elektrifizierung, auf immer und unwiderruflich verbunden mit der Geschichte einer Kleinstadt in Upstate New York, deren Namen, Schenectady, Jerry und Foma bis heute nicht aussprechen können und die bei Licht besehen keine Stadt, sondern nichts als ein Musterhaus ist, bewohnt von einer kleinen Gemeinschaft, die bis heute an die fröhliche Wissenschaft glaubt, weil sie nicht nur den elektrischen Stuhl erfand, sondern auch den runden elektrischen Tisch, an dem wir in Zukunft, alle erleuchtet und elektrifiziert, in froher Runde beisammensitzen, um die Welt in eine höhere Ordnung zu bringen, auf den nächsten und neusten Stand, in eine gründlich ausgeleuchtete Lage, in einen Zustand definitiver Erkenntnis. Und das alles zur höheren Ehre Gottes, der endlich aufhören darf, ein Gott zu sein, und sich erleichtert von seinem Thron hinab in den endlosen Datenstrom wirft, um schwimmend rund um die Uhr die immer selbe Parole auszugeben: Es werde Licht!

Schreiben Sie das in Ihre Notizbücher, Gentlemen! Aber schreiben Sie auch, dass bis heute nur deshalb kein Licht werden konnte, weil nach wie vor nur ein Bruchteil der Frauen der Welt tatsächlich wirklich elektrisch kocht.

Schuld daran sind natürlich die Russen, denn hätten sie damals freundlich paktiert und sich dem Rest der Welt fortschrittlich angeschlossen, säßen alle Frauen weltweit schon lange an richtigen Herden und vor dauerhaft dampfenden Töpfen. Dass Ilf und Petrow die Geschichte anders erzählen, versteht sich von selbst, spielt für den Zukunftsbericht aber keine Rolle. Denn so sind die Russen nun mal, viel Revolution, viel Pamphlet, aber wenig Tatkraft, viel schöner Schein und wenig Ergebnis.

Damit hier kein falscher Eindruck entsteht: Die Russen waren in Hunters Keller kein Thema. Er war viel zu klug, um politisch zu werden. Er wusste genau, was er uns zeigen wollte, und noch genauer, was nicht. Zwar sah er uns immer noch nicht ins Gesicht und sprach scheinbar nur zu sich selbst, doch sein bedächtiger Eifer riss uns irgendwie mit. Das Eis war gebrochen, die Schleuse offen, Hunter war in Bewegung geraten, in eine Bewegung, die nicht mehr zu stoppen war. Verliebt in eine geheimnisvolle Dramaturgie, die nur er selber kannte, lief er zwischen den Regalen auf und ab, zog hier eine Mappe, dort einen Ordner hervor und breitete alles vor uns aus: Bilder, Fotos, Karten, Kartons, Gesuche, Empfehlungsschreiben und Briefe, sogar Briefe von Solomon Trone, auf einer Schreibmaschine mit Durchschlag verfasst, einer davon an den Präsidenten der Vereinigten Staaten persönlich, was die Dringlichkeit seiner Mission und die Größe der Aufgabe deutlich hervorhob.

Doch Hunters Lieblingsschatz kam erst zum Schluss: Stapelweise Bilder von Mister Ripleys elektrischem Musterhaus, ein ganzes Kapitel bei Ilf und Petrow, das bei seinem Erscheinen vor gut achtzig Jahren jeder sowjetischen Hausfrau schlaflose Nächte bereitete, weil sie über der fremden Lektüre auf einmal begriff, was sie bis dahin nur ahnte, dass möglich ist, was zu Lebzeiten nicht mehr machbar sein würde: ein eigenes Haus und eine eigene Küche, in der, wie im russischen Märchen, von Zauberhand alles von selbst geschieht.

Man müsste nur Iwan der Dumme sein, von der ewigen Kraft des Wünschens beseelt. Wenn du klingelst, so wird dir aufgetan, ohne jemals die Klinke berührt zu haben. Dein Mantel hängt sich wie von selbst an den Haken. Die Blumen, die du mitgebracht hast, stellen sich ganz von allein in die Vase, noch bevor du das erste Stockwerk erreicht hast, in dem sich die herrliche Küche befindet, in der Gans und Truthahn von selber braten, während dich eine virtuelle Hausfrau empfängt, die schon seit Jahren keine Schürze mehr trägt und wie Audrey Hepburn aussieht, die, leicht schwebend, im Nebenzimmer verschwindet, um dich an einem Tisch zu platzieren, der sich selbstverständlich ganz wie von selber deckt. Wie von selbst hast du ein Getränk in der Hand, selbstverständlich auf Eis, und von irgendwoher kommt leise Musik, während in einer Ecke, auf einem frisch gepolsterten Sofa, zwei blonde Kinder in roten Schuhen mit silbernen Absätzen sitzen, die nicht wie Kinder, sondern wie Engel aussehen und bereits hingebungsvoll jenes Buch studieren, das du ihnen mitgebracht hast.

Aber das ist noch nicht alles. Erst am Tisch beginnst du richtig zu staunen. Denn obwohl das Haus keine Diener hat, schließlich bist du in einem Land zu Gast, in dem alle gleich sind, steht alles auf magische Weise bereit. Hüte dich aber, Fragen zu stellen, denn im elektrischen Haus kommt es, genau wie im Märchen, einzig und allein darauf an, dass niemand die falschen Fragen stellt, womöglich Fragen wie diese: Wie ist die Hausfrau so unbemerkt von der Haustür nach oben gekommen? Woher hat sie ihre wetterfeste Frisur? Wo hat sie auf die Schnelle ihre Schürze versteckt? Wer hat ihr die beiden waschechten Kinder geschenkt? Und wer hat das herrliche Essen gebracht, das sich wie von selbst auf die silbernen Teller legt. Wer hat Messer, Gabel und Becher poliert? Und wer hat den Hausherrn zum Schweigen gebracht, der dich, bevor er, unter leiser Verbeugung, am Kopfende des Tisches Platz nehmen wird, mit einem Handkuss begrüßt, weil er weiß, dass du aus Europa kommst und auf kleine Zeichen der Verehrung immer noch Wert legst?

Vergiss deine Fragen. Denn sie würden die Hausfrau nur kränken, die das alles selber gebracht und gemacht hat, wie man in diversen Zeitschriften nachlesen kann. Denn im ersten elektrischen Haus der Nation regieren die Nachfrage und das Angebot in entschieden freundlicher Nachbarschaft und bringen alles zur Deckung: den Gast mit seinem freundlichen Geber und den Inhalt mit seiner lästigen Form, weshalb der Nachtisch besonders aufregend ist, ein kleines Dessert im Obergeschoss, wo sich das Gastzimmer mit einem Bett befindet, in dem man morgens auf Knopfdruck alles vergisst, was gestern nach Mitternacht geschehen sein könnte, weil man, fast noch im Halbschlaf, ein elektrisches Laufband besteigt, das, wiederum unter Musik, die Geschichte des letzten Tages in die frische Geschichte von morgen verwandelt, in lauter große Projekte und Empfehlungsschreiben, die es vermutlich niemals gegeben hat und vermutlich auch niemals geben wird.

Doch das Motto des Tages ist Zuversicht, die blonden Kinder sind längst in der Schule, und auf dem Frühstückstisch finden sich nicht die geringsten Spuren davon, dass es sie jemals gegeben hat. Dafür steht dort jetzt ein kleines Gedeck, Toast, Ei und Kaffee, alle drei überraschenderweise immer noch warm. Und neben dem Teller liegt eine weiße Serviette, in die die Hausfrau eigenhändig mit einem seidenen Faden das Wappen ihres Brotgebers eingestickt hat: GE.

Eine schöne Erzählung. Nur dass Chris Hunter bis heute nicht weiß, ob es besagtes elektrisches Haus jemals wirklich (tatsächlich) gegeben hat, ob Ilf und Petrow es nicht bloß zum Trost der sowjetischen Hausfrau und zum Ärger von Väterchen Stalin erfanden. Schriftsteller halten sich niemals an Fakten. Als wir ihn trotzdem um die Adresse bitten, um es endlich mit eigenen Augen zu sehen, zögert er deutlich und lässt sich viel Zeit, bis er sich schließlich doch noch erhebt, um in Regal 17.4.B nach einem alten Adressbuch zu suchen. Wahrscheinlich vertraut er uns nicht. Möglich ist aber auch, dass in seinem bedächtigen Zögern eine andere, tiefere Absicht liegt, dass er uns für immer hier unten festhalten will, in den Kellern seiner Erinnerung. Er will uns einfach nicht gehen lassen, weil ihn so selten jemand besucht.

Das jedenfalls las ich im Blick von AnnAdams, die unruhig auf ihre Armbanduhr sah, während Jerry sich längst alles einverleibt hatte, was in ihrer Kamera Platz finden konnte, und Foma, aus Verlegenheit Kaugummi kauend, fortwährend damit beschäftigt war, Nachrichten zu senden und zu empfangen. Offenbar war ich die Einzige, die fasziniert war von der Geschichte eines buckligen Mannes, der in der märchenhaften Geschichte des runden elektrischen Tisches nie seinen Platz gefunden hat, weshalb er bis heute damit beschäftigt ist, seinen staubigen Arbeitsplatz zu sichern.

Je länger ich ihn in Augenschein nahm, desto sicherer war ich, dass Hunter nicht nur dazu verdammt ist, für immer und ewig allein zu leben, sondern dass er gar kein Zuhause hat, weil das Archiv sein Zuhause ist, sein Wohnzimmer, seine Küche, sein Bett, und dass er, wenn wir längst gegangen sein werden und seine taubstummen Mitarbeiter ihre Computer herunterfahren, um danach irgendwo in Schenectady eine Pizza oder einen Burger zu essen, immer noch da sein wird, zwischen Regal 17.4.A und Regal 17.4.B, wo zwischen Büchern und Akten ein halb angebissenes Sandwich liegt, das er ausschließlich mit sich selber teilt, wobei er weiße Handschuhe trägt.

Aber ich schweife ab. Denn Chris Hunter war längst mit dem gesuchten Adressbuch zurückgekehrt und schrieb zwei Adressen auf einen Zettel, den ich in meiner Tasche verschwinden ließ, nicht ohne eine letzte Frage zu stellen: Ob er nicht manchmal von Alternativen träumt, eine andere Stadt, ein anderes Archiv? Eine Frage, die ich sofort bereute. Denn vor uns sitzt der letzte und höflichste Wärter von Electric City, ein Mann, der seinen Posten niemals verlassen wird, weil er ein Mann aus Schenectady ist, dessen Wappen den weißen Handschuh trägt, ein Wappen mit einer einfachen Botschaft: Ein Mann aus Schenectady muss in Schenectady sterben. Das ist das wahre Amerika.

Jerry hat dem blauäugigen Archivar am späten Nachmittag des zehnten September auf ihre Weise ein Denkmal gesetzt. Das Bild zeigt Chris Hunter auf der Schwelle zum

Keller, ohne Schatten und Buckel, mit einem erstaunlich klaren Blick, der der Kamera nicht mehr ausweicht, zwischen Werbefotografien, die lauter hysterische Hausfrauen zeigen, die ihren Küchen niemals gewachsen sein werden. Kurz nach 4 p. m. nahmen wir Abschied, nicht ohne eine Anstandsrunde durch die oberen Ausstellungsräume des Museums für Fortschritt und Wissenschaft, wo wir Teil einer größeren Schulklasse wurden, zu Kindern in einer einfachen Welt, in der alles vertraut und anwendbar ist, ein Spiel mit Kugeln und Kreiseln, die sich abwechselnd anziehen und abstoßen dürfen, bis die letzte Glocke ertönt. Kinder! Höchste Zeit, endlich nach Hause zu gehen, denn bald wird es dunkel in unserer kleinen elektrischen Stadt.

In der Dämmerung sah sie plötzlich anders aus, irgendwie feindlich, unnahbar, eine kleine, abgeriegelte Festung, in der uns niemand empfangen wollte. Häuser wie Burgen, mit pedantisch gepflegten Gärten davor, in denen niemand zu sehen war, durchzogen von schnurgeraden Wegen, die vermutlich verborgene Zugbrücken waren. Bis plötzlich Shelly erschien: hochgewachsen, die langen Haare offen blondiert, in blumig wehenden Röcken bis auf die Knöchel hinunter, ein lyrisch gealtertes Mädchen, an der Leine zwei Hunde der Marke Beagle.

Shelly erwies sich als Glücksfall, denn sie sah uns beim Sprechen direkt ins Gesicht und wusste genau, wo sich Mister Ripleys elektrisches Haus befand. Sie hatte sogar zwei davon im Angebot, weshalb sie keine Sekunde zögerte, erst ihre Hunde nach Hause zu bringen und danach zu uns in den Wagen zu steigen, um uns höchstpersönlich den Weg zu zeigen und uns selber entscheiden zu lassen, welches besser in die Geschichte passt. Kaum hatte sie vorne rechts neben Foma Platz genommen, erzählte sie uns den kleinen Rest der großen Geschichte Schenectedys, in der es nicht nur um Wechsel- und Wirbelstrom ging, sondern um Einschluss und Ausschluss, um große Verteilungskämpfe, um Häuser und Steuern, um abwechselnd steigende und sinkende Kurse, um den inneren und den äußeren Schaltkreis einer höchst komplizierten Community.

Doch als sie erfuhr, dass wir nur auf der Durchreise sind, unterwegs zur nördlichen Grenze und von dort aus weiter nach Montreal, begann sie, vom Heimweh elektrisiert, unvermutet zu leuchten, denn sie kam gar nicht aus Schenectady, sondern aus dem Land Nebenan, aus dem herrlichen Kanada, wo die Menschen nicht nur größer und freier sind, sagte Shelly im Brustton der Überzeugung, sondern auch besser trinken und tanzen können, weil sie noch eine Königin haben. Aber gegen die Liebe, die Liebe!, und gegen das Leben, gegen das Schicksal und gegen den Mann unserer Träume, sagte Shelly, sei selbst das Kraut der Königin nicht gewachsen.

Der Mann ihres Lebens war allerdings längst verschwunden. Geblieben waren zwei erwachsene Kinder, zwei alternde Hunde, ein alterndes Haus, ein riesiger Garten und, schuldlos geschieden, natürlich, das Geld. Denn am Ende entscheidet immer das Geld, wo wir wirklich (tatsächlich) zu Hause sind, sagte Shelly, und AnnAdams nickte, es ist immer das Geld. Und der heimische Herd. Also höchste Zeit, Kinder, euch endlich das elektrische Haus zu zeigen. Auch wenn hier, bei Licht besehen, alle Häuser elektrisch sind, sagte Shelly, also sucht euch eins aus!

Shelly war eine Romantikerin alter Schule, die ihre Einsamkeit zwischen den Spaziergängen mit Ehrenämtern und Wohlfahrt stopfte. Rund um die Uhr war sie damit beschäftigt, ihre Schulden an der Menschheit zu tilgen, immer wieder von vorn das Gute zu tun, tagsüber in Kindergärten und Schulen und abends, wenn die lähmende Stille eintritt, auf den Terrassen der etwas älteren Leute, deren Leben sie hartnäckig zu Papier bringen wollte, zeichnend, frei nach der Natur, wie sie sagte. Bilder, die sie allerdings niemandem zeigen wollte, viel zu einfach und ernsthaft, um wirklich bedeutend zu sein, sagte Shelly.

Nur eins davon lag ihr wirklich am Herzen, sie malte seit zwanzig Jahren daran, ein Porträt des berühmtesten Sohnes der Stadt: Charles Steinmetz, gebürtig aus Breslau, minderwüchsig und bucklig, verfolgt unter Bismarck, Flucht nach Zürich, dann ein Schiff nach New York, danach ein Posten samt Haus in Schenectady. The most famous hunchback of all, der berühmteste Buckel von allen, rief Shelly, während AnnAdams die Augen verdrehte, denn sie kannte die Fakten.

Aber Shelly war weder an Fakten noch an Politik interessiert, sondern an einem Mann, der, genau wie sie, auf der Flucht war, eindeutig eine Lichtgestalt, Besitzer von über zweihundert Patenten, denn er hatte nicht nur die Lichtbogenlampe, sondern auch das Flutlicht erfunden. Und obwohl Shelly nicht im Entferntesten wusste, was wirklich gemeint ist, wenn von magnetischer Hysterese die Rede ist, lag in der Art, wie sie die Worte aussprach, eine gewisse Magie, ein schwebender Zauber, den die Sache selbst wahrscheinlich nie hatte.

Denn im Nebenamt war sie Dichterin, die wie jeder Dichter sehr genau weiß, dass der Zauber nicht in der

Sache selbst liegt, sondern immer nur in der Rede davon, in der Liebe, im Umweg, im beweglichen Umgang mit den störrischen Fakten, in der Rede einer langsam alternden Frau, die zu lange Röcke trägt und uns am Ende des Tages nicht das elektrische Haus Mister Ripleys zeigte, sondern ein ganz anderes Haus, das Haus ihrer angelesenen Träume, das schönste Haus von Schenectady, das sich auf einem unbezahlbaren Grundstück befindet, so weit nach hinten gesetzt, dass sich der frisch geschorene Rasen davor ausbreitet wie eine unbespielbare Bühne in Grün, hinter der sich das Haus wie eine mächtige Kulisse erhebt, strahlend und weiß, mit einem von Südsaatensäulen flankierten Vorbau, auf dem sich links und rechts neben der Eingangstür, an der ein goldener Türklopfer hängt, zwei Schaukelstühle befinden, in denen nie jemand sitzt.

Genau hier führte Shelly, dreimal am Tag, ihre gealterten Beagles aus, und wahrscheinlich blieb sie jedes Mal stehen, um sich im Anblick des Hauses ihren Erinnerungen an einen Film hinzugeben, in dem bis heute die Liebe zu Grund und Boden über die Liebe zwischen zwei Menschen triumphiert. Denn am Ende ist es immer der Grund und der Boden, auf dem der Mensch seine letzte Heimat findet, bevor sein Staub vom Winde verweht wird. Tara!, sagte Shelly, leise, aber bestimmt, denn sie legte nicht nur ein Bekenntnis ab, sondern verriet uns ein Zauberwort.

Und weil wir sie nicht enttäuschen wollten, riefen wir, alle vier, wie aus einem Mund: Tara! Dabei war offensichtlich, dass nur AnnAdams und ich wussten, von welchem Film hier tatsächlich die Rede war, denn Foma und Jerry hatten ihn vermutlich nie gesehen. Dafür AnnAdams zehnmal, und sie wusste selbstverständlich genau, wann und wo er gedreht worden war, dass Victor Fleming Regie geführt hatte, dass Scarlett O'Hara Vivien Leigh und Rhett Butler Clark Gable war, in einem Film zum Buch von Margaret Mitchell unter der Musik von Max Steiner. Und dass die anderen wie immer ungenannt blieben.

Was Jerry, den Profi, nicht davon abhielt, dasselbe zu tun wie schon mittags in Springfield. Sie dirigierte uns mit großer Entschiedenheit über den grünen Teppich des Rasens, direkt vor die Haustür und postierte uns malerisch auf den Stufen hinauf zur Veranda, um kurzfristig Shellys Traum festzuhalten: Außen rechts, auf der zweiten Stufe von unten, stehe ich, links von mir Foma, in der Mitte Shelly, links neben Shelly MsAnnAdams. Und während ich darauf warte, dass Jerry endlich abdrückt und mich von der falschen Gesellschaft befreit, kommt es mir auf einmal so vor, als würden hinter uns mit großer Leichtigkeit zwei Gläser gegeneinandergestoßen, ein leises gläsernes Klirren. Doch wage ich nicht, mich umzudrehen, aus Angst, in den Schaukelstühlen auf der Veranda könnten wirklich O'Hara und Butler sitzen, oder, weit schlimmer, die Tür ginge auf und es erschiene, in einem weißen Nachthemd, der Geist der wahren Besitzerin.

Kaum hatte Jerry abgedrückt, waren wir plötzlich wie ausgelöst, der Spuk war vorbei, weit und breit war niemand zu sehen. Denn Tara ist nichts als verspätete Lyrik, die Vision einer alternden Hausfrau, die Hunde und bucklige Männer malt und morgens beim Frühstück die Kurse studiert, in der Hoffnung, dass sich das Leben unvermutet in einem neuen Licht zeigt. Was erfahrungsgemäß ziemlich selten der Fall ist, aber immerhin möglich, wie die Bilder von Jerry beweisen, auf denen Shelly einladend lacht und mit dem rechten Arm fröhlich nach hinten weist, auf ein Grundstück, von dem sie tatsächlich einen Moment lang glaubte, dass sie es einmal besitzen wird.

Plötzlich kam ein leiser Verdacht in mir auf: Ist es nicht möglich, dass Chris und Shelly Verbündete sind? Dass Chris seine Gäste nur deshalb im Keller des Museums empfängt, damit Shelly sie nachher ins Freie führt, um sie, nach einem Besuch im elektrischen Haus und nach dem großen Finale in Tara, zurück auf die nördliche Piste zu schicken, wo sie, kurz vor der feindlichen russischen Grenze, unwiderruflich verlorengehen?

Inzwischen war es stockdunkel geworden. Und längst saß wieder Becky am Ruder durch eine Gegend, die wir nicht kannten, von der wir nur hofften, dass sie in der Nacht auf den elften September irgendwo ein Bett für uns hat oder wenigstens eine elektrische Tür, die sich auf Anruf von selber öffnet, weil vermutlich kein Mensch mehr da sein wird, der heute Nacht unser müdes Klopfen erhört und sich für die Geschichte von zwei Hunden der Marke Beagle begeistert, die, wie uns Shelly erst ganz zum Schluss verriet, Tara und Doktor Shiwago heißen.

Auf dem Weg Richtung Norden regnete es, man sah die Hand nicht vor Augen. AnnAdams begann zunehmend unruhig zu werden, während Foma sich auf die Stimme von Becky berief, die, je länger er fuhr, umso enger mit seinem rechten Schenkel verwuchs, weshalb er abwechselnd nach vorn und nach unten blickte, was AnnAdams in Unruhe brachte, weil wir, gemeinsam mit Ruby, alle auf ein und denselben Namen versichert waren, nämlich auf ihren.

Doch irgendwo da draußen brennt immer ein Licht,

jene trügerische Märchenlaterne, die uns in unserer ersten gemeinsamen Nacht an einen Ort namens Plattsburg verschlug, ins Motel Super 8, an das ich bis heute keine Erinnerung habe, dafür einen Geruch in der Nase, der stärker als jede Erinnerung ist, weil er sich für den Rest unserer Reise auf so magische Weise vervielfältigt hat, dass er sich nie mehr aus meinen Kleidern verlor, hartnäckiger als der Geruch von Benzin und der Geruch der vergilbten Papiere im Archiv von GE. Und hartnäckiger als all die Double Red Roads, die AnnAdams an jeder Tankstelle raucht und die ihr bis heute in allen Poren stecken.

Ein so globaler wie provinzieller Geruch, die schlichte Summe weltweiter Häuslichkeit. Eine Addition aus billigen Teppichen und Gardinen, schlecht parfümierten Kissen und Decken. Er steckt in den Laken und Bettvorlegern, in den Duschvorhängen und Seifenspendern, in den Handtüchern und im Toilettenpapier und im Briefkopf des Briefpapiers vom Motel Super 8, das niemals jemand benutzen wird. Er steckt in der Klimaanalage, im Wasserkocher, in den Teebeuteln und im Pulverkaffee und in der letzten Nachricht des Zimmermädchens, das noch vor wenigen Stunden ein Stück Schokolade, das genauso riecht wie der ganze Rest, auf den Nachttisch neben mein Bett gelegt hat, das wie immer viel zu groß für mich ist, vier unerfüllbare Betten auf einmal. Und natürlich in der Bedienungsanleitung zu den tausend Programmen, die ich kurz vor dem Einschlafen aufrufen werde, um mich endlich zur Ruhe zu bringen.

Doch es gibt keine Ruhe. Denn allem voran steckt der faule Geruch in der lästigen Zeitverschiebung, unter den flüchtigen Federn der letzten Brieftauben aus Übersee, geschickt von tausend freundlichen Freunden, die alle zu Hause geblieben sind, aber rund um die Uhr mit von der Partie sind, als würden sie noch im Halbschlaf nicht müde, mir Tipps und Texte und Bilder zu schicken, die ich, weil ich inzwischen schon viel zu erschöpft bin, weder öffnen noch aufrufen kann. Denn während ich meinen Koffer auspacke, liegen sie längst in Europa im Bett, genau wie der Verfasser der letzten Nachricht, die ich, kurz vor Schafott, aus meinem silbernen Apfel hole und in der man mich um ein Interview bittet, das ich heute Nacht nicht mehr geben kann, weil ich so müde wie schlaflos zugleich bin, während ich schreibe:

Lieber, verehrter Doktor Link, selbst hinter dem Fenster, das sich überraschenderweise öffnen lässt, macht sich derselbe genannte Geruch breit, der alles verlässlich neutralisiert, der Geruch der Motels der ganzen Welt, die vermutlich auch auf dem Mond und dem Mars nicht anders riechen als hier. Und kurz bevor ich endlich die Augen schließe, weiß ich plötzlich, mit entsetzlicher Klarheit, dass der erwähnte Geruch mich auch in den kommenden Wochen einholen wird, der Geruch einer Gastfreundschaft, die nicht den Gast, sondern bloß seine Durchreise meint, in anderen Worten, die Freude darüber, dass wir schon morgen gar nicht mehr hier sein werden, sondern längst ganz woanders, wo es vermutlich genauso riecht, es sei denn, das Leben schenkt uns kurzfristig ein Upgrade.

Sekunden später schreibt Doktor Link zurück: Dear, das Leben befördert uns selten nach oben. Und selbst wenn es uns kurzfristig nach oben befördert, bleibt der Geruch in den Kleidern hängen, genau wie die Geräusche des täglichen Lebens. Und genau darüber möchten wir mehr erfahren, um genau zu sein, nicht wir, sondern unsere sesshaften Leser. Über das Geräusch der vorüberfahrenden Wagen, in denen die menschliche Last durch die Nacht fährt, samt Geruch und Fahrer. Und natürlich alles über die Fahrer selbst, die niemals haltmachen dürfen und niemals schlafen. Mach dich also kurzfristig demütig, klein, und kriech mitten hinein in ihre scheußlichen Träume, in den Tinnitus ihrer Schlaflosigkeit. Das berührt uns, das interessiert uns, das wollen wir wissen!

Und ich schreibe zurück: Was die Fahrer betrifft, sie schlafen im Fahren, auch wenn sie zu zweit sind, denn auch zu zweit sind sie immer verlässlich allein mit ihrer Mischung aus Angst und Schweiß, ein Rasierwasser der allerbilligsten Sorte, das man an jeder Tankstelle kaufen kann. Und Doktor Link schreibt zurück: So schreiben nur Frauen.

Kurz danach erschienen mir Ilf und Petrow, in den grauen Kitteln der Bauernverbesserer als Ingenieure der Seele getarnt. Sie klopften gar nicht erst an, sondern setzten sich ungefragt an den runden Tisch meines Plattsburger Traums, zwischen Solomon Trone alias Mr Adams und seine Frau alias Becky. Auch Chris Hunter und Shelly waren dabei. Sie tranken Wodka aus hohen Plastikbechern, wobei genaugenommen nur Hunter trank, Ilf und Petrow, genau wie die Trones und Shelly, die wider Erwarten plötzlich Hosen trug, tranken nur zum Schein. Ich sah genau, wie sie nippten, um danach enthusiastisch die Gläser zu heben und ihren Inhalt, nach einem kurzen Trinkspruch, nach hinten über die bunten Krägen ihrer russischen Kittel zu kippen, während Hunter immer redseliger wurde.

Allerdings hörte ich nicht, was er sprach, denn der

Traum hatte mir den Ton abgedreht, weshalb ich, wie in einem Stummfilm, versuchte, mir aus ihren Gesten zusammenzureimen, wovon tatsächlich die Rede war, vermutlich von Väterchen Stalin, von Doktor Link, von Doktor Shiwago und von der sowjetischen Hausfrau. Kann auch sein, es ging um Kutschen und Selbstmörderzüge. Bis plötzlich mein großer Bruder den Keller betrat, auf der linken Schulter, wie mit dem Körper verwachsen, die Handtasche von MsAnnAdams und in der rechten Hand den Distanzplan, ein deutliches Zeichen, dass keine Zeit zu verlieren war, höchste Zeit, wieder aufzubrechen. Und plötzlich war auch der Ton wieder da, denn von irgendwo krähte ein Hahn.

Im Halbschlaf warf ich einen Blick auf die Armbanduhr: Zehn nach vier. Noch bin ich also in Sicherheit. Ich stand auf, trat ans Fenster und zündete mir eine American Spirit (orange) an, die ich, während sie langsam herunterbrannte, krampfhaft aus dem offenen Fenster hielt, von der Angst besessen, der Rauch könnte langsam, womöglich genüsslich, in ein anderes, gleichfalls geöffnetes Fenster ziehen, hinter dem, genauso schlaflos wie ich, irgendein Ankläger auf der Durchreise liegt, der mich umgehend zur Rechenschaft zieht.

Liebe Frau Eckermann, entspannen Sie sich, denn sicher ist, dass Sie im Super 8 nicht die Einzige sind, die versucht, sich zum Verschwinden zu bringen. Und für den Fall, dass das Fenster nebenan, trotz des entsetzlichen Lärms von der Hauptstraße her, tatsächlich geöffnet sein sollte, steht hinter genau diesem Fenster vermutlich ein anderer ängstlicher Raucher, der denselben Hahn hört wie Sie, sich folglich genauso verloren fühlt und die Zigarette irgendeiner nderen Marke genauso verschämt aus dem Fenster hält, weil er dieselben hässlichen Träume hat und denselben Wunsch nach Sonnenaufgang.

Zwei Stunden später gab ich den Schlafversuch auf und beschloss, einfach schwimmen zu gehen. Am Vorabend hatte ich neben dem Treppenaufgang einen Pool entdeckt, ein Kinderschwimmbecken, zweimal vier trübe Meter, das auf vier Tafeln in Großbuchstaben vor Kopfsprüngen warnte. Allerdings hatte ich das kleinere Schild übersehen, auf dem ich erst jetzt in der Dämmerung las, dass er nur nachmittags zwischen 3–5 p. m. für Gäste zugänglich war, weshalb ihn vermutlich nie jemand benutzte. Ich stopfte mein Handtuch zurück in den Rucksack und machte mich auf die Suche nach Kaffee.

Nach dem alten Gesetz von Hase und Igel war Ann-Adams wie immer vor mir da. Mit einem halbleeren Becher in der Hand saß sie vermutlich seit Stunden auf gepackten Koffern und starrte auf den laufenden Bildschirm, der über dem kleinen Tresen hing, auf dem, zwischen Plastikbechern und Plastikbesteck, unter einer Haube, die gleichfalls aus Plastik war, undefinierbare Gebäckstücke lagen. Daneben, in einem Plastikkorb, Obst von gestern, neben dem eine mit Orangensaft gefüllte Plastikkaraffe stand.

Es war der Morgen des elften September. Während ich blassen Toast in den Kaffee tauchte, zogen auf dem Bildschirm die altbekannten Bilder vorüber, die AnnAdams, ohne die Stimme zu heben, immer wieder von vorn kommentierte, lauter Metamorphosen: Hochhäuser, die langsam zu Boden gingen und in Zeitlupentempo zu Asche zerfielen, um danach pathetische Wolken zu bilden und wieder zurück in den Himmel zu steigen, wobei Ann-Adams nicht müde wurde, immer wieder von vorn zu betonen, dass sie, auch jetzt, fünfzehn Jahre danach, nicht bereit sei, das Fürchten zu lernen, denn sie fürchte weder Gott noch den Teufel, die Menschen schon gar nicht.

Den letzten Satz wiederholte sie immer wieder von vorn, wie noch ein paar andere Sätze, die sie schon vor Jahren gesagt haben wollte, an jenem pechschwarzen ersten elften September, als in Manhattan und über dem Pentagon Feuer und Asche vom Himmel fielen, als Treppenhäuser und Fahrstühle brannten, und die Menschen aus den Fenstern ihrer engen Büros, mit den letzten steigenden Kursen winkend, aus dem Himmel hinab in die Hölle sprangen. Als man die Feuerwehrleute heiligsprach, während sie die verkohlten Leichen aus ihren maßgeschneiderten Anzügen schnitten und die Davongekommenen schreiend durch die Straßen Manhattans liefen, um ein neues Zeitalter auszurufen.

Einzig MsAnnAdams hatte damals eiserne Ruhe bewahrt. Denn nur furchtlose Menschen, sagte AnnAdams und goss sich zum dritten Mal Kaffee nach, nur freie Menschen kommen nach Westen. Warum sonst hätte ich mich auf den Weg von Wien nach New York machen sollen, in eine Zukunft, sagte AnnAdams, von der ich nichts wusste. Man muss einfach seinen Instinkten folgen, guten Instinkten, sagte AnnAdams und lachte. Lauter Instinkte, die ihr gesagt haben mussten, dass im Westen etwas zu holen war, was sie im Osten nicht haben konnte. Nur dass sie dabei vergessen hatte, dass die Erde rund ist wie der Kalender, der immer wieder von vorn anfängt, weshalb sich jedes Jahr in den Morgenstunden des elften September unwiderruflich der Grauschleier ihrer Kindheit über ihre allzu entschiedene Rede legte.

Denn es war nicht das freie Amerika, das sie furchtlos gemacht hatte, sondern ihre Kindheit bei Wien, in der Bildung nichts als ein Vorwurf war, Sprechen, Lesen, Zeichnen und Singen verboten und Phantasie eine Strafe des Himmels. Von einer Mutter verhängt, die stundenlang aus dem Fenster starrte, während ihr Vater die Straßenbahnen von Wien jeden Abend bis an die Endstation fuhr, bevor er wieder nach Hause kam, mit einem Geruch in den Kleidern, den AnnAdams niemals benennen könnte, weil sie viel zu nah dran ist, weil sie ihn immer noch in der Nase hat, weil er genauso schwer wiegt wie die Hand ihres Vaters, die AnnAdams noch immer im Nacken hat, weshalb sie sich bis heute bedeckt hält und nach wie vor ein bisschen gebeugt geht, mit bemerkenswert schnellen und kleinen Schritten und einem ständig die Richtung wechselnden Blick, immer auf der Suche nach einem möglichen Fluchtweg.

Womöglich war es ein anderer elfter September in den frühen fünfziger Jahren des langsam versinkenden letzten Jahrhunderts gewesen, an dem sie, die berufene Bergsteigerin, endlich in die höhere Schule entkam, wo sie sich gleich am ersten Tag in ihre Lehrerin für Literatur verliebte, in Schiller und Shakespeare, in die eigene Faust und das eigene Theater, wo sie sich auf den billigsten Plätzen die Beine begeistert bis in den Bauch stand, um danach ihre Rollen zurück in die Schule zu tragen, wo sie auf einer kleinen Bühne erst die Jungfrau von Orleans, dann Hamlet und danach den Puck in einem Mittsommernachtstraum spielte, den sie nie wieder vergaß, weil er niemals Wirklichkeit wurde.

Aber jetzt war sie plötzlich in einem Motel in Plattsburg gelandet, im Motel Super 8, wo die Erinnerung wieder lebendig wurde, das Singen und Tanzen, das heimliche Rauchen, ihre hundert Cousins und Cousinen, mit denen sie, einer unüberprüfbaren Erzählung folgend, barfuß hinauf in die Berge stieg, ohne jemals das Gleichgewicht zu verlieren. Denn sie war klein und schnell, geschmeidig und wendig (Selbstauskunft), und sie liebte die Tiere, vor allem Hunde, die gezähmte wilde Natur, die Vorstellung, auf eine Reise zu gehen, von der man am Ende gerettet zurückkommt.

Um das zu beglaubigen, hielt sie den kleinen Atlas hoch, einen Taschenatlas älteren Datums, der angeblich jede Nacht unter ihrem Kopfkissen lag und in dessen Betrachtung sie sich immer von Neuem vertiefte, obwohl sich die Grenzen inzwischen verschoben hatten und die meisten Länder längst andere Namen trugen. Aber was sind schon Namen! Weshalb sie sich eines Tages gegen Namen und Herkunft erhob und ein Flugzeug Richtung Westen bestieg, um irgendwo in New York die Kinder und Hunde fremder Leute zu hüten und Briefe für Professoren zu schreiben, die ihr im Gegenzug ein freundliches Lächeln und freien Eintritt zu ihren Vorlesungen in Yale und Cambridge schenkten.

So hat AnnAdams vor vielen Jahren das Reich der Wissenschaft und der Künste betreten, das fremde Reich der Musik und der Malerei und das Königreich der Literatur. Einmal die Woche hatte sie frei. Dann zog sie sich ihre Schuhe aus und ging barfuß bei Nacht allein durch das New York des letzten Jahrhunderts, durch eine Stadt, die damals noch frei und gefährlich war. Sie ging einfach immer geradeaus, von Norden nach Süden, bis sie an der Südspitze Manhattans stehen blieb, um die Freiheitsstatue zu bewundern, von der bei Ilf und Petrow keine Rede ist.

Schreiben Sie das in Ihre Notizbücher, Gentlemen! Aber schreiben Sie auch, dass ich AnnAdams' Geschichte noch weniger traue als den Geschichten von Ilf und Petrow, am Morgen des elften September schon gar nicht, der ein besonders scharfes Licht auf das versinkende letzte Jahrhundert wirft, genau wie die Bilder auf dem flackernden Bildschirm. Lauter verschobene Botenberichte, Fakten, die auch fünfzehn Jahre danach nichts als vage Vermutungen sind. Bis plötzlich der Präsident von gestern ins Bild tritt, ein gewisser Barack Obama, wie immer in einem maßgeschneiderten Anzug, bildschön wie ein übermüdeter Pharao, der sich freundlich an seine Untertanen wendet, an die ganze erschöpfte Nation auf einmal, um immer wieder von vorn die immer selben Worte zu sprechen, die AnnAdams so gern wiederholt, so oft, bis ihr Sinn sich verflüchtigt und nur noch ihr Klang im Raum hängenbleibt. Der Klang zweier halbleerer Gläser, mit denen ein freundlich alterndes Paar auf den kleinen verbleibenden Rest anstößt: Yes we can! Das schaffen wir schon! In ein etwas präziseres Deutsch gebracht: Es ist zwar möglich, aber nicht machbar.

Vermutlich ein Übersetzungsfehler, in Wahrheit muss es natürlich heißen: Es war immer unmöglich, aber jederzeit machbar. Denn auf die alte russische Frage: Was tun? (Tschto delat?) lautet die alte amerikanische Antwort: Allzeit bereit! (Be prepared!) Don't panic! Keep calm! Carry on! Eine Formel, mit der AnnAdams uns, ihre Schüler, immer wieder von vorn auf Linie zu bringen versuchte, in einer Welt, in der wir von morgens bis abends umzingelt von Nachrichten sind, die keine Nachrichten sind, sondern nichts als nervöser Wetterbericht, leise Warnung und Drohung, vor Wirbelstürmen mit ständig wechselnden Namen, vor Hochwasser, Überflutung und Steinschlag, vor Schneefall im Sommer, vor Schmelze im Winter, vor Bomben, Krankheit, Tod und Verderben, vor Gott und dem Teufel. Denn obwohl sie, genau wie ich, so gut wie gar nicht geschlafen hatte, war sie nicht im Geringsten dazu bereit, auch nur eine Sekunde die Schlüsselgewalt in die Hände eines russischen Gärtners zu legen, eines windigen Landschaftsgärtners aus Kiew, der offenbar genauso wenig an Schlaflosigkeit litt wie die ihn begleitende Hochzeitsexpertin.

Jerry und Foma kamen kurz vor halb neun. Auf dem Bildschirm war man bereits zum Wahlkampf übergegangen, dem allerdings niemand Beachtung schenkte. Keiner der Gäste machte den Eindruck, als hätte er jemals ein Wahllokal von innen gesehen. Genau wie Foma, der stolz verkündete, selbst im Traum gebe er seine Stimme nie ab, nicht einmal für Becky, während Jerry stumm ihren Kaffee trank und AnnAdams rauchend auf dem Parkplatz neben Red Ruby stand, denn Unpünktlichkeit war AnnAdams verhasst, wobei sie vergaß, dass auch den, der zu früh kommt, das Leben straft.

Kurz vor neun begann Foma langsam, fast feierlich, das Gepäck in den Wagen zu tragen, jedes Stück einzeln. Nur die Objektive Tasche, in der sich nicht nur die Sammlung Bräute am Wegrand, sondern auch ein Ordner mit dem Titel 3668Ilfpetrow befand, gab Jerry nicht aus der Hand.

Erst als Foma und Jerry Red Ruby bestiegen und sich entschieden auf den vorderen Sitzen platzierten, Foma mit Becky hinter dem Steuer und Jerry auf dem Beifahrersitz, beschlich mich die leise Ahnung, dass die beiden in der vergangenen Nacht, während AnnAdams und ich noch rauchend in zwei halb geöffneten Fenstern vor einer unsichtbaren Anklagebank standen, womöglich beschlossen hatten, in den nächsten sechs Wochen ein Paar zu werden, denn zu zweit reist man besser.

Doch was auch immer sie nächtlich beschlossen hatten, sie hatten den Distanzplan vergessen, sie hatten vergessen, dass wir unterwegs zur kanadischen Grenze waren und dass Kanada nicht Amerika ist. Vielleicht hatten sie die Route einfach verdrängt, weil sie an eine Kunst ohne Grenzen glaubten, an die große Menschheitsgemeinschaft, in der man auf Schlagbaum und Uniform pfeift. Erst kurz vor Montreal kam leise Unruhe auf, denn obwohl AnnAdams noch am Vorabend behauptet hatte, Leute wie uns winke man weltweit durch, bestand sie plötzlich dringend darauf, die Plätze zu wechseln und wieder ans Steuer zu kommen, aus rein praktischen Gründen, wie sie betonte, sie beherrsche das Ritual einfach besser: Wie man lässig das Fenster öffnet, dem Grenzer tief in die Augen blickt, dabei mädchenhaft lächelt, sich dreimal tief gegen Norden verneigt, dabei freundlich entschieden ein- oder zweimal Vacation sagt und für den Fall des Falles beiläufig hinzufügt: Niagara Falls.

Allerdings ging die magische Rechnung nicht auf, denn der Grenzer bestand so unbestechlich wie höflich darauf, tatsächlich unsere Pässe zu sehen, alle vier, jeden einzeln. Während Jerry, AnnAdams und ich beflissen nach unseren

Ausweisen griffen, war Foma gezwungen auszusteigen. Denn wie jeder, der Grenzen zutiefst verachtet, trug er den Pass nicht am Mann, sondern hatte ihn in seinem Koffer vergraben, was Unruhe in die hinter uns Wartenden brachte. Schwerer wog allerdings, dass er AnnAdams' Zauberformel nicht anwenden konnte, sein Englisch war einfach nicht gut genug, so dass die vertraute Parole, Vacation Niagara, wie die Nachricht von einem fremden Planeten klang, dessen Sprache dem Grenzer unbekannt war, schließlich war er kein Künstler.

Nicht auszuschließen ist allerdings auch, dass die Niederlage des Gärtners von etwas längerer Hand geplant war. Womöglich hatte AnnAdams bereits letzte Nacht am Fenster in Plattsburg beschlossen, nicht nur die Schlüsselgewalt zurückzuerobern, sondern nebenbei auch noch den Beweis zu erbringen, dass der Gärtner nicht wusste, wie man wirklich reist, und dass er ohne sie, die es zu wissen vorgab, niemals über die Grenze käme. Doch das ist lediglich meiner Phantasie geschuldet, denn AnnAdams neigt nicht zu Boshaftigkeit und war genauso erleichtert wie ich, als uns der Grenzer, nach einer strengen Ermahnung, schließlich doch noch nach drüben winkte.

So sind wir am Mittag des elften September ins nordische Land Nebenan gekommen, von dem Shelly so schwärmt und das zu Jerrys Enttäuschung auf den ersten Blick nicht anders aussah als das Land, das wir eben verlassen hatten. Als ich, bei Muffins und Pulverkaffee, von den Unterschieden zu sprechen begann, von einer Königin und einer weißroten Fahne, die nicht nach den Sternen, sondern nach dem irdischen Ahornblatt greift, winkte Jerry gelangweilt ab. Denn Jerry aus Halle träumt von einer eigenen Flagge, von eigenen Büchern, von einer eigenen Hymne und von einem eigenen Königreich, mit eigenen Dienern und Kofferträgern, die alle so schön wie der Gärtner sind und alle ein und dieselbe Mütze tragen, auf der in großen und deutlichen Buchstaben Jerry steht.

Manchmal schenkt uns das Leben tatsächlich ein Upgrade: Im Zero One empfing man uns wirklich wie Könige, genauer, als Hofstaat von Königin Jerry, die bereits im Eingang zu wachsen begann, wo ein schwarzer Portier, den man offenbar dafür angestellt hatte, vorzugeben, ein freier Mann zu sein, die Tür für uns aufhielt, weshalb die Stimmung umgehend stieg. Jerry begann unaufhaltsam weiterzuwachsen, während uns an der Rezeption ein gewisser Roberto mit schneeweißen Zähnen in vier Sprachen auf einmal begrüßte, bis Foma endlich mit dem Gepäck nachkam, um das sich drei Livrierte auf einmal stritten.

Auf einmal übersetzt sich alles von selbst, jeder heimliche Wunsch in eine praktische Tat. Und das schon im Fahrstuhl, der längst keine Knöpfe mehr hat, sondern einzig auf Zuruf völlig geräuschlos nach oben verschwindet, noch bevor im Norden der erste Schnee fällt, leichter und weißer als jedes Brautkleid, weil man in Montreal keine Braut sein muss, um ein Zimmer im zehnten Stock zu bekommen, mit einem Blick auf die Stadt, von dem Ilf und Petrow nur geträumt haben können, denn in Montreal sind sie nie gewesen.

Als ich wenig später unter der Dusche stand, die, wie in allen Hotels der besternten Welt, keine Frage von laufendem Wasser ist, sondern schlicht eine Frage des Lebensstils, keine Dusche also, sondern ein Statement, versuchte ich mir, nackt wie ich war, vorzustellen, wie es Ilf und Petrow hier ergangen wäre auf der Suche nach Wasser, Seife und Licht. Wahrscheinlich hätten sie Stunden gebraucht, um zu begreifen, dass der Hahn in der Wand, genau wie der Fahrstuhl, nicht mehr auf die menschliche Hand reagiert, sondern auf nichts als ein Zauberwort, das vermutlich nicht einmal Becky kennt. Ich kannte es auch nicht und brauchte geschlagene zehn Minuten, bis ich die einfache Formel entdeckte und begriff, dass ich, die Lippen an den Duschkopf geschmiegt, der wie ein digitales Telefon aussah, einfach nur Shower sagen musste, um das Wasser endlich zum Fließen zu bringen. Der Seifenspender hörte auf Soap und der Temperaturregler schlicht auf einfache Zahlen.

Ich musste an Mister Ripley denken, der vermutlich begeistert gewesen wäre vom Charme der Konstruktion einer Dusche, aus der, sobald der Gast die Kabine betritt, leise Musik (I am sailing) ertönt, die erst dann wieder verstummt, wenn der Gast zum ersten Mal nach dem Handtuch greift, das sich gleich nach Gebrauch wie von selbst zurück an den Haken hängt, kein gewöhnlicher Haken natürlich, sondern eine beheizbare Stange, an der das Handtuch sekundenschnell trocknet, damit sich kein falscher Geruch breitmachen kann, nicht die kleinste Erinnerung an die Vergangenheit im Motel Super 8 oder an irgendein anderes Motel dieser Welt.

Denn im Zero One herrscht die Gegenwart, man hört immer ein und dasselbe Lied, Sailing, immer wieder von vorn, egal zu welcher Tages- und Nachtzeit, so lange, bis man wieder zum Handtuch greift, nach einem zweiten weißen und noch weicheren Handtuch, dem letzten Zeugnis einer versinkenden Welt. Denn auch Handtücher wird es bald nicht mehr geben, das fließende Wasser verwandelt sich, perfekt abgestimmt auf die Länge des Liedes, in drei vier Minuten in warmen Wind, der von allen Seiten auf einmal bläst und den zitternden Körper im Handumdrehen trocknet. Danach wird, sofern man das Codewort kennt, der Körper von oben bis unten gesalbt, wobei uns eine freundliche Frauenstimme, Mezzosopran, an das Gebot der Entspannung, Relax!, erinnert, bevor es kurzfristig endlich dunkel und still wird. Erst dann geht wieder der Fernseher an und wiederholt den vertrauten Begrüßungstext, mit dem man uns bereits vor Stunden empfing.

Nach Lichtschaltern hätten Ilf und Petrow hier übrigens vergeblich gesucht, weil der Gast inzwischen kein König mehr ist, sondern ein Gott, der mit seiner Schöpfungsgeschichte nackt in einem Hotelzimmer steht und, um die Dunkelheit zu besiegen, laut und vernehmlich Es werde Licht! ruft. Schreiben Sie das in Großbuchstaben in Ihre Notizbücher, Gentlemen: Licht! Denn obwohl Sie das Wunder der Metamorphose nicht mehr erleben konnten, jenen winzigen Quantensprung, wie aus dem alten Menschen der neue wird, von dem Sie damals nur träumten, sollten Sie unbedingt wissen, dass Ihre Mission sich erfüllt hat, dass es endlich vollbracht ist, dass kaum achtzig Jahre nach Ihrer Reise ins Imperium Nebenan der große Menschheitstraum mühelos Wirklichkeit wurde, weil alles, was damals phantastisch schien, plötzlich mit Händen zu greifen ist, weil man längst keine Hände mehr braucht, um zu begreifen, dass alles wirklich (tatsächlich) da ist.

Also legen Sie endlich den Stift aus der Hand und hören Sie einfach auf mitzuschreiben. Denn der neue Mensch ist ein anderer Mensch, kein schreibender, sondern ein freier

Mensch, ein traumloser Mensch, ein glücklicher Mensch, der weder dichten noch zeichnen, noch singen muss, um seiner Ewigkeit sicher zu sein. Statt langer Briefe kurze Kommandos, leise Befehle, ohne die Stimme zu heben, denn die Maschine versteht sofort, was man will: Upgrade! Wasser! Seife! Licht! Das große Glück der Elektrifizierung.

Aber noch sind wir nicht da, noch regt sich hier und da Widerstand, noch hat AnnAdams die Schlüsselgewalt und den heimlichen Wunsch nach Kontrolle, den alten Wunsch nach Belehrung, noch gilt die lästige menschliche Währung, selbst dort, wo man längst nicht mehr bar zahlen muss. Ja, noch gibt es sie, jene kleinen Momente in den kleinen bestechlichen Nischen der Welt, in denen es durchaus von Nutzen sein kann, etwas Handgeld, Echtgeld parat zu haben, echte Dollar auf echtem Papier, jenseits der Grenze amerikanische Dollar und diesseits ein paar kanadische Dollar.

Allerdings hatten Foma und Jerry keine Sekunde an Umtausch gedacht, weshalb AnnAdams am späten Nachmittag des elften September dem Gärtner und seiner Königin eine zweite Lektion erteilte, als man uns nach einem Essen in Chinatown die Rechnung servierte und, wider Erwarten, auf Bargeld bestand. Sie war die Einzige, die sich bevorratet hatte, und beglich, ohne mit der Wimper zu zucken, vornehm eine Rechnung für vier. Und obwohl sie das Ganze als Einladung tarnte, verrieten das leichte Flackern in ihrem Blick und die roten Flecken auf ihren Wangen, dass sie den kleinen Triumph über die Maßen genoss.

Zwei Stunden später trafen wir uns bei Radio Goethe vor einem Publikum wieder, das aus kaum mehr als zwanzig

Besuchern bestand und uns geduldig in vier Sprachen auf einmal lauschte, einer enthusiastischen Einführung durch die Bibliothekarin, meinem Vortrag, von Jerrys Bildern flankiert, und zum Schluss einer Kostprobe aus Das eingeschossige Amerika, dargeboten von Serge, einem aus Sibirien eingewanderten Schauspieler, der des Französischen zwar nicht mächtig war, aber, sobald er Russisch zu rezitieren begann, das Publikum fast zu Tränen rührte, weniger mit dem, was er las, als damit, wie er es vortrug, denn er las mit Händen und Füßen, jene berühmte Passage über American Football, in der ich noch am Abend zuvor, überall dort, wo es nötig war, Football durch Eishockey und Amerika durch Kanada ersetzt hatte, was nicht weiter auffiel, denn alles andere blieb gleich: das größte Stadion, der lauteste Schrei, das meiste Geld und die einfache Tatsache, dass angelsächsische Spielregeln bis heute nicht erklärt werden können, weil sie einfach zu kompliziert sind.

Was insgesamt keine Rolle spielte, denn Serge brachte unmissverständlich zum Ausdruck, dass es nicht auf das Spiel, nicht auf die Regeln, sondern einzig und allein auf die Stimme ankommt, mit der man den Text zum Besten gibt. Je länger ich lauschte, umso begeisterter wurde ich, weil das Original zunehmend hinter der Übersetzung verschwand, was ebenfalls keine Rolle spielte, weil sich das Publikum nicht dem Inhalt hingab, sondern seiner gesteigerten Rührung und dem Applaus. Und der Verheißung auf das, was, wie immer bei Goethe, zur Belohnung danach kommt, in unserem Fall ein russisches Abendbrot, das aus Kaviar, Lachs und Schwarzbrot bestand.

Gekrönt von Weißwein und Wodka, bei dessen Genuss uns der Leiter der deutschen Kulturstation, Dr. Stopp, höchst charmant zu verstehen gab, dass ihn, obwohl sie hier oben Nachbarn seien, also geopolitisch Tür an Tür, nur höchst vage getrennt durch die Aleuten, mit den Russen so gut wie gar nichts verbinde. Sein Herz gehörte Amerika, dem Land der Freiheit des Mittleren Westens, Huck Finn und Tom Sawyer. Einzig die Tatsache, dass der akademische Volksmund in Ilf und Petrow schon vor Jahrzehnten den russischen Mark Twain erkannt haben wollte, stimmte ihn kurzfristig versöhnlich, weshalb er den dritten Wodka, den wir aus Wassergläsern tranken, die auffallend breiter und höher waren als in meinem Plattsburger Traum und in die wir abwechselnd kleine Happen aus Lachs und die letzten Krümel von Schwarzbrot tauchten, auf die Russen erhob, auf diese abscheulichen Russen mit ihren entsetzlichen Büchern, die bis heute mit Schicksalen handeln, die einer anderen, finsteren Schwerkraft folgen.

Gastgeber korrigiert man nicht. Nicht zuletzt, weil Stopps Zweifel berechtigt waren, angetrunken teilte ich seine Bedenken, jedenfalls was, ins rechte Verhältnis zur Zeit gesetzt, unsere Reiseroute und den Distanzplan betraf. Einzig der Wodka stattete uns mit der Zuversicht aus, dass wir, wenn nicht das Ziel, so doch immerhin den berühmtesten Zaun der Welt auf alle Fälle erreichen würden, den Zaun von Tom Sawyer, jene magisch poetische Grenze, an der die Russen bis heute gescheitert sind.

Es werden ja viele Märchen erzählt aus dem unbekannten Land Nebenan jenseits der Aleuten, sagte Dr. Stopp, aus dem Land der Arbeiter und Bauernverbesserer, die längst wieder auf dem Vormarsch sind und besser als alle anderen wissen, wie man wirklich Eishockey spielt. Alles schön und bekannt. Aber hat man jemals von einem Russen gehört, der schon morgens dazu in der Lage ist, tatsächlich die Ärmel hochzukrempeln und ganze Busladungen voller Touristen dazu zu bewegen, ein und denselben Zaun anzustreichen, immer wieder von vorn, ohne dabei sein Gesicht zu verlieren?

Erst als der Wodka zur Neige ging, schlug die Stunde der Wahrheit, denn wovon er sprach, ließ sich nicht überprüfen. Keiner von uns hatte Tom Sawyer jemals im Original gelesen, einzig AnnAdams war in der Lage, mit Echtzitaten gegenzuhalten, was Dr. Stopp allerdings nicht zu beeindrucken schien. Schließlich hatte er, schon ein paar Jahre her, eine akademische Arbeit über Toms Zaun verfasst. Es war vor allem der Untertitel, Umzäunte Kindheit: Family Fencing, der nicht nur AnnAdams, sondern auch mir Respekt einflößte. Allem voran aber war es die Lässigkeit, mit der Stopp, nachdem der Wodka erschöpft war, zum kanadischen Weißwein überging und uns erklärte, der Zaun, von dem hier die Rede sei, beschreibe nicht etwa den äußeren Raum des Mittleren Westens, sondern die Grenze eines metaphysischen Kosmos. Toms Zaun nämlich umzäune das Paradies oder jedenfalls das, was wir bis heute dafür halten, jenen Ort also, der nie zu erreichen ist, in einem Ford Explorer schon gar nicht, und der sich auch dann nicht erreichen lässt, wenn wir sämtliche Flaschen bis auf den Abgrund geleert haben werden.

Aber wer geht schon gern der vertrackten deutschen Philosophie auf den Grund, um am Ende an jenem Zaun zu landen, der uns seit Jahrhunderten vom wirklichen Leben trennt? Und von den Russen, die bis heute nicht nur die Bauern verbessern wollen, sondern nebenbei auch den ganzen Rest der Welt. Der Bauer ist schließlich kein

Philosoph, sagte Dr. Stopp, und, er zeigte auf mich, ein Literat schon gar nicht, der Bauer denkt nun mal anders. Für den Bauern des Mittleren Westens besteht die Welt, sagte Stopp, aus einer einzigen Silbe, aus einem Wappen, in dessen Mitte ein riesiger Kolben steht, ein Erlösungswort in vier Buchstaben: Corn.

AnnAdams hörte längst nicht mehr zu, sondern stand rauchend hinter einem anderen Zaun, während ich neben Gerard Giroux stand, einem freundlich gealterten Gast, der Wasser und Orangensaft trank, während er immer wieder von vorn versuchte, mich in eine Diskussion über Reklame am Wegrand zu verstricken, in die wuchernden Texte von Werbetafeln, die Ilf und Petrow gekannt haben mussten und die man inzwischen längst vom Wegrand entfernt hatte. Harmlose Parolen wie diese: If you don't know who's signs these are you haven't travelled very far. (Burmashave)

Aber der alte Mann hing an den alten Parolen und wurde nicht müde, sie immer wieder von vorn zu rezitieren, während auf meiner anderen Seite ein junger Student, der sich als Writer in Research entpuppte, das Gesprächsruder zu übernehmen versuchte, um nach einem kurzen heftigen Flirt mit Jerry endlich zu einer Sache zu kommen, die unwiderruflich verloren sei, die Sache der Wissenschaft und der Kunst. Nach einem weiteren Glas hatte sich mein Verdacht erhärtet. Florian war gar kein Forscher, sondern ein Künstler in Hochstapelei, der tagsüber damit beschäftigt war, eine Dissertation über Christian Kracht zu verfassen, und abends Prosagedichte schrieb.

Letztere übrigens nur mit der Hand, denn Gedichte, betonte Herr Florian, schreiben sich ihrer Natur nach nicht mit der Maschine, Lyrik lasse sich nicht in die Tasten hauen, weil sie kein Handwerk, sondern Eingebung sei. Lyrik muss fließen, sagte Herr Florian, aus dem Schwung der natürlichen Bewegung heraus. Einzig die menschliche Hand sei der Schlüssel zur Welt, und wenn die Hand nicht mehr will, weil sie nicht mehr kann, weil ihr Schwung sich erschöpft hat, sagte Herr Florian, ist nicht nur das Ende des Gedichts, sondern auch das Ende der Geschichte erreicht. Nicht der Kopf sei der Kompass, sondern die Hand, alles andere sei reine Fahrlässigkeit. Man müsse zu den wirklichen Dingen zurück, zu den echten, den wahren, den schönen Bildern. Wie um das zu bekräftigen, griff er nach Jerrys linker Schulter, über der die Objektive Tasche hing, und rief: Das halten wir fest!

Jerry, der Profi, hat uns tatsächlich festgehalten: Links außen mich, daneben, breit lachend, Dr. Stopp mit einem randvoll gefüllten Wasserglas, in der Mitte Florian und MsAnnAdams, die sich krampfhaft an ihrer Tasche festhält. Und rechts von ihr Foma, der seinen Arm um den bartlosen Mister Giroux legt, während ganz außen der Geist des Schriftstellers Kracht steht, der sich den Strohhut Tom Sawyers so tief ins Gesicht zieht, dass selbst Jerry ihn nicht zu fassen bekommt.

Zwei Stunden später lag ich im zehnten Stock, Zimmer 1014, und schrieb, mit Blick auf die unter den Lichtern verschwimmende Stadt im Auftrag von Doktor Link das Original ab: »Tom ging mit einem Eimer voll weißer Farbe und einem riesigen Pinsel auf den Weg vor dem Haus. Beim Anblick des dreißig Meter langen Gartenzauns schwand alle Fröhlichkeit aus seinem Gesicht. Seufzend tauchte er den Pinsel in die Farbe ein und strich lustlos über die oberste Latte. Nach wenigen Pinselstrichen sank er entmutigt auf einem Baumstumpf nieder und betrachtete die riesige Fläche, die noch vor ihm lag.«

Im Halbschlaf wurde der Baumstumpf lebendig und fing an, rasant in die Höhe zu wachsen, während der Zaun sich auszudehnen begann. Er wurde länger und länger, ich sah ihm, jetzt selbst auf dem Baumstumpf sitzend, bereits von oben herab dabei zu, wie er sich in eine riesige Schlange verwandelte, die sich mit enormer Geschwindigkeit durch die Landschaft des Mittleren Westens zog, die ihrerseits plötzlich schrumpfte. Noch bevor ich tatsächlich einschlafen konnte, hatten wir schon die Küste erreicht, und ich hörte deutlich den Triumph in Fomas Stimme, als er sagte: Ich habe es euch doch gleich gesagt: Becky kennt immer den kürzesten Weg.

Doch je schneller die Schlange sich fortbewegte, desto langsamer kamen wir selbst voran, und ich hörte Ann-Adams sagen: Der kürzeste Weg ist nicht immer der beste. Darauf wieder Foma: Das hat Becky auch niemals behauptet. Dann die Stimme von Jerry: Der Zaun passt nicht aufs Bild. Und Foma: Nimm einfach einen weiteren Winkel. Und Jerry: Dann geht der Fokus auf den Pinsel verloren. Und Foma: Auf den Pinsel kommt es doch gar nicht an. Nur dass gar kein Pinsel zu sehen war, denn den einzigen Pinsel, der wirklich im Spiel war, hatte ich selbst in der Hand, nur dass ich, über der Landschaft thronend, nicht wusste, was ich da oben anstreichen sollte. Also warf ich den Pinsel in hohem Bogen Richtung Erde zurück und rief: Aber wir müssen doch erst noch nach Brantford!

Was sich als schwierig erwies, denn die Königin und

ihr Gärtner hatten sich über Nacht in den Blick über die Stadt Montreal verliebt und wollten für immer im Zimmer bleiben, das Dr. Stopp, zu unserem Glück, allerdings bereits an die nächste Prinzessin vergeben hatte, so dass wir doch wieder aufbrechen mussten. Meile 30 nach Montreal stellte der Gärtner plötzlich fest, dass er seinen Strohhut vergessen hatte, aber AnnAdams blieb standhaft: Absence makes the heart grow fonder! An Umkehr, sagte sie, sei nicht zu denken, Strohhüte gebe es überall, spätestens in Hannibal werde sie ihm einen neuen kaufen, Marke Tom Sawyer, garantiert schöner als sein alter. Ganz abgesehen davon, dass man sich in Kanada mit Strohhüten nur lächerlich macht.

Die Stimmung war schlecht, schwerer Regen trieb uns voran Richtung Norden. Außerdem hatten wir Hunger, was vor allem Jerry unleidlich machte, die, seit wir uns auf der Reise befanden, ständig über Unterzuckerung klagte. Weder Tim Hortons noch ONroute konnten Abhilfe schaffen. Das Essen machte uns müde statt satt, außerdem wurde es schon wieder dunkel, und AnnAdams fing an, sich Sorgen zu machen. Einzig Foma blieb zuversichtlich, denn Becky, die leise leuchtend auf seinem Schenkel lag, gab ihm wiederholt zu verstehen, dass es hier, am Lake Ontario, nur so wimmele von erschwinglichen Unterkünften mit Feierabend und Seeblick, aber niemand wollte uns Herberge geben.

Dem Namen zum Trotz auch nicht in Port Hope. Ausgebucht, beschied uns der Rezeptionist des Porthope Inn, ein riesiger Mann mit einem kahlen kalkweißen Totenschädel, in dem die Augen tief in den Höhlen lagen und aus dem die Nase verschwunden war. Im Green Tower Motel, das am

Ortsausgang lag, gab es überhaupt keinen Rezeptionisten mehr, das kleine Motel mit Blick auf den See hatte sich längst in eine Residency verwandelt. Wo früher die Autos der Gäste gestanden hatten, standen verrostete Tische und zerschlissene Sofas, auf denen rauchende Menschen saßen, die Bier aus grauen Papiertüten tranken und auf Sandwiches kauten. Von irgendwoher ertönte Radiomusik oder die Stimme eines weinenden Kindes oder ein heulender Hund, der sich, in Hoffnung auf einen Brocken, so neugierig wie gekrümmt unserem Auto näherte und dabei auf Vorrat knurrte, weil er längst wusste, dass er auch diesmal wieder leer ausgehen würde.

Gelobt sei die menschliche Müdigkeit, die unsere Einbildungskraft so verlässlich beflügelt und aus einer beliebigen Ansammlung kleiner Schuppen am Wegrand immer wieder von vorn neue Luftschlösser für die Königin baut. Denn irgendwo brennt immer ein Licht. Newcastle hieß in dieser Nacht der unscheinbare Erlösungsort zwischen zwei Autobahnbrücken, und im Twin Oaks fanden sich endlich die vier rettenden Betten, obwohl weit und breit keine Eiche in Sicht war. Offenbar hatten die indischen Herbergseltern, genau wie der Rezeptionist im Hafen der Hoffnung, sofort begriffen, dass Namen keine Verpflichtung sind, weil sie niemals die Wirklichkeit meinen, sondern ein Geschäft, das auf der Kraft der Verwandlung beruht.

Denn auch sie hatten sich neue Namen gegeben, als sie vor Jahren nach Kanada kamen, um ein kleines Motel zu betreiben, das, genau wie ihr Englisch, durch Schlichtheit ohne Frühstück bestach. Mehr gab es nicht zu besprechen. Rose schob uns die Anmeldezettel über den Tisch, während Bob in einem gestreiften Pyjama nach den passenden

Schlüsseln suchte, die wir am nächsten Morgen in eine Box neben dem Eingang werfen sollten, um ihren Schlaf nicht zu stören, was er uns deutlich dadurch zu verstehen gab, dass er mit fest geschlossenen Augen seine rechte Wange auf seine aufeinandergefalteten Hände legte. Als ich meine Visakarte über den Tresen schob, hielt Rose sie lange prüfend ins Licht, bevor sie sie in die kleine Maschine schob, die sich viel Zeit damit ließ, meine Daten zu lesen, wobei sie leise Geräusche von sich gab, während Rose träumerisch auf das Display starrte und, wie im Halbschlaf, fast staunend sagte: All the way from Germany!

Als ich kurz nach Mitternacht frierend unter der dünnen Decke auf einem Bett aus nachempfundener Eiche lag, war ich todmüde, konnte aber, vor lauter Dankbarkeit über unsere Rettung trotzdem nicht schlafen. Bis zwischen den Eichen der erlösende Pfiff ertönte, erst leise, dann lauter, bis es keinen Zweifel mehr gab: Florian hat sich endlich in Luft aufgelöst, no writer, no research, no residence. Weshalb mir nichts anderes übrigblieb, als endlich selber zu dichten:

Regen, Dunkel, nichts mehr los
Letzte Rettung: Bob und Rose!
Sieh! Die bösen Geister weichen
Im Motel zu den zwei Eichen,
Wo wir, gleich in welchen Betten,
In den Schlaf der Nacht uns retten.

Rain, sheer darkness, nothing close!
Who will save us: Bob and Rose!
All bad spirits disappear,
Nothing anymore to fear.

At Twin Oaks the beds are cosy
And the sleep is deep and rosy.

Auch Joseph Brant, The Monster, Gründer von Brantford und Erfinder der berühmten doppelten Wette, trug vor Zeiten einen anderen, schöneren Namen: Thayendanega, zu Deutsch: der auf zwei Hochzeiten gleichzeitig tanzt. Eine gute Voraussetzung für die Karriere eines Indianers vom einfachen Krieger zum Missionar als Übersetzer des Evangeliums nach Markus in die Sprache der Mohhawk. Weitere berühmte Söhne und Töchter der Stadt: Alexander G. Bell, Erfinder des Telefons und der Vakuumjacke, Walter Gretzky, Begründer des Center of the Universe, Wayne Gretzky alias 99, und eine gewisse Frau Eckermann, bekannt für Trittbrettfahrten und Patentdiebstahl.

AnnAdams' Liste war natürlich wesentlich länger, denn wie immer war sie gut vorbereitet, vor allem auf unseren Besuch bei Elly und Dan, dem ehemaligen Bürgermeister von Brantford, der uns, in Kenntnis meiner Verdienste als Schriftstellerin, zu einem kurzen Abstecher nach Kanada überredet hatte, der auf dem Distanzplan nicht vorgesehen war. Denn Kanada, das Land Nebenan, hatte Dan mir geschrieben, sei Nordamerikas bessere Hälfte. Selbst Tocqueville habe damals zu Pferd einen Umweg durch die Schönheit der Wälder gemacht, geführt von Indianern und von Mücken geplagt, die sich vom Blut seiner falschen Träume ernährten. Weit wichtiger sei aber, schrieb Dan, dass, wer auf den Spuren der Russen gen Westen reise, nicht nur den Osten verstehen müsse, den Westen schon gar nicht, sondern vor allem den Norden, seine sibirische Kälte, das ewige Eis. Weshalb sein größter Trumpf im Spiel um die Hausmacht sein Nachbar und Freund Walter Gretzky war, Vater des größten Eishockeystars aller Zeiten.

Das Eis aber schmilzt unaufhaltsam, schrieb Dan, also kommen Sie schnell, kommen Sie jetzt! Das angehängte Programm bewies, dass er seine Einladung ernst meinte:

1. Treffen mit Walter Gretzky
2. Treffen mit Dr. Olja Sinowska, Autorin historischer Romane über die letzten russischen Zaren
3. Bell Homestead Museum und Memorial
4. Joseph Brant Statue und Victoria Park
5. Empfang im City Council mit der Bitte um kurze Präsentation des Projekts 3668Ilfpetrow
6. Abendessen, Familie, Grill und Musik
7. Bringen Sie Zeit mit: Unsere Stadt hat noch mehr zu bieten!

Gez. D.

Kurz vor Mittag erreichten wir Brantford und wurden mit weit geöffneten Armen von Dan und Elly persönlich auf der Veranda ihres Hauses begrüßt. Drinnen roch es nach Kaffee und Suppe, der Tisch war zum Bersten gedeckt. Foma und Jerry entspannten sich. Im oberen Stockwerk standen zwei Zimmer zur Auswahl. Das Gästezimmer bekamen die Königin und ihr Gärtner, das Zimmer der Enkel ging an mich, ich durfte im Stockbett zwischen oben und unten wählen, während AnnAdams sich für die Couch in Dans Arbeitszimmer im Keller entschied, eine so rasche wie entschiedene Wahl, weil es direkt neben der Tür zum Hinterhof lag, wo sie sich rauchend zusammen mit Jona, dem Sohn von Elly und Dan, über den Unterschied zwischen Mowhaks und Irokesen besprach.

Dans Arbeitszimmer beeindruckte mich. Über dem Schreibtisch hing eine Karte von Kanada, daneben, riesiger als der Rest der Welt, ein Stadtplan von Brantford, darunter ein handsigniertes Porträt von Wayne: With affection!, und, ebenfalls handsigniert, ein Porträt von Walter: Go for it, comrade! Darüber ein verwirrender Stammbaum, der seine Äste, Zweige und Blätter über den ganzen Globus verteilte. Dans Leidenschaft, die er mit Elly teilte, gehörte der Genealogie, der Erforschung der Geschichte zweier Familien, beide eingewandert aus Deutschlands Osten, weshalb unser Besuch ihnen doppelt willkommen war.

An Schlaf war nicht zu denken. Kaum hatten wir, nach einem kurzen Gebet, die Suppe gegessen, rief Dan enthusiastisch: Jetzt wird besichtigt. Einzig Elly bewahrte die Ruhe, denn im Gegensatz zu Dan war sie nie in Amt und Würden gewesen und sprach für sich selbst, als sie, ohne mit der Wimper zu zucken, ein weiteres Mal frischen Kaffee aufgoss und einen Teller mit Käse- und Wurstbroten auf den Tisch stellte. Let them eat, sagte sie, und Dan verstummte. Doch er hörte nicht auf, immer wieder nervös auf die Uhr zu blicken und Allianzen mit AnnAdams zu bilden, denn die beiden hatten sich längst erkannt.

So großzügig Elly als Gastgeberin war, sie ließ nicht den geringsten Zweifel an ihrer häuslichen Herrschaft aufkommen, was nicht nur ihrer Küche geschuldet war, die nachweislich nicht auf dem neusten Stand war, sondern vor allem ihren Geschichten. Elly war eine Meisterin der Erzählung, eine Minimalistin, die nicht mit Händen und Füßen erzählte, sondern sparsam, nebenbei, wobei sie das Gesicht immer an genau der richtigen Stelle verzog, etwa wenn sie Unsere Königin sagte oder Mein Mann oder der

Brantford am 15. 09. 2015

Kommende Bürgermeister, oder wenn sie, ohne dabei poetisch zu werden, plötzlich vom Schnee von gestern sprach.

Kein Zweifel, dass Elly mit den Gesetzen der Zeitverschiebung vertraut war, mit den Grundgesetzen der Ehe, mit dem Gesetz der Geduld und mit der Technik zum Zweck der Erzeugung leiser Komik und Ironie, die sie im Lauf der Jahre verfeinert hatte. Ihre Lieblingsanekdote war die vom Staatsbesuch der englischen Königin, die eines schönen Tages auch Brantford besuchte, um Walter und Wayne für ihre großen Verdienste um den kanadischen Sport und das kanadische Volk höchstpersönlich die Hand zu schütteln. Elly und Dan standen vorn im Spalier, um die Königin in Empfang zu nehmen, wobei es, Ellys Legende folgend, zu einem kleinen Skandal kam, als Dan dem freundlich begleitenden Prinzen bei der Begrüßung den schlichten Titel Royal Husband verlieh.

Beim Erzählen wog die Freude in Ellys Gesicht jede historische Wahrheit auf, weshalb ich mich kurz vor dem Kuchen erhob, um einen Toast auf Kanada auszubringen, auf Elly und Dan, auf Monster Brant, auf Alexis de Tocqueville, auf Walter Gretzky und Wayne, und last but not least, auf die Königin, bevor wir uns, so unverzüglich wie möglich, auf den Weg zum Erfinder des Telefons machten, dessen Geschichte mich schon seit Jahren beschäftigt. Denn hätte es Doktor Bell nicht gegeben, gäbe es unsere Reise nicht.

Es gäbe weder Becky noch Ruby, weder Mister Google noch Doktor Face, es gäbe kein Cockpit, kein Telefon, keine Drachen und keine Vakuumjacken, keine Mehrlingsgeburten in der Schafzucht, keine Destillation und keine eiserne Lunge, von der Entsalzung der Meere gar nicht zu reden. Es gäbe weder Jerry noch Tom, keine elektrischen Stühle, weder den Trickfilm noch die Taubstummenschule, keine Eugenik, keinen Rassismus, keine Geschlechtergerechtigkeit und nicht die geringsten Spuren von menschlichem Ehrgeiz, nicht den geringsten Forschergeist. Es gäbe folglich gar keinen Fortschritt, also auch nicht jenes kleine Museum, das Dan uns am Nachmittag zeigen wollte, um die Objektive Tasche von Jerry mit immer neuen Bildern zu füllen.

Als wir uns auf den Rückweg machten, kam die Abendsonne heraus. Im Vorgarten und auf der Veranda drängten sich die Gäste. Denn alle hatten sich auf den Weg gemacht, von Toronto bis Brantford, die ganze Familie, Töchter, Enkel und russische Schwiegersöhne, um die Schrecklichen Vier zu sehen, vier verrückte Europäer, die, als Gefolge von Ilf und Petrow, auf der Suche nach dem wahren Amerika sind. Auf dem Tisch in der Küche standen Torten in grellen Farben, heißer Kaffee, Sekt und Wein. Es brannten auch Kerzen, denn Jona hatte Geburtstag.

Mutig stießen wir an und warfen uns beherzt ins Getümmel, vier Besucher von einem anderen Planeten, denen die Gesetze und Spielregeln unbekannt sind. Denn wir hatten das gelobte Land der Gretzkys betreten, ein Land, das, wie alle gelobten Länder, zum natürlichen Widerspruch reizt, weil auch in Brantford nicht alles Gold ist, was glänzt, und weil auch hier nicht jeder Eishockey spielt und so blond und gottbegnadet wie Wayne ist, den man, gegen den Willen der Mutter, vor der Zeit aus der Schule nahm, um ihn gewinnbringend an eine Mannschaft in Toronto zu verkaufen. Vom schrecklichen Abrieb durch Heimweh gar nicht zu reden.

Auch mit Hilfe von Wodka, Wein und Gegrilltem kamen wir der Wahrheit nicht näher. Doch brachte ich immerhin in Erfahrung, dass Wayne und Walter als kalte Krieger schon vor Jahren in Moskau waren, um den sowjetischen Nachwuchs auf Linie zu bringen. Natürlich nichts als ein Vorwand, wie mir flüsternd John Jupiter zu bedenken gab, der in einem penibel gebügelten weißen Hemd, unter einer perfekt geschneiderten Pilzfrisur, die auf seiner Kopfhaut wie festgenäht schien, neben mir in einem Korbsessel saß und mir erklärte, warum er sich im Schatten von Wayne, den er verehrte und liebte, gegen den Sport und für die Kunst entschieden habe, für die Musik und die Malerei.

Der Planet sprach unaufdringlich und leise, in langen, elaborierten Sätzen, ohne mir dabei ins Gesicht zu sehen. Eine perfekte Moderation, die weder Einwand noch Kommentare zuließ, als säße er mutterseelenallein vor einem

Mikrophon, durch das er in die ganze Welt hineinsprach, weit über die Grenzen von Brantford hinaus. Nur fehlte der Knopf, mit dem ich die Sendung hätte abdrehen können. Bis Rettung nahte in Gestalt von Dan, der mit einem Video winkte, das er in das Gerät unter dem altmodischen Fernseher schob, um den letzten Beweis zu erbringen: dass Wayne wirklich (tatsächlich) vor Jahren in Moskau gewesen war, nicht als Spitzel, sondern als Trainer und, wie das Video gleichfalls bewies, als Herzensbrecher der russischen Damen.

Die Qualität der Übertragung war miserabel, gut genug allerdings, um genau zu erkennen, dass Walter und Wayne die Reise nach Moskau in vollen Zügen genossen hatten. Offenbar hatte man die Mühen des Tages mit den einfachen Freuden des Abends belohnt, mit Wodka, Hering, Tanz und Gesang. Auf dem flimmernden Bildschirm fand eine schattenhafte Verbrüderung statt, die den Kalten Krieg kurzfristig Lügen strafte: Wayne glänzte, und Walter lachte breit über das ganze Gesicht, als er seinen Arm um die Schulter des Gastgebers legte und tief in die Knie ging, um unter einer verzerrten Balalaikamusik plötzlich zu tanzen, was man im feindlichen Westen bis heute sentimental einen Kasatschok nennt, zu Deutsch den kleinen Kosaken, jenen Wehrbauern aus der Ostukraine, der in der Regel die Arme hoch vor der Brust kreuzt und die Absätze geräuschvoll zusammenschlägt, bevor es zur sogenannten Prisjadka kommt, zu jenem berühmten Wechselsprung aus der Hocke, zwischen dem gestreckten und dem angewinkelten Bein.

Und genau hier, kurz vor der Prisjadka, vor dem alles entscheidenden Wechselsprung, vollzog sich die Metamorphose. Nicht auf dem Bildschirm, sondern in Fomas Gesicht, erst auf der Stirn, dann in den Augen, dann auf dem Mund. Das ganze Gesicht verwandelte sich zurück in das Gesicht eines Kindes aus Kiew, in den Sohn eines Generals, der sich die Maske des Künstlers aufgesetzt hat und auf einmal feststellen muss, dass er in die Fänge der Zeitverschiebung gerät. Denn statt nach vorne war er nach hinten gereist und dabei unfreiwillig nach Hause gekommen.

Während Wayne auf dem flackernden Bildschirm den lachenden kleinen Kosaken gab, hielt sich Foma an der leuchtenden Becky fest, wobei er abwechselnd nach vorn auf den Bildschirm und nach unten auf das Display starrte. Offenbar versandte er kleine Botschaften in eine andere Welt, vielleicht sprach er aber auch bloß mit sich selbst, weil er uns weismachen wollte, die Geschichte gehe ihn längst nichts mehr an, weil er aus einem Land kommt, von dem wir bis heute nicht wissen, ob es tatsächlich zum Westen gehört oder nicht doch bloß reine Erfindung ist, denn was die Krim betrifft: »Das Leben ist kurz, und Tschechow, von dem Sie Antwort erwarten, wünschte, es flöge mit Glanz und Gloria vorüber.«

Aber man soll den Text eines Dichters nicht gegen den Dichter verwenden, dessen Sehnsucht mit dem Zustand der Welt bekanntlich niemals zur Deckung kommt. Mehr als Trost ist aus Dichtermund nicht zu erhoffen. Foma wusste es besser als ich, Radio John wusste es auch, und Beckys Gespenster wissen es sowieso, weil sie sich bis heute von nichts als Zitaten ernähren, die sie aus der Tiefe des Äthers kurzfristig in die Gegenwart holen, um sich fremde Bedeutung zu leihen, darunter jede Menge Zitate von Ilf und Petrow, die ich im Tocquevilleerker gesammelt habe.

Schreiben Sie das in Ihre Notizbücher, Gentlemen, für den einfachen Fall, dass Sie im weiteren Verlauf dieses Abends jemand auf Ihre Heimat ansprechen sollte.

Die Gemüter erhitzte allerdings eine ganz andere Frage, nämlich welches der beiden Imperien, das westliche oder das östliche, jenseits von Tanz und Gesang die höhere Kunst hervorgebracht habe, die wahre Kunst der echten Empfindung. Eine Kunst, die nicht dem Vergnügen dient, dem süßen Vergessen nach Feierabend, sondern eine, die die Seele des Volkes ernährt, in anderen Worten, eine Kunst, in der es nicht um Geld, sondern um die Revolution und die Ewigkeit geht, nicht um die Gegenwart, sondern die Zukunft, nicht um den alten, sondern den neuen Menschen. Kurz, um eine Kunst, die auch am Morgen danach noch besteht, wenn der Rausch der Nacht längst verflogen ist.

Denn obwohl alle, die sich essend und trinkend in Dans Wohnzimmer drängten, ihr Land schon vor Jahren verlassen hatten, weil ihre Herzen wie Pech am kanadischen Dollar hingen, war offensichtlich, dass ihre hinkenden Seelen zu Hause geblieben waren, weshalb sie von ihrer Überzeugung nicht lassen konnten, dass, ob Sport oder Kunst, Eis oder Klavier, von der schönen Literatur nicht zu reden, die russische Technik einfach die bessere sei, die höhere Ingenieurskunst der Seele: Disziplin statt Spaß, Strenge statt Zuneigung, Übung statt Spiel, Wahrheit statt Geld. Was durchaus nicht theoretisch gemeint war. Schließlich haben wir Kinder, sagte Doktor Olja Sinowska, lauter Kinder, die wir seit Jahren auf kanadische Schulen schicken, deren Lehrer ihre Arbeit gern auf die leichtere Schulter nehmen, weil sie aus Mangel an Metaphysik selbstbezogen und verantwortungslos sind, keine Ernsthaftigkeit, kein Kunstverstand.

Bis jetzt hatte ich Dr. Sinowska, die von Dan angekündigte Verfasserin historischer Romane über die letzten Zaren, noch gar nicht bemerkt. Aber jetzt trat sie entschlossen aus dem flimmernden Schatten des Kasatschoks, um mit eigenen Ansichten gegenzuhalten. Eingewandert vor knapp fünf Jahren, entschlossen zierlich und blond, trug sie das Haar inzwischen genauso kurz, grau und trocken wie ich, über einem unaufdringlich geschminkten Gesicht, mit einem scharfen Offiziersmund versehen, der präzise und sparsam geschnitten war, links und rechts gerahmt von zwei tiefen Falten. Darüber, zwischen beweglichen hellgrauen Augen, eine sehr feine Nase. Sie sprach leise und schnell, mit einem starken und weichen Akzent, eindeutig weicher als der von Foma, der seit Stunden schweigend neben mir stand.

Ein Klang, in den ich mich sofort verliebte, obwohl ihre Rede, bei aller Unterwürfigkeit, spitz und scharf war. Es war klar, dass sie mir etwas sagen wollte, worauf sie sich lange vorbereitet hatte, eine Botschaft, die nicht der anderen Frau, sondern der anderen Schriftstellerin galt, wobei sie kein Hehl daraus machte, dass sie das Wort Schriftsteller verachtete und es vorzog, sich als Dichterin zu bezeichnen. Dass sie historische Romane und Biographien schrieb, war einzig der Not geschuldet, der einfachen Tatsache (Selbstauskunft), dass sie eine Familie zu ernähren hatte. Dabei jonglierte sie mühelos mit den schwersten Stoffen, mit Iwan dem Schrecklichen, mit Katharina und Peter, den Großen, auch wenn das zunehmend eine Gratwanderung sei, sagte Dr. Sinowska, denn sie werde das ungute Gefühl nicht los, dass sie, während sie weiter und weiter schrieb, die Geschichte ihres Landes verrate, das sie nur deshalb verlassen habe, weil es auf unklare Weise im Umbruch sei, in einem unglücklichen Zustand, sagte Dr. Sinowska, den niemand wirklich verstehe, der Westen schon gar nicht, von Ilf und Petrow ganz zu schweigen.

Je länger sie sprach, umso schärfer wurden die Fakten und Falten, während meine Zunge spürbar trockener wurde und mein Englisch zunehmend missverständlich, weil ich wider Erwarten auf der Anklagebank saß. Obwohl wir eben noch angestoßen hatten, war glasklar, dass sie mich zur Rechenschaft zog, weil sie Ilf und Petrow nicht ausstehen konnte, zwei als Erfolgsschriftsteller getarnte Spione, nicht auf Erkenntnis, sondern auf Ergebnisse aus, nichts als Handlanger und Erfüllungsgehilfen, Atheisten ohne eigenen Führerschein, ohne jede Kenntnis der englischen Sprache, reisende Knechte im höheren Auftrag von Väterchen Stalin, Revolutionstouristen ohne Sinn für die Freiheit, ohne Sinn für die Schönheiten der Natur, zwei Trittbrettfahrer von Küste zu Küste, eine Spezies, die ihr verdächtig war. Nicht Dichter, sondern bloß Kommentatoren, Zaungäste, die mitnehmen, was sie zu fassen bekommen, und, sobald sie wieder zu Hause sind, ihre Hände in Unschuld waschen.

Vermutlich wäre es ein Leichtes gewesen, Ilf und Petrow gegen Sinowkas Pilatustheorie zu verteidigen. Aber eine innere Stimme befahl mir, meine Antworten in den Sand zu schreiben, in die warme Asche des kleinen Grills, während sie mir unmissverständlich zu verstehen gab, sie halte unser Projekt für naiv, für ein kleinplanetarisches Irrlicht. Nicht dass sie das sagte, sie sagte gar nichts. Aber sie drückte es aus. Mit der ganzen gesammelten Kraft ihres Körpers, mit der Kraft ihrer Augen, mit der Kraft ihrer Stirn, mit Armen und Beinen, mit der Art, wie sie sprach und dabei in einem kanadischen Wohnzimmer stand. Eine einsam alternde Frau, die die Luft eines ihr fremden Landes immer wieder von vorn durch ihre russischen Zähne zog.

Bis sie plötzlich überraschend nach meiner Hand griff und sagte: Liebe Frau Eckermann, haben Sie jemals von einem Dichter gehört, der zu zweit unterwegs war? Von einem Dichter als Duo, als Gruppe, als Team? Nein. Von solchen Dichtern haben wir niemals gehört, und wir werden auch niemals mehr von ihnen hören. Weil der Dichter, seiner reinen Natur nach, immer allein ist, er kennt keine Mitunterzeichneten, er kann sie nicht kennen, denn er kennt nur sich selbst. Sonst ist er kein Dichter. Und jetzt, sagte Olja Sinowska, muss ich nach Hause, die Kinder warten. Aber sie hören von mir.

Mit der dichtenden Hausfrau verschwand auch der Ton. Olja drehte sich um, ohne Foma auch nur eines Blickes gewürdigt zu haben. Denn er hatte uns beide im Stich gelassen, er hatte mit seinem Russisch gegeizt, er war weder ihr noch mir zu Hilfe gekommen, weil er mit sich selbst und mit Becky beschäftigt war, mit einem flackernden Irrlicht aus einer anderen Welt, das ihm jede Sekunde zu verstehen gab, dass sie wichtiger war als der Rest der Gesellschaft, die, sobald Olja die Bühne verlassen hatte, endlich erleichtert zu Tanz und Gesang überging.

Denn man hatte inzwischen auf Radio Kanada umgeschaltet. Bob, Clark und Rodney übernahmen das Ruder und packten entschlossen ihre Instrumente aus. Weshalb mein Bericht an dieser Stelle ins Schwimmen gerät, denn meine Erinnerung an den Rest des Abends löst sich zunehmend in Musik und Alkohol auf. Und in der Erinnerung an eine Taufe, in der uns einer der drei, ich weiß nicht mehr, wer, Clark mit dem Banjo, der bärtige Rodney oder Bob, der mit der Faust dreimal heftig aufs kanadische Holz schlug, dazu nötigte, ein Lied anzustimmen, das wir nicht kannten. Wir sangen es trotzdem, die einen besser, die anderen schlechter, und Foma, sagt meine Erinnerung, sang es am schönsten von allen, weil er plötzlich reines Russisch zu singen begann. Zum ersten Mal seit wir auf Reisen waren, hatte ich das Gefühl, er spreche seine eigene Sprache, in einem Ton, der über alles hinausging, was er Becky oder Jerry jemals mitteilen konnte, von mir und AnnAdams gar nicht zu reden. Jedenfalls klang, was er singend zu sagen versuchte, irgendwie anders, voller und runder.

Aber das alles ist vermutlich bloß meiner betrunkenen Einbildungskraft geschuldet. Weitaus wahrscheinlicher ist, dass Foma an jenem Abend in Brantford überhaupt nicht gesungen hat. Schließlich ist er kein Opportunist, sondern ein als Gärtner getarnter Künstler, der Menschen, Möbel, Pflanzen und Tiere durch genaue Beobachtung, Studium und Pflege mit der Kraft seiner Hände zum Wachsen bringt. Warum also sollte er eine Hymne anstimmen, die seine Heimat nicht im Geringsten betrifft? Vermutlich hat er bloß höflich gelächelt, als Rodney, Bob oder Clark ihm den Schnaps auf den blonden Scheitel gossen, der seiner verlängerten Jugend zum Trotz nach den Seiten hin bereits etwas lichter wurde, während sie versuchten, ihn dazu zu

zwingen, sich zur Gemeinschaft Neufundlands zu beken-
nen, was für den einzigen Sohn einer frommen Baptistin
aus dem eiskalten Land Nebenan vermutlich keine Klei-
nigkeit war. Er meisterte die Aufgabe mit Charme und Bra-
vour, während sich Profi Jerry der Taufe entzog, indem sie
sich hinter der Objektiven Tasche verschanzte und, ganz
nebenbei, instinktsicher alles ins Bild gebracht hat.

Schließlich war es nicht ihre erste Taufe. Aber in der langen Geschichte der Fotografie ist sie tatsächlich die Erste
gewesen, der es wirklich gelang, AnnAdams tanzend ins
Bild zu bringen, die an diesem Abend zum ersten Mal tat,
womit niemand von uns gerechnet hatte: Sie zog sich die
Schuhe von den Füßen, warf sie über die Schultern nach
hinten, ging vor Clark und Rodney und Bob in die Knie
und verneigte sich tanzend vor ihrer eigenen Freiheit, vor
ihrem Abstecher ins herrliche Land Nebenan, das ihr, für
den Fall, dass die Lage sich zuspitzen sollte, vielleicht doch
noch ein zweites Exil gewährt.

Für einen kurzen Moment breitete sie genießerisch beide
Arme aus, warf die Hände wedelnd wie Fächer nach oben
und brachte sogar ihre Hüften ins Spiel. Und je länger
ich ihr beim Tanzen zusah, umso mehr begann sie, elektrisch zu werden, am Ende sprühte sie sogar Funken. Ein
Moment, der so selten wie glücklich war, fast historisch,
was außer mir und Jerry vermutlich niemand bemerkte,
wahrscheinlich nicht einmal AnnAdams selbst, die mir erst
Monate nach der Reise gestand, dass sie den lästigen Ohr-
wurm nach wie vor jeden Morgen unter der Dusche ver-
nimmt, kein Kasatschok, sondern nichts als ein Schlager,
ein gemeines globales Stück Liedgut für alle, die auf dem
kanadischen Eis keine Chancen mehr haben und längst

zu tanzenden Schatten geworden sind, weshalb sie immer wieder von vorne singen: You don't look good naked any more.

Am Morgen danach standen wir getauft und todmüde im Vorgarten neben Red Ruby, in Erwartung der neusten Nachrichten von Radio John, der uns am Vorabend versprochen hatte, uns gleich nach dem Frühstück abzuholen und zum Erfinder des größten Eisuniversums aller Zeiten zu bringen. Bereits kurz vor neun lief die Übertragung auf vollen Touren: Auf der Fahrt zu Walters Haus redete JJ ununterbrochen, während ich, neben ihm sitzend, zweimal beherzt versuchte, nicht nur sein Haar durcheinanderzubringen, sondern auch die Sendung zu unterbrechen.

Aber ich konnte den passenden Knopf nicht finden, weshalb ich, schon kurz bevor wir in die Varadi Road abbogen, das Gefühl hatte, das legendäre Haus der Familie Gretzky von oben bis unten zu kennen, vom Dach bis zum Keller, bis in den letzten intimen Winkel, als wäre ich längst Teil der Familie geworden, der Zwilling von Wayne. Denn John malte alles in schillernden Farben, ohne dabei die Stimme zu heben, der uralte Trick der Nachrichtensprecher, sich durch Unaufgeregtheit Bedeutung zu geben. Ein Eindruck, den John gezielt dadurch verstärkte, dass er keine Sekunde zur Seite schaute, sondern stur nach vorn, in eine unsichtbare Kamera, was seinem Vortrag lokalpolitische Würde verlieh.

Von außen unterschied sich das Haus Nummer 42 in nichts von seinen Nachbarhäusern. Es war ebenso klein und unscheinbar, der Rasen im Vorgarten frisch gemäht, auf den Stufen zur Haustür lag eine alternde Katze und über allem eine seltsame Stille, eine unheimliche Bedeutungslosigkeit. Die Haustür war nicht verschlossen, aber auch auf Johns wiederholtes Klopfen hin zeigte sich niemand, weshalb ich mich bei der leisen Hoffnung ertappte, Walter habe den vereinbarten Termin einfach vergessen, sei gar nicht da oder läge vielleicht noch im Bett, womöglich unvermutet verstorben oder säße in jenem Hinterhof, in dem sich vor Jahren jener legendäre Eisring befand, in dem er nicht nur seine fünf Kinder, sondern sämtliche Kinder der Nachbarschaft jahrelang unerbittlich trainiert hatte und der inzwischen zu einem traurigen Pool zusammengeschmolzen war, in dem schon seit Jahren niemand mehr schwamm.

Den Pool hatte Wayne höchstpersönlich für seine Mutter Phyllis gebaut, die allerdings niemals darin geschwommen war, weil sie kurz nach ihrem sechzigsten Lebensjahr, nach mehr als fünftausend Eishockeyturnieren, zehntausend Trainingsschnitten und zwanzigtausend Schachteln der Marke Double Red Road, an einem Spätsommertag so entschieden wie lautlos ihren Abschied nahm. Sie verschwand durch die Hintertür hinaus in den Garten, tauchte in die Ewigkeit ab und ließ Wayne und Walter allein, Wayne mit seinem schlechten Gewissen und Walter mit seiner Erinnerung. Er ist einfach sitzen geblieben, an den Rändern des Pools seines Hauses in Brantford, wo er bis heute sommers wie winters auf Gäste wartet, auf Gäste wie uns, um immer wieder von vorn die immer gleiche Geschichte von Abschied, Ankunft und Aufstieg zu erzählen, die große Geschichte der Auswanderung, der nur noch das richtige Ende fehlt, das von Ausstieg und Abstieg erzählen müsste.

Doch ein Ende kommt gar nicht in Frage, Walter bleibt seiner Geschichte treu, Walter gibt niemals auf, Walter liegt nicht im Bett und wird niemals sterben. Er wird seinen Posten niemals verlassen, denn er muss bis zum letzten Atemzug gegen den Kommunismus kämpfen. Wie Grandma Gretzky, Gott hab sie selig, die schon damals wusste, dass Kalte Kriege kein Ende kennen, weil im Leben derer, die einmal aufbrechen mussten, weder an Schlaf noch an Frieden zu denken ist. Weshalb Walter nach wie vor rund um die Uhr unterschiedslos jeden empfängt, der wissen will, wie es wirklich tatsächlich möglich war, aus einem einfachen Bauern weißrussischer Herkunft den Trainer des berühmtesten Eishockeyspielers aller Zeiten zu machen.

Und während ich noch im Vorgarten stehe und mir eine Geschichte zusammenreime, erhebt sich die alternde Katze, denn in der geöffneten Haustür erscheint, wider Erwarten plötzlich doch noch der Hausherr, in einem blassblauen billigen Trainingsanzug, die Hand über die kurzsichtigen Augen gelegt, ein breites Lächeln auf dem Gesicht. So lehnt er jetzt lässig, fast jungenhaft, im Rahmen der Tür, bevor er, mit der großen Geste des Conférenciers, die Arme ausbreitet und dreimal laut und vernehmlich ruft: All the way from Germany!?

Unsere Antwort interessierte ihn nicht, denn Walter ist schon seit Jahren halb taub, er lebt in seiner eigenen Welt, was Jerry, der Profi, sofort begriff, die längst die Kamera angelegt hatte, um den Moment für immer ins Bild zu bringen, in einer Szene, die Walter zutiefst vertraut ist: Die Treppe wird wieder zum Podium, der Vorgarten verwandelt sich in eine Bühne, und der alternde Körper legt sich ein letztes Mal fröhlich ins Zeug: Die faltigen Hände fest in die Hüften gestemmt, posiert er zum hunderttausendsten Mal, bis ihm das Lächeln zwischen den Ohren einfriert. Jerry zögerte keine Sekunde, erst anzulegen, dann abzudrücken, immer wieder von vorn, während Walter sich fast tänzerisch ein letztes Mal umdreht, mit dem Fuß die Katze beiseiteschiebt und uns ein majestätisches Zeichen gibt, ihm ins Innere seiner Geschichte zu folgen.

Ich habe die Bilder nie gesehen, aber ich weiß genau, dass sich in der Objektiven Tasche von Jerry weit mehr als fünfhundert Schüsse von Walter befinden, Bilder auf denen er, auf erstaunliche Weise, immer vollkommen gleich aussieht. Denn Walter, der Profi, hat mit den Jahren das große Kunststück vollbracht, auf eine objektive Position zusammenzuschrumpfen. Er ist historisch geworden, eine Wahrheit gewordene Illusion, er ist geworden, wovon jeder Durchschnittsmensch träumt: Er hat sich in jahrelanger mühsamer Arbeit in das Bild von sich selbst verwandelt, in jenes erste, letzte und einzige Bild, das einen Menschen in einem einzigen Augenblick als den zeigt, der er immer schon war, der er immer noch ist und der er auch dann noch sein wird, wenn er nicht mehr am Rand des Pools sitzen wird.

Schreiben Sie das in Ihre Notizbücher, Gentlemen: Walter ist ewig, denn Walter ist mit sich identisch geworden. Aber fragen Sie nicht nach dem Preis, denn er wird sich vermutlich nicht daran erinnern. Fragen Sie besser Jerry, woraus sie an jenem Morgen in Brantford die übermenschliche Kraft geschöpft hat, Walter in einem Familienmuseum festzuhalten, das inzwischen einer Geisterbahn gleicht, lauter vergilbte Tapeten, auf denen Hunderte Bilder von Phyllis hängen, tausend von Wayne und hunderttausend weitere

Bilder, auf denen nichts als Schatten zu sehen sind, die bis heute von nichts anderem träumen, als Wayne und Walter wenigstens einmal im Leben ganz persönlich die Hand zu schütteln. Lauter Gesichter, an die sich niemand erinnert.

Doch das alles ist nichts gegen Walters Keller, The Hall of Fame, jene unterirdische Kammer des Schreckens, in die uns die Katze nicht folgen wollte, weil es kein Fenster nach draußen mehr gab, nur das Panzerglas der Erinnerung, die engen Vitrinen einer Innenwelt ohne Außenwelt, in denen Pokal an Pokal, Triumph neben Triumph, Schläger bei Schläger, Maske auf Maske, Walters gesammelte Existenz aufgebahrt ist, stehend, liegend und hängend. All die alten Trikots, Schlittschuhe und Masken von Wayne, die Walter uns überzuziehen versuchte, um Jerry ein weiteres Bild zu schenken, auf dem er ein letztes Mal jungenhaft grinst und, den ersten Schläger von Wayne in der Hand, abwechselnd Chase that! und Germany! ruft.

MITTE

Chicago ★ Detroit ★ Niagarafälle ★

Einen Tag später stand ich in eine blaue Plastiktüte gehüllt unter den donnernden Fällen von Niagara und hatte
immer noch Walters Stimme im Ohr. Sie schwebte deutlich hörbar über den Wassern und setzte sich nicht nur
mühelos gegen das Rauschen und die Schreie von Frauen
und Kindern durch, sondern sogar gegen die Stimme von
MsAnnAdams, die unbeugsam an der Reling stand und
stoisch die Ballade von John Maynard aufsagte, der aushielt, bis er das Ufer gewann: »Er hat uns gerettet, er trägt
die Kron', er starb für uns, unsere Liebe sein Lohn.«

Denn selbst der größte Steuermann aller Zeiten kommt
gegen die Stimme von Walter nicht an, so wenig wie tausend Tonnen Wasser, die sich laut Ilf und Petrow von der
Höhe eines Wolkenkratzers hinab in die Tiefe stürzen. Gezähmte Natur, reine Kulisse, phantastischer Hintergrund
einer Bühne, auf der zweimal pro Stunde immer dasselbe
Stück gespielt wird, in dem die Touristen die Protagonisten
sind, unter der Hand eines Regisseurs, der im Programmheft nicht genannt werden will. Schließlich sitzen wir alle
im selben Boot, unter der strengen Herrschaft des freien
Willens, und ziehen alle am selben Strang, vom Kapitän
bis hinunter zum Kartenabreißer.

Herren und Knechte in einer Person, spielen wir einfach uns selbst, auf eigene Kosten, jeder mit seiner Kamera in die reine Selbstbetrachtung vertieft, bis die kurze Reise endlich vorbei ist und man uns zurück ins wirkliche Leben entlässt, in eine lebendige Landschaft voller Buden und Müll, die Ränder von blauen Plastikmänteln gesäumt, die niemand mehr braucht. Ich war die Einzige, die die blaue Tüte mit Sorgfalt zusammenlegte, bevor ich sie zurück in den Rucksack stopfte, vielleicht für später, am Pazifischen Ozean, während die anderen damit beschäftigt waren, sich mit Souvenirs zu versehen, mit Postkarten und Schlüssel-anhängern, an denen kleine Robben aus Kunstfell hingen.

Aber das Stück geht noch weiter, denn es ist erst halb drei, also alles immer noch möglich und machbar, bevor wir in einem Motel verschwinden, um uns in einem Pool zu erfrischen, so klein, dass man seine Zeit darin stehend totschlagen muss, bis wir ein letztes Mal ausschwärmen dürfen, in die Restaurants von Niagara oder zu einem kurzen Besuch in Frankensteins Haus, über dessen Eingang eine riesige Maske hängt, aus deren Maul die Stimme des allamerikanischen Monsters ertönte: The Fear starts here!

Hier wohnt sie tatsächlich, die billige Angst des kleinen Touristen, direkt am Eingang zur Geisterbahn, auf der schmalen Grenze der Dämmerung zwischen Kanada und den Vereinigten Staaten, bewacht von zwei feuerspeienden Drachen, einem Vampir mit doppelt geweißten Zähnen und einem doppelten Frankenstein, hinter dem sich be-reits eine lange Schlange formierte, der Wunsch des Volkes nach dem blanken Entsetzen.

Damit hier keine Verwechslung aufkommt: Ich liebe die Schlangen des Volkes, denn auch ich stehe Schlange, und das schon seit Jahren. Auch ich bin eine von denen, die einfach nur mitfährt, durch eine Welt voller Unter- und Übergewicht, verliebt in die lachhaften blauen Regenmäntel und in die billigen Schirme ihrer Diener und Träger. Ich bin verliebt in die verspiegelten Sonnenbrillen, in den Geruch meiner preiswerten Sonnencreme und in unser kindliches Lachen, mit dem wir die Ausflugsschiffe besteigen, die uns für eine teuer erkaufte halbe Stunde an die Ufer demokratisch verwalteter Naturwunder fahren. Ich liebe das fröhliche Schreien, wenn von oben das kalte Wasser kommt, das unsere Körper in einen Nebel hüllt, der uns kurzfristig gnädig verschwimmen lässt.

Ich liebe sie wirklich, diese käufliche Menschengemeinschaft, ihre sorglose Aufdringlichkeit auf der kurzen gemeinsamen Reise durch eine Welt, die den ganzen Tag über damit beschäftigt ist, unsere wahre Natur zum Verschwinden zu bringen. Von unserem Geist nicht zu reden, der am Eingang zu Frankensteins Haus nach wie vor mit der Stimme von Walter spricht, die die Schlange der Wartenden drängend davonträgt, in die warme Welt eines künstlichen Schreckens, hinter der die wirkliche Welt endlich verschwinden darf, weil wir immer noch von Rettung und Heimkehr träumen, von einem Aufstieg, der sich niemals ereignet, weil wir niemals begreifen werden, dass sich im großen Land der Visionen und Träume niemand für menschliche Schicksale interessiert.

Ein Hoch auf alle Touristen der Welt, immer Hase und Igel in einer Person. Sobald ich von A nach B reisen will, um meinen Blick möglichst ungestört auf das Gute, Wahre und Schöne zu richten, sind die anderen immer schon vor mir da. Ich komme einfach nicht an, ich komme einfach nicht mit, ich komme einfach nicht durch, weder zum Guten noch zum Wahren, zum Schönen schon gar nicht. Immer schieben sie sich dazwischen, mit ihren riesigen Bäuchen, mit ihren halb geöffneten gierigen Mündern, mit ihrem ewigen Hunger nach Pause und Urlaub, der sich beim besten Willen nicht stillen lässt, genauso wenig wie ihre Sehnsucht, an einer Welt teilzuhaben, die ständig Wirtschaft mit ihnen treibt, ohne jemals die Gewinne zu teilen.

Denn das wahre Amerika gehört nicht den Meistern des guten Geschmacks, nicht den Pharaonen von gestern und schon gar nicht den Meistern der wahren Empfindung, sondern den Wirtschaftsprüfern des inneren Fortschritts, die weder Mäntel noch blaue Kapuzen tragen, sondern leichte verwaschene T-Shirts, weil sie längst am anderen Ufer sind, auf der anderen, wärmeren Seite, an der goldenen Küste, wo niemand mehr friert, während wir immer noch im Cavalier Motel Niagara sitzen, seit Jahren von zwei müden Chinesen betrieben, die morgens mit einem Reisigbesen traumverloren im Halbschlaf die Einfahrt fegen, um für einen besseren WLAN-Empfang zu sorgen.

Als wir am Abend, unweit von Frankensteins Haus, zu viert in das hellerleuchtete Riesenrad stiegen, das uns über den Pool und die Grenzen hinaustrug, waren wir plötzlich mit allem versöhnt, mit der Landschaft, dem Licht, mit der nördlichen Grenze, sogar mit uns selbst. Auf einmal war alles am richtigen Platz. Fomas Arm lag auf der Schulter von Jerry, der Blick auf den Wasserfall war atemberaubend und die Welt der Kartenabreißer ziemlich weit weg, mit Fernsicht aufs Glück, während die Schwalbe über den Eriesee flog.

Noch beim Schmieren der Reiseschnitten hatte Elly Fontanes Ballade auswendig bis zur letzten Strophe heruntergesagt, während Dan mit dem typischen Stolz eines Bürgermeisters von gestern von einem prächtigen Denkmal sprach, das deutsche Auswanderer unter großen Opfern am Ufer des Sees für den größten Steuermann aller Zeiten errichtet hätten: Ein hoch in den Himmel aufragender John, mit Schweiß aus Marmor gehauen, der mit einem lang ausgestreckten vergoldeten Arm in eine bessere Zukunft weist. Nur dass am Morgen danach an den Ufern von Buffalo weit und breit weder ein Auswanderer noch ein Denkmal zu finden war. Bis Foma endlich die flache Tafel aus schlichter Bronze entdeckte, nichts als die leise Erinnerung an eine Ballade aus einem Deutschunterricht, den er selbst niemals hatte.

Schreiben Sie das in Ihr Notizbuch, liebe Frau Eckermann, und ergänzen Sie, dass AnnAdams beim Blick auf den Eriesee kurzfristig melancholisch wurde. Denn das Wetter war strahlend und warm, das importierte Oktoberfest stand in voller Blüte, und der Text Fontanes erschien ihr so schön und ergreifend, dass ich ihn unterwegs nach Detroit im Tocquevilleerker wiederholt in voller Länge zum Vortrag brachte, wobei sie mich jedes Mal unterbrach, wenn ich dem Original nicht entsprach.

Schreiben Sie auch das in Ihr kleines Notizbuch: dass ausgewanderte Europäer schlechte Urlauber sind, weil sie unter der Last ihrer Bildung ständig im Streit mit sich selbst liegen, obwohl wir inzwischen landeinwärts fahren, Richtung Detroit, in einem roten Ford der Marke Explorer, der uns fliegend ans nächste Ziel bringen wird, ins Zentrum der Werkstatt von Henry Ford, der bereits vor hundert

Jahren beschloss, nicht nur ein paar von uns, sondern die Menschheit insgesamt für immer mobil und glücklich zu machen. Denn Zweck unserer Arbeit, ich zitiere hier den Meister persönlich, »ist ein Automobil speziell für den Alltagsgebrauch, zu geschäftlichen, beruflichen und Erholungszwecken für die ganze Familie, das genügend Schnelligkeit aufzubringen vermag, um den Durchschnittsfahrer vollauf zu befriedigen, bei einem Preis, der ihm einen vieltausendköpfigen Käuferkreis erschließen wird«.

Folgende Punkte hebt der Meister besonders hervor: Qualität des Materials. Einfachheit der Konstruktion. Qualität des Motors. Zuverlässigkeit der Zündung. Selbsttätige Schmierung. Einfachheit und Lenkbarkeit. Denn Mister Ford glaubt an einen anderen Gott, an einen beweglichen Gott ohne Schreibtisch und ohne Büro. Mister Ford ist nämlich ein freier Mann, mit einer Agenda ohne feste Termine, den Kopf immer hoch in den Wolken des Fortschritts, ein Mann, den man niemals zu fassen bekommt, weil er die Stube immer von hinten betritt, weshalb sein Geschäft wie durch Zauber gedeiht, durch die reine Präsenz seiner Abwesenheit.

Das ist sein Geheimnis, der kleine Schlüssel zur Lenkung des großen Planetengetriebes mit Aussicht auf Herrschaft und großen Gewinn: Sei niemals da, wo man dich vermutet, sei immer woanders, sei immer beschäftigt, sei ständig auf Überraschungen aus, als wäre jeder Tag Wunder und Weihnacht! Denn Henry ist nichts als reine Verheißung, niemals da, wo ihn die anderen suchen, ein Gott, der sich seinen Betern verhüllt, während er Blechlizzys baut und an Wochenenden als Rennfahrer Kopf und Kragen riskiert. Nach gewonnener Schlacht spielt er abends die Geige und lässt ein blühendes Musterdorf bauen, von dem die Bauernverbesserer bis heute nur träumen: Wälder, Felder und saubere Flüsse, taufrische Luft, glückliche Kühe und begnadigte Truthähne, die durch die Vorgärten eingeschossiger Häuser flanieren, in denen sich abends eine Gemeinschaft versammelt, die von gar nichts mehr träumt. Nicht, weil sie keine Kraft dazu hätte, sondern weil bereits alles am richtigen Platz ist, während die Produktion mühelos weiterläuft und jede Zukunftsvision hinter sich lässt.

Der Kapitalist als Märchenerzähler. Ländliches Leben bei städtischem Verdienst, lautet die Devise des Meisters, Autokönig und Antisemit, der den Rest seiner Zeit damit beschäftigt ist, die Welt publizistisch auf Linie zu bringen. Wenn der kleine Herr Ford, so erzählt man sich hinten im Tocquevilleerker, in seiner kleinen Kutsche hinaus zur Stadt fuhr, hatte er seine Taschen stets voller Krimskrams, bis es ihm im dreizehnten Lebensjahr wirklich (tatsächlich) gelang, eine eigene Uhr zusammenzusetzen.

Aber das war nur der Anfang. Inzwischen ziehen wir weltweit am selben Strang und sitzen alle am runden Tisch des unaufhaltsamen Fortschritts, der zwar kein Kopfende und keine Herrschaft mehr kennt, an dem aber trotzdem nicht alle gleich sind, weil es nicht jedem gegeben ist, aus seinen Talenten etwas zu machen. Das wussten die Bauernverbesserer besser als ich, als sie vor rund achtzig Jahren unter der Führung von Solomon Trone nach Dearborn kamen, um Mister Ford persönlich zu treffen.

Doch der Prophet war nicht da, denn, siehe oben, Mister Ford zirkuliert. Um ihre Wartezeit produktiv totzuschlagen, schickte man Ilf und Petrow für ein paar Stunden nach Greenfield, ins genannte Museums- und

Musterdorf, auf die Suche nach jenem neuen Menschen, von dem man in Russland bis heute träumt. Genau wie der alte Museumswärter, der mit glühenden Augen seine Gäste in einem alten Holzhaus mit knarrenden Dielen und verrußten Wänden empfing, an denen immer noch die Heiligenbilder von Thomas Alva Edison hängen. Tränen traten dem alten Mann in die Augen, als er den russischen Gästen die erste Glühlampe zeigte und dabei, immer noch unter Tränen, rief: Es werde Licht! Und: Ohne Edison keine Wissenschaft! Dann wischte er sich seine Tränen ab und begann selber zu leuchten, als er so leise wie deutlich sagte: Schreiben Sie nur, was Sie denken. Aber schreiben Sie für die ganze Welt.

Während Ilf und Petrow im Auftrag von Prawda ungerührt weiterschreiben, träumt die Welt allerdings längst von ganz anderen Dingen, nicht von Glühbirnen, sondern von Datenbanken, die unsere inneren Adern zum Leuchten bringen, von einem Auto, das weder Fahrer noch Führer braucht, weil es inzwischen ganz von allein fährt. Kein Kampf mehr um Plätze und Schlüsselgewalt, weder Foma noch AnnAdams am Steuer. Becky hat sich von Fomas Schenkel befreit und ist längst auf eigene Faust unterwegs. Sie steht mit der ganzen Welt in Verbindung, während wir uns hinten im Tocquevilleerker den großen Gedanken von gestern hingeben, der von Büchern, die wir bis heute nicht ganz bewältigt haben, weil sie einfach zu dick für uns waren.

Doch da das Auto jetzt ganz von allein fährt, von fremder Hand, auf fremdes Kommando, sind wir endlich auf dem richtigen Weg, wirklich (tatsächlich) frei zu werden, freie Menschen und freie Leser, frei von Lenkung, Bremse und Gas. Wir sind frei und in Sicherheit, weil wir nichts mehr müssen und wollen. Mit einer verlässlichen Durchschnittsgeschwindigkeit von fünfundsechzig amerikanischen Meilen pro Stunde fahren wir wie Iwan der Dumme auf unseren märchenhaften Öfen dahin, lesen die Welt von hinten nach vorn und schreiben gewissenhaft alles mit, was sich durch die beschlagene Scheibe des Tocqueville-erkers im Vorüberfahren so festhalten lässt, lauter zeitlose Werbebotschaften auf einem Zaun aus Plakaten, der sich durch die Landschaft des Mittleren Westens zieht.

Ich versuche ja einfach bloß mitzuschreiben, was die Welt da draußen zu bieten hat: I spy something green. Chocolate garden. Your doctor is currently in class. Catch the wave! Bite into a legend! Largest fireworks in the world! Bikers get cancer, too! Grill an chill! Always wear your life jacket! Beautiful homes! Wonderful communities! Advertise here! Ford. It's McRib season – let's feast. Welcome to Ford. If you don't know whose signs these are you haven't travelled very far. Unterm deutschen Strich zusammengefasst: Wer nicht weiß, wer annonciert, hat den Laden nicht kapiert.

Aber wer lesen will, kommt nur langsam voran auf einer Autobahn, die uns in eine Stadt bringen soll, vor der uns Radio John bereits in Brantford gewarnt hat: Hüte dich vor der Nachbarschaft, denn Detroit ist schwarz, die gefährlichste Stadt Amerikas, lauter Sklaven auf Abruf. Schreiben Sie das in Ihr kleines weißes Notizbuch, Frau Eckermann, aber schreiben Sie auch, dass die schwarze Gefahr längst Geschichte ist, weil die Investoren schon auf dem Vormarsch sind, was man unschwer daran erkennen kann, dass die verlässliche Vorhut der Künstler schon da ist.

Denn die Künstler mit ihren empfindlichen Nasen sind immer vor den Geschäftsleuten da, sie riechen den Braten der Zukunft sofort. Allzeit bereit, vorschnell Opfer zu bringen, nisten sie sich kurzfristig in den Wänden der verfaulten Gemäuer von gestern ein, die zwar längst verkauft, aber noch lange nicht menschlich bewirtschaftet sind. So leben sie, in den feuchten Ritzen zwischen gestern, heute und morgen, hungrige Zeitgeister mit dem heimlichen Wunsch nach den Palästen von gestern, nach Ehre und Ruhm, lauter fleißige billige Sklaven im Dienst der Kunst und des Kommentars eines Fortschritts, den sie, scheinbar auf der Höhe der Zeit, dabei ständig verzweifelt und unterbezahlt, immer von vorn zu bebildern versuchen. Kein Wunder, dass ihnen die Bilder der Gegenwart so selten gelingen, denn sie verachten die Gesetze der Zeitverschiebung.

Eine von ihnen war Jerrys Freundin Becca, First Artist in the Wall, geladener Gast der Stiftung Henry Today, ein blonder begabter Hungerhaken aus Deutschlands Osten. Sie wohnte tatsächlich in einer Wand, etwa vier Meter breit und eins zwanzig hoch, unter der Decke eines feuchten Hauses auf Abriss. Ein schmales Loch ohne Fenster und Tür, das selbst unter Verbeugungen vor ihrem Sponsor kaum Platz für Köpfe und Koffer bot und sich nur über eine brüchige Leiter erreichen ließ. Das Szenario kam mir bekannt vor. Es roch nach Schimmel und Drogen, nach verspäteter Anarchie, nach dem Almabtrieb der Avantgarden von gestern, nach jenem kleinen muffigen Zwischenraum zwischen der Kunst und der wirklichen Welt, den irgendein Stifter bereitgestellt hat, der immer noch glaubt, die Kunst mit dem Leben zur Deckung zu bringen.

Becca war nur ein Beweis unter vielen. Als sie am Morgen unserer Ankunft, freundlich, hungrig und ungekämmt, aus dem geförderten Loch in der verschimmelten Wand kroch, die zwar kein Licht auf die Kunst, dafür aber auf das Leben der Künstler warf, wurde mir plötzlich siedend heiß klar, dass wir alle auf Abruf sind, nicht nur Becca und Jerry, sondern auch der Gärtner und ich. Mit Ausnahme von AnnAdams natürlich, die eine akademische Pension mit Wahrnehmungsrecht auf die Kunst besitzt, an der die Kunst bis heute keinen eigenen Anteil hat.

Doch schließlich war es AnnAdams, die Becca entschlossen aus ihrer Höhle befreite und zwischen sich und mich auf die Rückbank schob, um endlich nach Dearborn zu fahren, wo wir zu fünft einen Bus bestiegen, der uns an einem strahlenden Samstagmorgen direkt zu den Fordwerken fuhr, in eine Musterwerkstatt für Touristen und Russen, eine Werkstatt für alle, die nach wie vor an den neuen Menschen glauben und sich nichts sehnlicher wünschen, als ihn endlich mit eigenen Augen zu sehen.

Der Bus war gestopft voll mit Familien und Kindern, alle aufgeregt und sehr guter Stimmung. Vorne im Bus hing über dem schwarzen Fahrer ein riesiger Bildschirm, auf dem kurz nach Einstieg das Brustbild eines gutaussehenden weißen Mannes erschien, der uns, von oben herab, mit einer so sanften wie zwingenden Stimme in die große Geschichte des Meisters einführte, eine Geschichte, die aus nichts als historischer Tugend bestand und mit pathetisch symphonischer Musik unterlegt war, deren Wirkung ich mich nicht entziehen konnte.

Ja, ich gebe es zu, ich wurde förmlich symphonisch ergriffen von der großen Geschichte, denn Mister Ford zirkuliert, und ich kreise mit. Auch ich wollte plötzlich groß und fortschrittlich sein, gepackt von einer echten Vision, die mich, gar keine Frage, eines schönen und fernen Tages zu einer echten Großkünstlerin machen wird, mit einer eigenen Kuh auf einer eigenen Weide des uferlosen Mittleren Westens, mit einer eigenen Firma und einem eigenen Hobby. Ich sah mich bereits an einem fliegenden goldenen Schreibtisch sitzen, flankiert von lauter fleißigen leibeigenen Schreibern, die rund um die Uhr und in wechselnden Schichten wie am Fließband für mich denken, schreiben und dichten und immer neue Geschichten erfinden, die mich für immer unsterblich machen, weil sie sich an verlässliche poetologische Grundregeln halten, von denen man in Europa nur lernen kann: Qualität des Materials. Einfachheit der Konstruktion. Qualität des Motors. Zuverlässigkeit der Zündung. Selbsttätige Schmierung. Einfachheit und Lenkbarkeit des Planetengetriebes. Güte der Ausführung.

Während ich im Bann imperialer Klänge immer noch damit beschäftigt war, phantastische Verträge ins Werk zu setzen, mit Honoraren in schwindelerregenden Höhen, hatte der Bus sein Ziel längst erreicht. Die Stimme auf dem Bildschirm verstummte, wir stiegen aus und fanden uns in einer prunkvollen Halle wieder, um zum Schwanz einer weiteren Schlange des Volkes zu werden, deren Maul uns höflich zur Kasse bat.

The fear starts here! Wir zahlten furchtlos, ohne mit der Wimper zu zucken, bevor man uns gleich darauf unter den scharfen Kommandos der Wärter und Wächter, allesamt schwarz unter grellen orangen T-Shirts, ans Ende einer zweiten Schlange schob, die sich langsam, aber sicher über eine Rolltreppe weiter nach oben bewegte, wo wir endlich den ersten eigenen Blick auf die berühmte Werkstatt von Henry Ford werfen durften, auf das Musterlaufband einer Musterwerkhalle, von der niemand weiß, wer hier wirklich tatsächlich wen betrachtet: die Touristen die Arbeiter oder, umgekehrt, die Wochenendarbeiter ihre Samstagstouristen.

Von oben betrachtet schien die Arbeit einfach, die Arbeiter lässig. Statt der grauen Kittel und Masken aus dem Theater von Doktor Brecht trugen sie fröhliche Alltagskleidung, bunte T-Shirts und Spätsommerhosen. Hin und wieder blieben sie stehen und schauten nach oben, als hielten sie, zwischen zwei Arbeitsgängen, Ausschau nach Sternen. Ansonsten schien sie nichts aus der Ruhe zu bringen, am wenigsten die Besucherströme, weshalb Foma fest davon überzeugt war, es handele sich hier nicht um Arbeiter, sondern um Schauspieler, die die Rolle der Musterarbeiter nur spielten.

Wahrscheinlich hatte er recht, vermutlich war das ganze nichts als Projekt und Probe für eine sentimentale zahlende Öffentlichkeit. Denn wer, wenn nicht Henry, das allamerikanische Monster, das sich für den Erfinder der ersten Taschenuhr hält, wäre jemals auf die Idee gekommen, arbeitslose Arbeiter aus Detroit durch arbeitslose Schauspieler aus Hollywood zu ersetzen, die vor Touristen aus aller Welt den einfachen Mann am Fließband mimen, jenen kleinen Mann vor der Mittagspause, der von anderen, größeren Rollen träumt, bis endlich die Pausenglocke ertönt und er in der Kantine verschwinden darf. Die perfekte

Performance erreichte ihr Ziel: Ich drückte meine Stirn gegen die Reling des Besucherbalkons und begann zu weinen, ohne zu wissen, warum. Außer mir weinte allerdings niemand, weder AnnAdams noch Jerry, noch Foma und Becca schon gar nicht, die stattdessen die Kühnheit besaß, vom Szenario echte Bilder zu machen, obwohl über dem Eingang zur Halle ein riesiges Schild mit dem deutlichen Hinweis No pictures to be taken hing.

Offenbar war sie gekommen, um praktischen Widerstand gegen ihr Dasein in einer Detroiter Wand zu leisten. Sie schoss verboten mobil aus der Hüfte, während ich, um die Wärter und Wächter abzulenken, immer noch versuchte, mit Radio Orange in ein Gespräch über Gehälter und Schichten zu kommen und den Tatbestand der Ausbeutung kurzfristig in Poesie zu verwandeln. Aber die Wächter und Wärter hörten mir gar nicht zu, nicht nur, weil ihre Ohren verstöpselt waren und ihr eingefrorenes Lächeln ein Gespräch gar nicht zuließ, sondern, weil der Lärm in der Werkhalle einfach zu groß war.

Doch da erhob sich, der Theorie vom neuen Menschen zum Trotz, plötzlich ein Einwand in Menschengestalt, in Gestalt des dritten Schraubers von links: Er ließ einfach den rechten Kotflügel fallen, hob den Kopf und blickte herausfordernd zu mir nach oben, hinauf zu der windigen Galerie, wo ich zwischen AnnAdams und Becca stand, die einfach nicht aufhören konnte, aus der Hüfte zu schießen. Der Schrauber sah das genau und hielt einen kurzen Moment lang inne, bevor sein Blick sich in eine Schwalbe verwandelte, die unerwartet von schräg unten nach rechts oben durch die Werkhalle flog und sich, zwischen zwei Flügelschlägen, auf dem Geländer neben mir niederließ, wo sie sich in einen Hinweis verwandelte. Denn der Schrauber hatte mich längst erkannt. Bevor er in der Kantine verschwand, legte er seine Hand an die Mütze, um mich fröhlich zu grüßen und mir Glück für die Weiterreise zu wünschen. Dann hob er sein Handy und drückte ab.

Ich habe das Bild nie gesehen, aber ich weiß ganz genau, dass zehntausend Bilder der Serie Bräute am Wegrand den Blick eines einzigen Schraubers nicht aufwiegen können, selbst für den Fall, dass ich doch noch heiraten sollte. Am Bug von Detroit bis Hollywood stehend, werde ich mich, egal woher der Wind weht, immer an jene Schwalbe erinnern, an den Blick eines Mannes in blauen Hosen, der mir verrät, dass Foma im Unrecht ist, weil die Künstler niemals begreifen werden, wessen Dienstmann sie wirklich tatsächlich sind und wer ihr heimlicher Brotgeber ist, während der dritte Schrauber von links sehr genau weiß, auf wessen Kosten er das schwammige Weißbrot verzehrt, das bis heute kein Dichter besungen hat.

So sind wir in der dritten Schlange des Volkes gelandet, die uns in die dritte Säule des Imperiums führte, in das Museum der Amerikanischen Innovation, eine bizarre Mischung von Souvenirs aus der weiten Welt der Macht und des Reichtums, lauter Zeugnisse des alten menschlichen Streits zwischen Zirkulation und Sesshaftigkeit. Zwischen alten Kutschen und Lokomotiven, Flugzeugpropellern und Mondraketen stand in überdimensionalen Puppenstuben eine Ansammlung von Sesseln, Sofas und Stühlen.

Alle hatten große Epoche gemacht, darunter Washingtons Feldbett und der Schaukelstuhl der Nation, in dem Lincoln im Halbschlaf in seiner Theaterloge erschossen wurde. Auf wuchtigen Holzfällertischen von gestern stand zierliches Porzellan von vorgestern, Tassen mit Goldrand und versilberte Teller. Auf gläsernen Beistelltischen lagen Messer, Gabel und Löffel aus Elfenbein. Alles flankiert von mächtigen Schränken vor den breiten Kulissen tapezierter Wände, über und über behängt mit Spiegeln und Kunst, eine wahllose Anhäufung von Inventar und Design.

Doch die Welt der Möbel war nur ein Nebenschauplatz, viel wichtiger waren die Autos. Autos, was sonst. Autos aller Farben und Marken, in allen Größen und Klassen: Oldtimer, Sportwagen und Limousinen, auf einem Podest der offene Wagen, aus dem JFK ein letztes Mal seinen Anhängern winkte, bevor ihn dasselbe Schicksal wie Lincoln ereilte. Dazwischen Blechlizzys, Kleinwagen und Soybean Cars, Tankwagen, Panzer, Laster und Busse, Wohnwagen und Wohnmobile, Einkaufswagen und Kinderwagen, Seifenkisten und Autoscooter, Motorräder, Fahrräder, Rennräder, Dreiräder, Roller und, last but not least, zurück zum Ursprung der Fortbewegung, die einfachen Schuhe: Rollschuhe, Schlittschuhe, Gleitschuhe, Skier. Letzte Spuren im Schnee der Geschichte.

Und über alledem, hoch in die Luft unter das Dach des Tempels des Fortschritts gehängt, ein riesiger Fallschirm, der an den großen Traum vom Fliegen erinnert und an die Angst vor dem Absturz danach, an die Sehnsucht des Menschen nach einem Mond, um den sich die Imperien immer noch streiten. Als gäbe es nicht Planeten die Menge, als wüssten sie nicht, dass der Mond längst verkauft ist, was allerdings nichts daran ändert, dass der Mond immer noch mir allein gehört, dem kleinen Dichter von nebenan.

Aber was ist schon der Mond gegen das in Gold gerahmte Porträt eines Meisters. Es zeigt den Erfinder als Besitzer und Sammler, graumeliert, elegant, exquisit gekleidet, taufrisch rasiert und gekämmt. Eine Ikone des superguten Geschmacks und des unaufhaltsamen Fortschritts. Es hing neben einer großen Vitrine, gestopft voll mit Urkunden, Medaillen, Pokalen, allesamt Zeugnisse großer Triumphe. Einzig das Adlerschild des Deutschen Reiches war in der Sammlung nirgends zu finden, ebenso wenig wie Hitlers dazugehörige Glückwunschnote: Ich betrachte Henry Ford als meine persönliche Inspiration.

Doch der größte Schatz kam wie immer zum Schluss. Wir hatten uns, enttäuscht und ernüchtert, längst auf die Suche nach frischer Nahrung gemacht, nach einer einfachen Gastronomie: Lamy's Diner, als Foma plötzlich wie angewurzelt vor einer letzten Vitrine stehen blieb. Ihr Innenleben zog ihn magisch an und mobilisierte seine ganze Aufmerksamkeit, weshalb ich meinen Hunger vergaß und mich neben ihn stellte, um gleichfalls einen Blick in den Kasten zu werfen.

Auf den ersten Blick war nicht viel zu sehen, nichts als ein kleines Häufchen aus Krimskrams, aus den Taschen eines Jungen, der davon träumt, eines Tages ein großer Erfinder zu werden. Daneben lag eine Taschenuhr, vermutlich die legendäre erste. Doch das dritte Exponat barg ohne Zweifel ein großes Geheimnis. Neben der Taschenuhr stand ein schmales Reagenzglas auf einem zierlichen Ständer, das, wie sich der Legende auf der Texttafel entnehmen ließ, den letzten Atemzug jenes Mannes enthielt, der die Welt für immer zum Leuchten brachte.

Als ich mich über den Glaskasten beugte, wurde es plötzlich gleißend hell, das Museum verwandelte sich in einen Tempel und Edisons letzter Atemzug in ein von innen her strahlendes Heiligtum. In der Ferne hörte ich Posaunen und Glocken, weshalb ich kurz davor war, in die Knie zu gehen und ein kurzes Gebet zu sprechen, während der Gärtner völlig ungerührt neben mir stand, mit dem Zeigefinger der rechten Hand wiederholt gegen die Außenwand der Vitrine klopfte und leise sagte: Es werde Licht! Vor lauter Angst, er könne den Atem des Toten womöglich zu neuem Leben erwecken und damit einen Alarm auslösen, griff ich nach Fomas Hand, die ihrerseits nach Becky griff, nicht nur, um ein Foto zu machen, sondern auch, um den Klang zu erhaschen. Allerdings war er nicht schnell genug, die Glocken und Posaunen verstummten, die Erscheinung und die Musik verschwanden, bevor er abdrücken konnte. Ansonsten geschah gar nichts, von den Wächtern hatte uns niemand bemerkt.

In diesem Augenblick wurde mir klar, dass Foma kein Mann des Fortschritts ist, sondern ein echter Russe, kein Künstler der Geschichte der Revolution, sondern ein Meister der Auferstehung, der selbst leblose Exponate als lebendige Wesen betrachtet, die nur scheinbar an ihr Ende gekommen sind. Der Gärtner wusste nämlich genau, dass sich, mit etwas Geschick und gutem Willen, alles wieder zum Leben erwecken lässt, dass Auferstehung kein Hexenwerk ist und auch keine Frage des rechten Glaubens. Man muss bloß die Gesetze des Wachstums kennen, das, genau wie die Kunst, auf die Verschiebung der Zeit angewiesen ist.

Kein Zweifel, Foma hatte eine große Entdeckung gemacht, in einem Museum, von dem ich bis eben noch glaubte, sein Inventar sei schon seiner Natur nach von gestern. Doch der Zahn der Zeit ist durch nichts außer Kraft zu setzen, leise und unbemerkt verschwindet das eine, während das andere weiterwächst. Auch die tote Materie wächst im Verborgenen weiter, wird ständig größer statt kleiner, rückt ständig näher statt fern und schafft sich, im Dschungel unserer Erinnerungen, auf bedrohliche Art immer von vorn neuen Raum. Selbst das Museum mit seinem unbeugsamen Willen zur Sesshaftigkeit und seinem unstillbaren Wunsch nach Bedeutung und Stillstand, nach festen Plätzen und strenger Beschriftung, selbst das Museum zirkuliert ständig und sorgt, genau wie sein Meister, immer wieder von neuem für Schwindel und Aufruhr.

Denn die Dinge leben länger als wir und werden noch da sein, wenn wir längst nicht mehr da sind. Alles kann unvermutet wieder erwachen, der historische Schaukelstuhl und die Limousine des Todes, die schlafenden Urkunden und Pokale, genau wie die Grußnoten von Führern und Fälschern und die schöne Geschichte von der großen Freundschaft zwischen Thomas A. E. und seinem Schüler H. F., der den Erfinder des Lichts wie einen Abgott verehrte. Eine Freundschaft, von der ich erst später aus einer kleinen Broschüre erfuhr, die kostenlos auslag und deren Inhalt ich laut und ergreifend zum Besten gab, während wir längst bei Lamy's saßen, eine laue Suppe mit weißen Bohnen verzehrten und auf Coleslaw und Thunfischsandwiches warteten.

Die Broschüre zeigt, neben den Porträts der beiden Innovatoren und dem stark vergrößerten Reagenzglas des letzten Atemzugs, das Bild zweier prachtvoll gepolsterter Rollstühle mit Sitzen und Armlehnen aus rotem Samt, darunter folgender Kommentar: »So sehr verehrte er (Ford) seinen

Meister (Edison), dass er, als dieser bereits im Rollstuhl saß, sich gleichfalls einen Rollstuhl bauen ließ, um darin wochenends mit Thomas Alva um die Wette zu fahren.«

Während ich las, erschien vor meinem geistigen Auge der ausgedehnte Park einer amerikanischen Villa, von einer Rennbahn aus frisch geharktem Kies durchzogen, mehr Teppich als Rennbahn, über die zwei Männer in Rollstühlen auf ein Ziel zurasen, das keiner von beiden erreichen wird. Denn egal, wer diese Rennen gewinnt, sicher ist nur, dass am Ende der Piste ein kleiner Pavillon steht, in dem, jedem sportlichen Ehrgeiz zum Trotz, an einem kleinen Tisch, gedeckt mit Keksen und Tee, der letzte Schiedsrichter sitzt, der verdächtig an den Rezeptionisten aus Port Hope erinnert: »Ein Mann mit einem kahlen kalkweißen Schädel, in dem die Augen tief in den Höhlen lagen und aus dem die Nase verschwunden war.«

The fear starts here! Aber Sir Henry gab nicht klein bei, sondern bot dem Tod des Freundes und Meisters entschlossen die Stirn. Das Sterbezimmer, so las ich weiter, glich einem Labor, voller Reagenzgläser zum Zweck der Bannung des letzten Atemzugs, bevor dieser womöglich versuchen würde, sich unbemerkt aus dem Staub zu machen und lautlos durch die Tür oder das Fenster zu verschwinden. Ich stellte mir Edisons Sohn im Sterbezimmer des Vaters vor, wie er, in das Kostüm eines Schmetterlingsfängers gehüllt, anstatt einfach am Bettrand sitzen zu bleiben und seinem Vater die Hand zu halten, mit dem Schmetterlingsnetz der Wissenschaft nach dem letzten Atemzug eines Genies hascht, um ihn für immer für die Nachwelt zu sichern. Jetzt steht dieser letzte Atemzug, luftdicht versiegelt, im Museum für Amerikanische Innovation.

Wahrscheinlich muss man Gärtner und Künstler zugleich sein, ein begnadeter Künstlergärtner wie Foma, um in einem Reagenzglas von gestern jenen lebendigen Keim zu entdecken, der heimlich wächst und sich langsam ausdehnt, um irgendwann sein Gefängnis zu sprengen und nicht nur die Wissenschaft, sondern auch die Kunst auf neue Gipfel zu schicken. Doch was auch immer sich in jenem Glas befindet, es ist und bleibt, was wir atmen und bis an unser Ende atmen werden: nichts als behauptete Luft, die uns irgendwann einfach wegbleibt. Aber vielleicht sieht ja bis dahin alles schon wieder ganz anders aus, und man kann Frischluft an jeder Tankstelle kaufen.

Während ich in Lamy's die Legende vom letzten Atemzug vortrug und damit, wider Erwarten, ein paar Touristen am Nebentisch aus dem Halbschlaf zurück ins wirkliche Leben holte, goss uns Lizzy ungerührt dünnen Kaffee nach und servierte fünf riesige Thunfischsandwiches. Was ich vortrug, berührte sie nicht im Geringsten, sie interessierte sich weder für Edison noch für Ford, denn sie hatte zu tun, bis Feierabend noch Meilen die Menge, weshalb sie auf Rollschuhen unterwegs war, in einem Diner, der auf einem nostalgischen Schild, halbhoch hinter den Tresen gehängt, mit den historischen Preisen aus den dreißiger Jahren warb, mit Kaffee für einen halben Cent und Suppe für fünfzehn. Beim Laufen atmete sie hörbar abwechselnd ein und aus und ließ dabei jedes Mal ihre gerichteten Zähne blicken, während sie Foma zweideutige Blicke zuwarf, bevor sie wieder hinter der Theke verschwand.

Den Preisen entsprechend war Lizzy gekleidet: Sie trug die Schürze und das Häubchen der großen verflossenen Depression, die, obwohl sie angeblich Geschichte ist, längst wieder vor der Hintertür stand, genau wie der Wahlkampf. Von beidem war keine Rede, denn Lizzys Hauptaufgabe bestand nicht darin, Gespräche zu führen, sondern zwischen Kaffee, Suppe, Thunfisch und Hotdogs eine klassische Figur von gestern zu spielen, eine typische kleine Nebenfigur aus meiner Handbibliothek im Tocquevilleerker, in der sich neben Ilf und Petrow unter anderem auch ein Roman von John Steinbeck befand, der Lizzy folgendermaßen beschreibt: »Die Kellnerin trug eine Plastikschürze. Sie war weder glücklich noch unglücklich. Sie war gar nichts. (…)« Doch »diese leeren Augen, die unlustige Hand, die damastenen Wangen, bestäubt wie ein Krapfen mit Plastikpuder, mussten eine Erinnerung oder einen Traum haben«.

Offenbar hatte sich Steinbeck in Lizzy getäuscht oder ich mich in Steinbeck. Ich war, wie so oft, genau wie Ilf und Petrow, in die Falle der Literatur gegangen. Lizzy trug zwar eine Plastikschürze und hatte tatsächlich damastene Wangen, doch ihre stahlblauen Augen waren nicht leer, sondern gefüllt bis zum Rand, nicht mit Erinnerungen und Träumen, sondern mit den klaren Absichten einer erprobten Kellnerin des Mittleren Westens. Falls sie überhaupt jemals von etwas träumte, dann vermutlich davon, ihre Rollschuhe endlich auszuziehen, die Schürze aus Plastik abzulegen und Lamy's für immer zu verlassen. Allerdings nicht, um einem russischen Gärtner ins Maisland zu folgen, dazu war sie viel zu begabt, zu intelligent, zu schön und zu praktisch. Ganz zu schweigen von ihren lustigen Händen, mit denen sie mühelos drei Tabletts auf einmal jonglierte und ebenso mühelos eines Tages eines der riesigen Autos steuern würde, die in der Halle neben dem Diner ihr nutzloses Dasein als Ausstellungsstücke fristen, um touristische Träume zu nähren.

Ja, ich sah sie bereits in einem der offenen Wagen sitzen, statt unter der Haube unter einem wehenden Kopftuch, neben einem gesunden, kräftigen Mann, der wirklich, tatsächlich noch eine Zukunft hatte, weil er sich weder für Reagenzgläser noch für die Kunst oder für Kakteen interessierte, sondern einzig für Lizzy. Und ganz nebenbei für Beckys flimmernde Nachrichten aus der Welt der Lotterie des Immobiliengewerbes, lauter Nachrichten über Häuser in einem Vorort von Detroit, die inzwischen so baufällig und heruntergekommen waren, dass man sie längst für Apfel und Ei bekam, während sie in spätestens zehn Jahren ein Vermögen wert sein würden, was der gesunde, kräftige Mann in Lizzys Windschatten sehr genau wusste.

Man müsste nur kurzfristig seine innere Depression überwinden, die Ärmel hochkrempeln, den Vorgarten umgraben, das Dach neu decken, die alten Wände entschlossen unter frischer Farbe begraben und neue Leitungen legen. Einzig die europäischen Künstler, von denen der Käufer annehmen muss, dass sie immer noch zwischen den Wänden hausen, weil sie das Land einfach nicht verlassen wollen, könnten womöglich ein kleines Problem sein. Doch auch damit würde Lizzy mit den lustigen Händen spielend fertig, denn das Imperium würde sie längst befördert haben. Sie saß nämlich bereits mitten im Vorstand von Henry Today und würde die Künstler ohne Rücksicht und Gnade aus dem Schutz der Wand zurück in das erbarmungslose Licht und in die Frischluft des wirklichen Lebens befördern. In meiner Phantasie war Lizzys Aufstieg effektiv unaufhaltsam, und als wir schließlich die Rechnung beglichen und Foma ihr, ganz gegen seine Gewohnheit, einen überaus großzügigen Tip aufs Tablett schob, fand ich mich durch ihren Blick bestätigt, in dem, neben professioneller Freundlichkeit, unübersehbar eine leise Verachtung lag, was sie keinesfalls daran hinderte, ein letztes Mal ihre nach Westen gerichteten Zähne zu zeigen und Foma einen weiteren Blick zuzuwerfen.

Aber Phantasie ist nicht Wirklichkeit, was nicht gegen die Wirklichkeit spricht, sondern gegen die Phantasie, also gegen mich und für Lizzy, denn Literatur ist nun mal auf Ordnungen aus, auf klare, einfache Rollen. Und verglichen mit der Literatur ist das einfache Leben höchst kompliziert, so kompliziert wie ein amerikanischer Diner, dem auch Ilf und Petrow nicht gewachsen waren. Schreiben Sie auch das in Ihre Notizbücher, Gentlemen: Dass jede Kellnerin diesseits und jenseits der Meere ein Lied davon singt, das davon erzählt, dass niemand sie jemals besungen hat, wie sie wirklich (tatsächlich) ist, weil Schriftsteller immer nur auf der Durchreise sind und dabei in erster Linie sich selber besingen. Das ist nun mal ihr Schicksal, ihre Natur. Ihr Hang zur Entstellung ist ihrem Mangel an Zeit und Einsicht geschuldet, ihrer vorüberfahrenden Unwissenheit.

Denn was weiß der Gast wirklich (tatsächlich) von den Gesetzen des Diners? Er müsste seine Augen ja förmlich überall haben, um in der Lage zu sein, zwischen Fortschritt und Rückschritt zu unterscheiden, zwischen Depression und Begeisterung, zwischen Selbstausbeutung und Service, zwischen Lachen und Weinen, zwischen Leben und Tod, zwischen einer Schürze auf Rollschuhen und dem letzten Rollstuhl des Ruhms, um auf den alles entscheidenden

Punkt zu kommen, auf jene winzige Schnittmenge zwischen Kellner und Kunst, in der die einzig wahre Geschichte steckt, die uns Auskunft darüber geben könnte, warum aus Foma und Lizzy bei Lamy's nichts wurde.

Es war am Ende, wie immer, Jerry, der Profi, die der Begegnung entschieden ein Ende machte und mit der erprobten Waffe der Kamera den gepuderten Krapfen so rasch wie erfolgreich aus dem Rennen warf. Sie stellte Lizzy regelrecht an die Wand, unter das Bild eines heißen Hundes, der wie hingegossen im zerkochten Sauerkraut der dreißiger Jahre lag und dessen Hinterteil in eine frisch gebrühte Wurst auslief, deren Ende mit einer kleinen Krone aus Senf verziert war. Sie schoss so lange und zielgenau, bis Lizzy hinter ihrer Schürze aus Plastik schließlich aufgeben musste, in die Knie ging und für die nächsten zehn Jahre hinter Lamy's Theke verschwand.

Jede Kellnerin ist unglücklich auf ihre eigene Weise. Aber eines Tages, da bin ich mir sicher, wird Lizzy, dank Fomas Erinnerung, unvermutet auferstehen und zu neuem Leben erwachen, spätestens dann, wenn die Serie Bräute am Wegrand sich das Publikum der Museen dieser Welt erobert. Ja, ich bin mir ganz sicher. Man wird staunend vor dem hoch ausgepreisten Bild einer typischen Kellnerin auf den typischen Rollschuhen des typischen Mittleren Westens stehen, die unter einer Plastikschürze mit weißem Häubchen, unter den Preisen der zweitgrößten Depression, nach wie vor ungerührt ihre Zähne zeigt, mit denen sie an einem Traum festhält, den ihr kein russischer Gärtner erfüllen kann.

Wir verließen Lamy's satt und erschöpft. AnnAdams sehnte sich nach einer doppelten Double Red Road, denn sie hatte seit Stunden Angst um Red Ruby, Becca wollte zurück in ihre Detroiter Wand, Jerry und Foma wollten gemeinsam duschen. Und ich wollte endlich für immer allein sein, um die Legende vom letzten Atemzug wenigstens stichworthaft zu Papier zu bringen, bevor ich sie, wie die meisten Geschichten, am nächsten Morgen wieder vergessen hätte.

Auf dem Rückweg landeten wir wider Erwarten zwischen Museum und Musterdorf auf dem Friedhof der Fords. Er lag im begrünten Abseits einer verwaisten Tankstelle, an der niemand mehr hielt und die immer noch mit der Energie von Barack Obama warb. Der Pharao winkte uns müde lächelnd von einer rostigen Tanksäule zu. Es war totenstill, wir waren die einzigen Besucher. Weit und breit war kein Mensch zu sehen.

Hier also liegen und schlafen sie, hier sind sie scheinbar für immer zu Hause, der erste Ford und der letzte Ford, alle unter derselben Decke, unter demselben Namen, unter demselben Mantel aus Moos und aus Gras, unter demselben Himmel des ewigen Fortschritts. Alle Teil einer großen Familiengemeinschaft, die bis zum Jüngsten Tag dazu verurteilt sein wird, für immer denselben windigen Namen zu tragen, vier mächtige Buchstaben, einzig durch die Kalligraphie auf dem Stein unterschieden, die jeden Toten in seine Zeit verweist.

Doch sobald man sein Ohr auf den Boden legt, auf den feuchten Boden zwischen Detroit und Dearborn, löst sich die Schrift auf den Gräbern unter dem leichten Nieselregen erst in Asche, dann in Unkraut und am Ende in nichts auf, was die Toten allerdings nicht daran hindert, immer wieder von vorne zu sprechen, jeder für sich, mit seiner eigenen Stimme. Weil sie immer noch streiten, richten und rechten und selbst unter der Erde nicht aufhören können, ihre alten Geschäfte weiterzutreiben. Erst die Stimme von Henry und dann die Stimme von Edsel, des ersten und einzigen Sohns von Sir Henry, dem keine Zeit mehr gegeben war, den Atem seines Vaters zu bannen, weil er bereits vier Jahre vor ihm starb.

Jeder Tote ist unglücklich auf seine eigene Weise. Aber alle unglücklichen Söhne sind einander ähnlich. Denn wenn der kleine Herr Edsel in die Innenstadt fuhr, um endlich sein eigener Herr zu werden und seine eigene Taschenuhr zu erfinden, fand sich, außer einem frisch gebügelten Taschentuch, in seinen Taschen rein gar nichts, nicht einmal Krimskrams, weil sein Vater, Sir Henry the Great, ihm den Code des Erfolgs nicht verraten wollte, immer eine Spanne voraus, die berühmte Gewinnspanne zwischen Vater und Sohn, die der Sohn beim besten Willen nicht einholen kann. Alles bekannt. Schön und gut. Aber wer hat dem einzigen Sohn eines fortschrittsbesessenen Vaters, der jederzeit nirgends und überall ist, diesen schweren dunklen Namen gegeben, der das Unglück bereits im Programm enthält? Wer kam am Tag der Taufe dieses melancholischen Jungen um Gottes willen auf die Idee, ihn Edsel zu nennen?

Ich tippe auf die dreizehnte Fee aus dem bekannten Märchen vom allamerikanischen Traum, die ungeladen zum Tauffest erscheint, um dem Jungen einen Kuss auf seine harmlose frische Stirn zu drücken und ihm danach so leise wie boshaft ins Ohr zu flüstern, was AnnAdams längst weiß, was man bei Becky jederzeit nachlesen kann und was ich zusammenfasse wie folgt: Edsel ist eine Automobilmarke der Ford Motor Company. Die 1957 erfolgte Einführung des Modells seines Namens dient bis heute als klassisches Beispiel für eine misslungene Werbestrategie, für eine fehlgeschlagene Produkteinführung, deren Verlust inzwischen auf zwei Milliarden Dollar beziffert wird.

Namen sind alles! Und, Hand aufs Herz, wer von uns, gesetzt den Fall, man hätte wirklich die Wahl, möchte einen Wagen fahren, der auf den düsteren Namen Edsel hört, wenn er genauso gut mit einem Pacer, einem Ranger oder einem Thunderbird unterwegs sein könnte? Schließlich ist inzwischen selbst in Europa bekannt, dass jedes Kind, jeder Wagen, jedes Buch, jedes Kunstwerk grundsätzlich die Fahrt seines Namens aufnimmt, um Anschluss an die Schlangen des Volkes zu finden, das seit jeher ein Ohr für Namen hat und sich jederzeit, ohne zu wissen, warum, gegen Edsel und für den Donnervogel von morgen entscheidet. Wie also konnte es kommen, dass sich Henry der Große mit seinem Ford Edsel gegen die Stimme des Volkes entschied?

An Warnern fehlte es jedenfalls nicht, die Argumente liegen ja auf der Hand: Edsel reimt sich lachhaft auf Pretzel, auf windige Wiesel, auf Tücke und List, während auf Henrys fliegendem Schreibtisch mindestens zehntausend andere Namen lagen, darunter auch die Vorschläge einer Dichterin namens Marianne Moore. Doch er misstraute ihren Schwänen und Schwalben und entschied sich für seinen verlorenen Sohn. Edsel poor Pretzel, Diesel my Wiesel, Ford my Lord. Jeder Name ein großes Schicksal für sich. Das wusste AnnAdams genau, während sie hastig und besinnungslos rauchend neben mir im feuchten Gras vor dem verwitterten Grab von Sir Edsel stand. Schließlich hatte sie, genau wie Solomon Trone, rechtzeitig ihren Namen gewechselt, um die Last historischer Bedeutung ein für alle Mal abzuschütteln und endlich ein neuer Mensch zu werden.

Da ist er, da steht er, der vielbeschworene neue Mensch, mutterseelenallein auf einem verwitterten Friedhof, ohne Hammer und Sichel, in Gestalt einer freundlichen älteren Dame, hochstudiert, leicht gebückt, für immer und ewig mit der Handtasche ihrer Herkunft verwachsen. Unter dem leichten Nieselregen ahnte ich plötzlich das ganze Gewicht, die ganze Last eines untergehenden Kontinents, dessen Erbe auf ihren zierlichen fröstelnden Schultern lag und das sie einfach nicht loswerden konnte, obwohl sie jeden Morgen von neuem versuchte, es im Rauch einer frischen Double Red Road zu ersticken. Aber sie wurde die Geister einfach nicht los, sie war und blieb an ihr Erbe gekettet, das in ihr befindliche enzyklopädische Wissen war einfach zu groß, mindestens zehnmal so groß wie das Wissen von Becky.

Es dehnte sich aus und wuchs einfach weiter und versuchte im ständigen Wachsen verzweifelt, sich einen Ausgang nach draußen zu schaffen. Ich sah genau, dass sie bereits im Begriff war, zu einem weiteren Vortrag anzusetzen, der über die Erfindung einer Taschenuhr weit hinausging. Denn ihr Geist hatte den Friedhof längst verlassen und einen riesigen Hörsaal betreten, in dem, neben Foma, Jerry, Becca und mir, auch der kleine Herr Ford saß.

Doch während AnnAdams scheinbar noch über Edsel sprach, dachte sie bereits an einen ganz anderen Edsel, an den König eines untergegangenen Reiches mit zwei schärferen Konsonanten im Namen in der Nachbarschaft ihrer fernen Kindheit in Wien. Sie dachte an Etzel, den König der Hunnen, der in seinen guten und glücklichen Tagen über ein Land im heidnischen Osten herrschte, ein Land, das nie ganz zu Europa gehörte und bis heute keinen Platz in den Karten findet. Weshalb er den großen Fehler beging, sich mit einer Königin aus dem Rheinland zu trauen, die, um eines lachhaften Schatzes willen, einen Krieg zwischen Osten und Westen entfesselt, der bis heute nicht ohne Folgen ist.

Die Russen könnten ein Lied davon singen. Allerdings singen sie nur, wenn sie unter sich sind und dabei genug zu trinken haben, denn der Stoff ist einfach zu schwer. Und während sie trinken, wird die Ballade länger und länger und setzt fortwährend neue Strophen an, von Jahrhundert zu Jahrhundert reiht sich ein Unglück ans nächste, bis kein Auge mehr trocken bleibt, und die Sänger, inzwischen heillos betrunken, unter den hunnischen Tischen liegen. Denn am runden Tisch der falschen Gemeinschaft verliert Etzel nicht nur seinen einzigen Sohn, dem der deutsche Hagen mit einem einzigen Hieb den Kopf abschlägt, das ganze hunnische Musterdorf trinkt drei Nächte lang Tränen.

Noch schlimmer ergeht es den Nibelungen, denn sie trinken ihr eigenes Blut, um das Feuer der Selbstvernichtung von innen zu löschen. Weshalb ich bis heute, gesetzt den Fall, ich hätte tatsächlich die Wahl, lieber in einem Ford Edsel als in einem Ford Hagen säße. Nur dass es am Ende vermutlich völlig egal ist, in welchem Wagen wir sitzen, unter welchem Namen wir reisen, auf welcher Seite wir kämpfen, wessen Tränen und wessen Blut wir trinken, wenn wir in der offenen Limousine des Todes sitzen, auf der Jagd nach dem Schatz einer Königin, die in meinen Träumen übrigens genauso aussieht wie die Kellnerin Lizzy aus Dearborn: stahlblaue Augen, damastene Wangen und Zähne, die einer polierten Perlenschnur gleichen.

Träume von gestern, die, egal in welchem Motel, verlässlich jede Nacht wiederkehren und in denen Lizzy, mit einer Plastikschürze über der schmalen Taille und einem einfachen Messer aus Lamy's Küche bewaffnet, plötzlich wild entschlossen die Bühne eines Königsdramas von morgen betritt und so entschieden wie lässig den Kopf des unbekannten Touristen absägt, den Kopf des letzten Besuchers von Henry Today, der keine Sekunde lang davon träumte, jemals wirklich ein Held zu sein, sondern bloß den bedauernswerten Fehler beging, sich, kurz bevor das Museum schloss, noch eine verbilligte Eintrittskarte zu kaufen, in der harmlosen Absicht, den Rest seiner Samstagszeit totzuschlagen oder sich, auf der Durchreise von einem Bundesstaat in den nächsten, auf den letzten Drücker weiterzubilden, weil sein Reiseführer ihm das dringend ans Herz gelegt hatte.

So geschehen an einem verregneten Nachmittag Mitte September im Lamy's Diner. Bis heute rätselt die Presse, wie es dazu überhaupt hat kommen können. Das fragen wir uns natürlich auch. Ja, wie konnte es dazu kommen, wie ist es möglich, dass eine Servicekraft aus dem Mittleren Westen, übermüdet zwar, aber nicht unterbezahlt, an einem Samstagnachmittag im September im Museum für Amerikanische Innovation ihre erprobten eisernen Nerven verliert und vor der Kulisse eines harmlosen heißen

Hundes auf einem Bett aus frisch eingelegtem deutschem Sauerkraut, als Rächerin einer Depression zweiter Klasse eine Bühne betritt und eine Rolle spielt, der sie gar nicht gewachsen ist, und damit uns und die Stiftung Henry Today in den Abgrund einer Verwirrung stößt, aus dem wir bis heute nicht aufgetaucht sind?

Und, weit schlimmer: Wie konnte es kommen, dass wir, die furchtlosen Schrecklichen Vier, AnnAdams, Foma, Jerry und ich, von Becca zu schweigen, einer Kellnerin aus einem Roman von John Steinbeck ein viel zu hohes Trinkgeld zahlten, das sich plötzlich von Schutzgeld in Blutgeld verwandelt und eine Tat finanziert, von der wir nichts ahnten, ein radikales Exempel ohne Urteil und Richter, ohne Jury und Schöffen, vollzogen an einem kleinen Touristen von nebenan, der sich nicht der geringsten Schuld bewusst war.

Jener kleine Tourist, den bis heute niemand besungen hat, weil er nur einer von Hunderttausenden ist, womöglich einer von denen, die noch vorgestern Nachmittag neben uns standen, unter der Tarnkappe einer blauen Plastikkapuze, kleinster Teil einer fröhlichen Menge auf dem Oberdeck des dritten Ausflugsdampfers von links, unterwegs zu den rauschenden Fällen von Niagara. Vermutlich schrie er sogar mit uns um die Wette, als von oben das wilde Wasser kam, das seine Brille kurzfristig in einen phantastischen Nebel hüllte. Wahrscheinlich gibt es davon sogar Bilder, Bilder die Menge. Nur dass er, im Gegensatz zu mir, keine Sekunde lang daran dachte, nach dem so kurzen wie nassen Abenteuer seinen blauen Plastikmantel zusammenzufalten und für den Fall eines ernsteren Falles in seinen Koffer für den Mittleren Westen zu packen.

Dafür ist er jetzt plötzlich selber der Fall, allerdings unter einem anderen Mantel, gleichfalls aus Plastik, nur etwas schwerer, mehr Plane als Mantel, während ihm die Fotografen der Gerichtsmedizin der Polizei von Detroit die letzte Ehre erweisen. Wer allerdings etwas genauer hinschaut, wird im Hintergrund der Geschichte, erstes Stockwerk, zweites Fenster von links, ein altbekanntes Gesicht entdecken, jenen unbekannten Bewohner von Springfield, der, weil er langfristig arbeitslos war, vor ein paar Monaten von Springfield nach Dearborn zog, wo er seine Zeit vermutlich damit verbrachte, neben einer kleinen Affäre mit Lizzy, eine Sammlung kleinerer Handfeuerwaffen in eine etwas höhere Ordnung zu bringen.

Und auf einmal taucht wieder der Doktor auf und mit dem Doktor das Buch, das ich noch vor wenigen Tagen in Jerrys Kamera hielt und dessen erster und wichtigster Merksatz lautet: Make up your mind! Gefolgt von der einfachen Frage: What pet should I get? Denn welche Katze, welcher Hund, welcher einfache Mensch hat Lizzy wirklich erwartet, wer hat Lizzy tatsächlich getröstet, wenn sie nach einem langen Tag bei Henry Today nach Hause kam, um endlich die Schürze loszuwerden und ihre Füße auf einen Wohnzimmertisch Richtung Westen zu legen?

Aber das geht uns nichts an, denn wir sind nicht von hier, wir reisen bloß mit, wir reisen bloß durch, wir reisen weiter und bleiben nicht stehen. Denn wir sind nicht auf der Suche nach den Mördern von gestern, sondern auf der Suche nach dem neuen Menschen von morgen, auf dem Weg nach Chicago, wo man uns einmal mehr bei Radio Goethe erwartet, um einen Vortrag über ein Land zu halten, von dem wir nicht das Geringste verstehen.

Der Rest ist die leise Erinnerung an einen verlorenen Schatz und an einen müde lächelnden Pharao, dessen Gesicht sich im Nieselregen der Geschichte an einer rostigen Tanksäule allmählich in nichts auflösen wird, während wir immer noch auf dem Friedhof der Fords stehen, wo Jerry unerbittlich damit beschäftigt ist, mit ihrer Kamera für eine letzte höhere Ordnung zu sorgen. Doch je länger wir zwischen den Grabsteinen standen, umso lauter und aufdringlicher wurden die Stimmen. Denn inzwischen hatte der Wahlkampf begonnen, und bekanntlich ergreifen auch Tote Partei, jeder fordert sein eigenes Recht, jeder erzählt die Geschichte anders, um noch im Jenseits Stimmen zu sammeln.

Einzig mit ihrer Kamera hielt Jerry die Stimmen in Schach, um schließlich entschlossen abzudrücken und alle auf einmal zum Schweigen zu bringen, die Lebenden wie die Toten, von links nach rechts zusammengestaucht auf ein einziges Bild: Becca in ihrer verkauften Wand, Foma mit Becky vor der Vitrine des letzten Atemzugs, Ann-Adams bei ihrem letzten Zug aus einer doppelten Double Red Road, und rechts außen ich, die anstelle von Tocquevilles Demokratie in Amerika ein zerfleddertes Buch mit dem Titel Heaven's My Destination in die offene Kamera hält.

Wer allerdings etwas genauer hinschaut, wird neben dem Bildrand Lizzy entdecken und neben Lizzy den dritten Schrauber von links, den Jerrys Kamera nicht zu fassen bekam, weil er sich zum zweiten Mal in eine Schwalbe verwandelt hatte, die, nach zwei bis drei unentschiedenen Runden, ihren Platz auf dem Grabstein von Edsel fand. Die Schwalbe war klein, doch ihr Auftritt war hollywoodianisch, weshalb in der Objektiven Tasche von Jerry kein Platz für sie war. Denn Königin Jerry hat keinen Platz für metaphorische Schwalben, sie zieht das wirkliche Leben den Drehbüchern vor.

Drehbuchschreiber sind Träumer. Sie träumen von Schätzen, Rache und Blutrausch, von Mord und Totschlag, von Friedhöfen, auf denen sich die Geister der rheinischen Nibelungen jede Nacht gegen die Geister der russischen Hunnen erheben. Sie träumen abwechselnd von Apokalypse und Rettung, von Vernichtung und Trost, von Vergeltung und Gnade. Sie träumen von elektrischen Stühlen, von Auferstehung und Tod, von fremdem Unglück und geliehener Liebe, von kopflosen Kindern, die eines Tages nicht mehr nach Hause kommen, von Putzfrauen, die plötzlich unvermittelt nach Äxten greifen, und von Gärtnern, die beim Pflanzen von Bäumen in scheinbar befriedeten Vorstadtgärten unvermutet auf menschliche Knochen stoßen. Sie träumen unaufhörlich davon, endlich böse zu sein, ohne jemals selbst Hand anzulegen, von großen Verbrechen, die sie niemals begangen haben und die sie auch niemals begehen werden, weil ihnen die Mittel und der Mut dazu fehlen, weshalb sie dazu verdammt sind, sie immer wieder von vorn zu Papier zu bringen. Das ist der Preis für den Verkauf ihrer Seelen. Bis ans Ende ihres Lebens müssen sie lesen und schreiben, Tag und Nacht, immer wieder von vorn, immer ein und dieselbe Geschichte. Lauter fliegende Holländer, an eine Galeere namens Pilatus geschmiedet, auf der sie seit zweitausend Jahren auf der sicheren Seite durch die Weltmeere fahren, um ihre Hände in Unschuld zu waschen, ohne Aussicht auf Rettung, ohne Hoffnung auf Hafen, gepeinigt von der unstillbaren Sehnsucht nach schlagenden Titeln und einfachen Plots, nach überfüllten Sälen und sechsfachen Oscars, nach herrlichen Frauen auf sehr hohen Schuhen, die ihnen unter Applaus frisch polierte Pokale reichen.

Doch sobald der Applaus verstummt, geht das Träumen schon wieder von vorne los, spätestens zwischen den muffigen Laken im Shorecrest Motor Inn, zwischen Detroit und Chicago, in meinen nächtlichen Briefen an Doktor Link, der keinen Sinn für die Zeitverschiebung hat, sondern nur für das Drehbuch seiner eigenen Angst vor dem nächsten Krieg und seiner Hoffnung auf einen rettenden Bunker, bis unter das Dach mit Dosenfutter und eingeschweißtem Weißbrot gefüllt. Klar, dass der Vorrat nicht lange reicht, weshalb ich noch in derselben Nacht im Halbschlaf hektisch begann, Grundstücke in Neuseeland zu googeln: So viele Gärtner für nur ein Paradies!

Lieber Doktor Link, schrieb ich kurz vor Morgengrauen zurück, auch in Neuseeland sind die Plätze inzwischen begrenzt, weshalb nur jene entkommen werden, die wissen, wie man, im Fall des Falles, von dort aus weiter zum Mond entkommt, auf dem wir, wie mir der Algorithmus meines Todes verrät, auch nicht in Sicherheit sind, denn der Mond hängt inzwischen in Henrys Museum und hat seine Leuchtkraft längst eingebüßt. Und Doktor Link schreibt zurück: Liebe Frau Eckermann, einfach kaufen statt schreiben!

Man sollte meinen, Doktor Link müsste verzweifelt sein. Aber er ist nicht verzweifelt, er ist sogar stolz auf seine Angst, auf seine kleine Arbeit im großen Steinbruch der Katastrophe, auf seine abgenutzte, schwielige Schreibhand. Denn das Publikum gibt ihm jederzeit recht, immer wieder von vorn überwältigt von Horror und Alb auf dem Weg durch den Tunnel seiner dunklen Geschichten, die, der Elektrifizierung zum Trotz, nur so wimmeln von Dämonen und Teufeln, die in immer neuen Kostümen auftreten. Denn der Teufel, an den angeblich niemand mehr glaubt, tritt zwischen Küste und Küste gern unter diversen Tarnkappen auf, als fliegender Händler und Blogger, als harmloser Vertreter für Handfeuerwaffen, die er unter dem allgemeinen Krimskrams des Alltags der kleinen Hausfrau verbirgt, unter wasserdichtem Pflaster und Nähzeug.

Und während er so durch die Lande zieht, als Bauchladenmann von Tür zu Tür, schreibt er einfach nur mit. Was er so sieht und was er so hört. Er schreibt alles auf, alles ab, er sammelt alles auf Vorrat, bis er am Ende auf den friedlichen Friedhof von Dearborn zurückkehrt, um Jagd auf die letzte Schwalbe zu machen. Denn die geflügelte Tarnkappe wird den Schrauber nicht retten, schon im nächsten Film spielt er keine tragende Rolle mehr, er kommt nicht mehr vor, er hat ausgedient. Es sei denn, dass es ihm auf den letzten Drücker doch noch gelingt, sich in das zurückzuverwandeln, was er einmal war, was er ist, indem er endlich selber zum Stift greift und sein eigenes Drehbuch schreibt, sein eigenes Leben, eine Geschichte, die sich beim Schreiben womöglich ganz nebenbei in den Traum von Lizzy verwandelt.

Ich schloss entschlossen den magischen Kasten und versuchte zu schlafen. Aber es gelang mir nicht, denn durch die dünne Wand zum Nebenzimmer drangen Geräusche, die ich nicht zuordnen konnte, als würden Möbel gerückt, schwere Gegenstände über den Boden geschleift, womöglich Leichen entsorgt. Hin und wieder war eine Stimme zu hören, die, halb lachend, halb fluchend, den Vorgang kommentierte, wobei unklar war, zu wem sie sprach, wahrscheinlich sprach sie nur mit sich selbst, ein einsamer Reisender, der sich Mut machen will bei dem sinnlosen Versuch, sich die schäbige Herberge für eine kurze Nacht vorübergehend häuslich einzurichten.

Irgendwann wurde es still. Dann begann auf der anderen Seite jemand zu husten, ein Husten, das mir vertraut vorkam, unverkennbar das Husten von MsAnnAdams, das uns bereits seit Boston begleitet und umso lästiger wurde, je mehr sie es zu unterdrücken versuchte. Aber es ließ sich nicht unterdrücken, es war hartnäckig und treu, genau wie sie selbst, ihr treuster Begleiter, mit dem sie mindestens ebenso eng verbunden war wie mit ihrer Handtasche und ihrer Double Red Road, das einzige Mittel, das gegen das Husten half, denn sobald sie rauchen konnte, wurde es still.

Doch jetzt hustete sie, weil sie nicht rauchen durfte, während sie, genauso schlaflos wie ich, vermutlich einen schlechten Film von vorgestern sah, während Foma vermutlich auch nicht schlief, weil er neben Jerry lag, die vermutlich immer noch damit beschäftigt war, sämtliche Bräute am Wegrand auf Linie zu bringen und die Nacht mit ihrer Kamera festzuhalten, während ich mich in meinem unruhigen Halbschlaf immer wieder von der einen auf die andere Seite warf und mich fragte, was mich dazu hatte bringen können, mich auf die Jagd nach zwei Russen in einem mausgrauen Ford einzulassen, den unser roter Ford niemals einholen wird. Also zum Teufel mit dem Distanzplan von Professor AnnAdams! Und zum Teufel mit meinem eigenen Schlaf, den ich andauernd rufe und der einfach nicht kommt, weil er die Frauen der mittleren Jahre meidet, im Mittleren Westen besonders, weshalb es mich nicht überraschte, dass es kurz vor Morgengrauen an meiner Zimmertür klopfte.

Ich stand auf und zog die kleine Kette zurück, mit der ich mich scheinbar gesichert hatte. Vor mir stand ein baumlanger Mann, barfuß, in einem blaugestreiften Pyjama. In der rechten, hoch erhobenen Hand hielt er, am Nackenfell gepackt, wie einen traurigen Vorwurf, eine leblose schwarzweiße Katze, deren Schwanz hin und her schlug wie das Pendel einer alten Uhr, was allerdings, genau wie der Geruch, nicht darüber hinwegtäuschen konnte, dass sie längst tot war. Wer oder was sie zu Tode gebracht hatte, begriff ich nicht, denn mein Gast konnte sich nicht recht zum Ausdruck bringen, er sprach halb Russisch, halb Englisch, wobei er, mit der freien Linken wild gestikulierend, sogar ein paar Tränen vergoss.

Ich hätte ihm gern etwas zu trinken gegeben, doch es war nichts da, keine Minibar, weshalb ich ihm, aus Verlegenheit, meine letzte Zigarette anbot, die er dankbar annahm. Wir rauchten sie auf dem Parkplatz, gemeinsam schweigend und schnell, kurz vor Schafott, zwei Züge er, zwei Züge ich. Zwischen uns auf dem Boden lag die tote Katze, die er kurzfristig dort abgelegt hatte. Als er nach dem letzten Zug barfuß die Kippe zertrat, sah ich, wie seine Hand zitterte. Dann hob er entschlossen die Katze auf und verschwand mit ihr in der Dunkelheit.

Lieber Doktor Link, schrieb ich um fünf Uhr zehn Ortszeit zurück, ich habe soeben eine Erscheinung gehabt, die Sie vielleicht interessieren könnte: Ein baumlanger Mann, barfuß, in einem blaugestreiften Pyjama, der in der rechten Hand eine schwarzweiße Katze hält, die er, nach eigenen Angaben, letzte Nacht in der unteren linken Schublade des Zimmers 2017 im Shorecrest Motor Inn fand und die, dem Geruch nach zu schließen, nicht schläft, sondern tot ist. Was nicht weiter bemerkenswert wäre. Doch während das linke Auge geschlossen ist, ist das rechte noch offen. Und Doktor Link schreibt zurück: Daraus lässt sich zum Frühstück vielleicht etwas machen.

Um acht Uhr morgens schrieb ich zurück: Daraus lässt sich tatsächlich noch etwas machen. Denn nach den Schrecken der vergangenen Nacht scheint heute Morgen die Sonne, über Gerechte und Ungerechte, über Mensch und Tier und Maschine, über der Schöpfung von gestern und der Schöpfung von morgen. Sie scheint über dem Friedhof der Fords und über Becca in ihrer verkauften Wand. Sie scheint über dem Shorecrest Motor Inn und auf das junge Glück von Foma und Jerry, sie scheint auf den vergilbten Teppich meines schmutzigen Zimmers, bis hinter meinen verschimmelten Duschvorhang. Und sie scheint sogar über Lizzy und über dem Kopf des letzten deutschen Touristen und, last but not least, über dem Mann im blaugestreiften Pyjama, der bereits vor Morgengrauen seinen Koffer gepackt hat, um danach ohne Frühstück Richtung Chicago zu verschwinden, während uns eine Kellnerin aus der Nachbarschaft, worst nabes in the country, ein zähes Steak unter zwei Eiern, sunnyside up, serviert und uns dabei freundlich antreibt, etwas schneller zu essen, um für freie Plätze zu sorgen, denn die Schlange des Volkes drängt nach.

Und was den Katzenmann betrifft: Die nächtlichen Pelzjäger sind, wie meine Recherchen ergeben, nachweislich Teil einer Stammkundschaft, lauter Russen, die aus Mangel an Heimat und Wildnis, gesteigert Jagd auf städtische Katzen machen, indem sie nachts, vor den billigen Zimmern ihrer Motels, sogenannte künstliche Mäuse auslegen. Ihre Beute ist groß, Minimum zwei bis drei Katzen pro Nacht. Das Fell wird noch in der Nacht abgezogen und im Kühlschrank der Minibar auf Eis gelegt. Am nächsten Morgen ziehen sie weiter, Richtung Chicago, wo sie abends vor den Museen und Konzerthallen stehen, um die Felle zum Verkauf anzubieten. Und Doktor Link schreibt zurück: Fakenews! Wer ist der Katzenmann wirklich?

Damit hier zwischen den Imperien kein Missverständnis aufkommt: Auch Ilf und Petrow lagen nächtelang wach und träumten von einem eigenen Drehbuch, um der Führung von Solomon Trone zu entkommen. Trone alias Adams, der jede Nacht wie ein schlafloses Kind vor ihrer Zimmertür stand und, bis zum Rand gefüllt mit stalinistischen Träumen, klopfend und flehend um Einlass bat, weil er nicht aufhören konnte zu sprechen, weil das in ihm befindliche Wissen einfach zu groß war, er wusste einfach zu viel.

Auch Ilf und Petrow wussten zu viel. Informanten und Gäste in einer Person, stöhnten sie unter der Last eines Auftrags, der von Meile zu Meile nicht leichter, sondern zunehmend schwerer wog. Jede einzelne Meile ein Kampf gegen die Zeit, die unter den Rädern des mausgrauen Fords unwiderruflich verlorenging, zehntausend Meilen, die sich beim besten Willen nicht festhalten lassen. Jeder Blick aus dem Fenster der erste und letzte, jede Landschaft Kulisse, ein potemkinsches Dorf, das bereits im Verschwinden begriffen ist, noch bevor man es besichtigen kann. Jede Stadt Begrüßung und Abschied zugleich, jedes Wetter von morgen bereits das Wetter von gestern, jede Klinke die leise Erinnerung an ein Haus, das man nie mehr betreten wird, an ein Bett, in dem man kein zweites Mal schläft, an ein Handtuch, das man nie wieder berührt, an eine Hausfrau, die man nicht wiedersieht.

Keine Zeit also, sich in irgendwas oder irgendwen zu verlieben, um vielleicht doch noch etwas länger zu bleiben. Denn obwohl jede zweite Stadt Springfield heißt und jede Stadt wie die andere aussieht und das Weißbrot immer das gleiche ist, schmeckt am Ende doch kein Toast wie der andere, so wie keine Stadt der anderen gleicht, kein Hund dem Hund, keine Katze der Katze und kein Tramper dem nächsten, weil es, last but not least, die Kellnerin Lizzy nur einmal gibt. Nichts als eine kurze Affäre im Auftrag von Prawda, unter der Schirmherrschaft von Väterchen Stalin, die, noch bevor sie Gegenwart wird, längst der Vergangenheit angehört, ohne Aussicht auf Wiederholung und Rettung. Denn eine zweite Chance ist nicht vorgesehen, war niemals der Plan, es sei denn, man wäre Iwan der Dumme.

Das wussten Ilf und Petrow sehr genau. Weshalb sie Tag und Nacht Augen und Ohren offen hielten, wie besessen schrieben sie alles mit, und was sie nicht schriftlich zu fassen bekamen, hielten sie mit ihrer Leica fest, für die Objektive Sowjetische Tasche. Der Rest ist, wie immer, pure Erfindung. Doch man soll die Menschen nicht zum Unmöglichen aufrufen, nicht zu Schmetterlingsfängern von Schatten machen, nicht zu Jägern des letzten Atemzugs. Außerdem hatten sie Heimweh, bereits kurz vor Chicago hatten sie schreckliches Heimweh, Heimweh nach Moskau, Sehnsucht nach ihren Frauen und Kindern, Hunger auf Hering mit Gurke an Schwarzbrot, mit einem kleinen Schuss Wodka, um das allamerikanische Weißbrot endlich für immer herunterzuspülen.

Aber es gibt kein Zurück, die Reise geht weiter, unerbittlich von Osten nach Westen, ein Plansoll, das bei nicht mehr als fünfzig Meilen pro Stunde jeden Tag aufs Neue erfüllt werden muss, unerbittlich an die Galeere eines mausgrauen Fords gekettet, ohne Bibelradio, Heizung und Klimaanlage. Und obwohl Ilf und Petrow sich nicht das Geringste anmerken ließen und von morgens bis abends höflich blieben und, ganz egal, bei welchem Wetter, Krawatten und gebügelte Hemden trugen, standen sie mit der Reise auf Kriegsfuß. Sie hassten das Weißbrot und die süßen Getränke, sie hassten ihren Führer und seinen Distanzplan, sie hassten die Sprache, die sie nicht kannten, sie hassten ihre verordnete kommunistische Reiselust, die sie vier Monate lang dazu zwang, jede Nacht in einem anderen Bett zu schlafen und immer die gleichen Briefe zu schreiben, in denen sie ihren Frauen und Kindern immer wieder von vorn beteuern, wie sehr sie den Hering und das Schwarzbrot vermissen und wie quälend es ist, auf Telegramme zu warten, die nicht mehr als zwei Worte enthalten: Alles gut.

Gegen die Depression einer Reise und gegen die Sehnsucht nach Wodka an Schwarzbrot auf Hering hilft bekanntlich einzig das Kino, das globale Lichtspieltheater, der dunkle geschützte Raum des Vergessens, der allamerikanische Film. Jede Nacht flohen Ilf und Petrow in ein anderes Kino, um dem Klopfen an ihrer Tür zu entkommen, in eine Welt der Illusion und des Trostes, in die Welt

falscher Helden und geschminkter Verführer, an der Seite
von Frauen, über die sie kein gutes Wort verloren. Sie hüll-
ten ihren Wunsch nach Trost und Vergessen in den Tarn-
mantel der allsowjetischen Filmkritik, die an der Leinwand
Amerikas kein gutes Haar lässt. Es gibt, so las ich später
im Tocquevilleerker, nur vier Arten von Filmen: die musi-
kalische Komödie, das historische Drama, den Gangster-
film und den Film über einen berühmten Opernstar.

Die Liste war schlüssig und schlicht, ein Feldzug reiner
Vernichtung, in dem kein Film auf dem anderen blieb. An
allem hatten sie etwas auszusetzen: Nackte Beine, flotte
Schlager, affige Tänze, schlechte Mäntel und falsche De-
gen, Rüstungen aus Pappe, hölzerne Äxte, alberne Röck-
chen aus Straußenfedern, nach Filmmetern abgemessene
Küsse, die der allamerikanischen Zensur unterliegen,
Duelle ohne sichtbaren Anlass, ohne Sinn und Verstand,
kein ernsthafter Konflikt, kein Klassenkampf. Lauter
Handlungen wie vom Himmel gefallen, lauter alte statt
neue Menschen, nichts als Könige, Diener und Aristokraten, Hinrichtungen, Gelage und Schlachten von gestern.
Und was die goldene Zukunft betrifft: Autorennen, Golf-
clubs und Handfeuerwaffen.

Alles schön, alles gut. Doch das Spiel der Vernichtung
durch reine Kritik bleibt ohne Erkenntnis. Denn ohne
Kitsch ist bekanntlich kein Staat zu machen, kein Paradies,
kein Krieg und kein Frieden, ohne die Schwalbe kein kleines Glück, das große schon gar nicht. Make up your mind!
Ohne das allamerikanische Lichtspieltheater wäre die Welt
längst im Chaos versunken, und der dritte Schrauber von
links wäre niemals auf die Idee gekommen, womöglich
doch noch eine Rolle zu spielen.

Kein Wunder also, dass es Ilf und Petrow niemals gelang, ein allamerikanisches Drehbuch zu schreiben, obwohl sie Tag und Nacht von nichts anderem träumten. Aber der sowjetische Schrauber ist nun mal kein amerikanischer Schrauber, er dreht seine Schrauben nicht rechts, sondern grundsätzlich links herum ein. Übrigens schreibt er auch so, Linkshänder eben, in Spiegelschrift, weshalb den meisten Agenten erst auf den zweiten Blick auffällt, wie sehr sich am Ende die imperialen Drehbücher gleichen.

Denn alle Schreiber und Schrauber träumen dasselbe, sie träumen von Autos und Geld, von einer steilen Eins vor sechs runden Nullen, von einem rubinroten Ford, der ihnen tatsächlich für immer gehört, den sie mit niemandem teilen müssen, weil sie ihn endlich wirklich besitzen, weil sie ihn selber erwirtschaftet haben, mit den Mitteln ihrer produktiven Einbildungskraft, die sie nach zehntausend Meilen und einer zweiten Fahrt über den Ozean endlich nach Hause zurückbringen wird, wo sie unter dem Jubel Fähnchen schwenkender besitzloser Massen und einem goldenen Spruchband, auf dem in riesigen Lettern Prawda steht, durch die elektrifizierten Straßen von Moskau fahren.

Ein Traum, der niemals Wirklichkeit wurde. In Moskau ist es inzwischen eiskalt geworden, leise rieselt der Schnee auf Spruchband, Führer und Fähnchen, auf die Handschuhe und Mützen des Publikums, während Ilf plötzlich leise zu husten beginnt. Übrigens nicht zum ersten Mal. Er hat schon die ganze Reise über gehustet, zurückhaltend höflich, immer leise von hinten. Erst hier in der Heimat wird sein Husten vernehmbar, denn der zweite Schreiber von links hat Tuberkulose und ganz nebenbei eine Entdeckung gemacht, die schon Tausende andere vor ihm machten, in Kutschen, auf Schlitten und barfuß: Die Erde ist rund und die menschliche Lunge endlich.

Und obwohl sie immer noch Krawatte mit Anzug tragen, darüber die Wintermäntel der Heimat, sieht man die Odessiten leicht frösteln, zwei gebückte Gestalten, die nach der großen Fahrt nicht mehr dieselben sind, zwei einstmals furchtlose Schürfer, die sich im Auftrag von Prawda plötzlich in Opfer ihrer eigenen Angst verwandeln, die im nächsten literarischen Schauprozess unweigerlich werden zugeben müssen, dass sie den Schatz nicht gefunden haben, jenen sagenumwobenen Schatz, der nach der großen Revolution in einem von zwölf aristokratischen Stühlen verschwand, von denen bis heute niemand weiß, wo sie tatsächlich geblieben sind. Selbst Ostap Bender, ihr genialstes Geschöpf, ihre beste Erfindung, größter Held ihres schönsten Romans, der sein Volk bis heute an der Nase herumführt und ihnen zu ewigem Ruhm verhalf, selbst Ostap Bender, der allsowjetische Großkombinator, kann sie nicht retten, denn auch Ostap wird den Schatz niemals heben.

Denn auf der Jagd nach dem Schatz sind sie müde geworden. Ilfs Atem wird kürzer, und auch Petrow ist sich seiner Luft nicht mehr sicher, sie wird ebenfalls dünner, auch seine Tage sind längst gezählt auf der Bühne des großen Weltlichttheaters zwischen Terror und Traum, zwischen New York und Moskau, wo alles möglich, aber nichts machbar ist. Eine Bühne, auf der man die Großen stürzt, damit sich die Kleinen endlich erheben, ohne Auto und Führerschein, mit dem reinen Willen der Einbildungskraft, in der Linken den Hammer, in der Rechten die Sichel, um endlich das große Glück zu machen und das größte Drehbuch von allen zu schreiben, mit der produktiven Kraft einer Grausamkeit, die keine Grenzen mehr kennt.

Denn das Land der russischen Bauernverbesserer ist mindestens dreimal und die Kraft ihrer Dichter mindestens zehnmal so groß wie das große Amerika. Sie folgen einer anderen Schwerkraft, einem anderen Text, einem höheren Ton, einem sibirischen Plan, hinter dünnen Wänden in kommunalen Zimmern, in die weder Schreibtisch noch Sporen passen, dafür endlose Selbstmörderzüge, die unablässig durch die Bahnhöfe unserer Träume rasen, ohne ein einziges Mal anzuhalten, immer gegen die Sonne. Warum ist es in Sibirien so kalt? Weil Gott es so will, sagt mein Bruder, der Kutscher. Aber legt man erst einmal die Ketten ab, fährt man in einem mausgrauen Ford wie von selbst einfach weiter, die Jahreszeit spielt keine Rolle mehr. Was scheren den Dichter die eisige Scholle, das Beringmeer, die Aleuten, Alaska. Am Ende, denn die Erde ist rund, kommen wir durch die Hintertür zurück ins Land der Verheißung und stehen plötzlich nicht mehr im Schnee, sondern unter der brennenden kalifornischen Sonne.

Weshalb man den hustenden Heimkehrerdichtern bis heute fest an den Lippen hängt und ihre Botenberichte gierig verschlingt, denn der große Hunger nach Freiheit auf Weißbrot lässt sich mit Hering auf Schwarzbrot nicht stillen, auch ein einfacher Esser sehnt sich nach mehr. Gelobt sei der allelektrische Ofen, auf dem der globalkommunale Suppentopf steht, ein Topf voller brodelnder kleiner Geschichten, die sich in die große Erzählung von einer Küche verwandeln, in der sich alles von selber brät, in der es keinen Abwasch mehr gibt, in der man keine schmutzige Wäsche mehr wäscht, weil die Welt nicht nur sauber, sondern längst rein ist.

Alles bereinigt, von allem gesäubert, kein Schicksal, kein Schatten, kein Grauschleier mehr, kein falsches Geschlecht, das im Verborgenen ruht, nichts, was verhüllt und verheimlicht wäre, alle Türen und Fenster weit offen. Ein großes weißes Labor zur Erforschung des ewigen menschlichen Glücks, erleuchtet rund um die Uhr, weil es nichts zu verbergen gibt. Eine herrliche einfache Welt, einfach und schön wie ein kurzes Gedicht, das keinen Dichter mehr braucht. Denn das neue Gedicht hat sich längst vom alten Dichter befreit, es schreibt sich von selbst. Jedes Wort, jede Silbe am richtigen Platz, kein Missverständnis mehr möglich, keine Interpretation nötig, ein Gedicht wie eine mathematische Formel, die sich am Ende nach null hin auflöst. Weshalb das neue Gedicht keinen Leser mehr braucht, es genügt sich selbst. Im großen Labor zum Zweck der Erforschung poetischer Reinheit wird es keine verborgenen Schätze mehr geben.

Denn die Ausbeutung des Menschen und seiner gepeinigten Erde ist für immer an ihr Ende gekommen, allen dunklen Stimmen zum Trotz, die behaupten, die Frohe Botschaft von der Glückseligkeit beruhe auf nichts als Illusion, weil angeblich bis heute nur ein Bruchteil der Frauen der Welt tatsächlich elektrisch kocht. Natürlich nichts als falscher Botenbericht, dem schon deshalb nicht zu trauen ist, weil die meisten Schriftsteller keinen gültigen Führerschein haben.

Also lassen wir den Führerschein einfach beiseite, um von den kleinen Sorgen des Alltags zu sprechen, von denen bei Ilf und Petrow nie die Rede ist: Wie ich unterwegs, in einem Handwaschbecken des Mittleren Westens, meine kleine schmutzige Wäsche wasche, wie ich morgens, hinter einem langsam verschimmelnden Vorhang, unter der lauwarmen Dusche stehe, wie ich danach meine Haare auf Linie bringe, bevor ich mir schließlich die Zähne putze und danach nebenbei, für wen auch immer, jeden Morgen frischen Lippenstift auflege. Und dass ich gelegentlich sogar meine Schuhe putze, während sich nebenan Foma rasiert und nebenbei im Halbschlaf Jerry einseift, und dass Ann-Adams bereits im Morgengrauen, bei einer vierten oder fünften Double Red Road, auf ihrem gepackten Koffer sitzt, den sie vermutlich nie ausgepackt hat.

Durch das taube Fenster sah ich ihr dabei zu, wie sie rauchend den Distanzplan studierte und nebenbei versuchte, Red Ruby ihr reisendes Herz auszuschütten, als wäre Ruby ein Hund, eine Katze, jedenfalls irgendein verlässliches Haustier, das man bloß streicheln, füttern und aufbürsten muss, um es auf seine Treue zum Menschen hin einzuschwören. Denn welche Katze, welcher Hund würde sich jemals gegen den Menschen erheben? Katzen und Hunde sind Aristokraten, Wesen einer älteren, höheren Ordnung. Aber Red Ruby ist weder Katze noch Hund, sondern eine Maschine, ein in Purpur gepanzertes Wesen, gefüttert mit denselben Daten wie wir.

Genau da liegt das Problem, wir sind einander einfach zu ähnlich. So wenig AnnAdams der Gedanke gefiel, sie hatte die Vorherrschaft längst verloren, Red Ruby war längst ihre Herrin geworden und sie unwiderruflich ihr

Knecht. AnnAdams kannte die Route, aber Ruby kannte den Weg, sie wusste Meilen im Voraus, wann und wo das nächste Hindernis auftauchen würde. Sobald Gefahr im Verzug war, begann es im Cockpit zu leuchten, zu blinken, eine Melodie, die ein Lied von der Landstraße singt, das AnnAdams zwingt, den Blinker zu setzen und auf die Seite zu fahren, bis endlich Foma das Ruder übernimmt und Beckys ausgeschlafene Stimme ertönt, die uns Meile für Meile durch die allamerikanische Landschaft begleitet, von Osten nach Westen und bis zum Mond, von dem Ann-Adams immer noch glaubt, er gehöre den Dichtern.

Dabei könnte jeder Tankwart den Mond besingen! Während Jerry, Foma, Becca und ich mit Steak und Eiern beschäftigt waren, sah ich durch das Fenster AnnAdams dabei zu, wie sie versuchte, Red Ruby auf dem Parkplatz in Höchstform zu bringen, zärtlich summend und singend. Und je länger ich ihr dabei zusah, umso mehr begriff ich, warum ihre Nächte noch schlafloser als meine waren. Sie war schlicht und einfach verliebt, genau wie Foma in Jerry, und ging, wie alle Verliebten, mit Hingabe in ihrer heimlichen Leidenschaft auf, indem sie erst das hintere Fenster, danach die Seitenfenster und zum Schluss die Frontscheibe reinigte, wobei ihr besonderes Augenmerk auf die empfindlichen Scheibenwischer gerichtet war.

Denn sie wusste genau, dass Red Ruby, nicht anders als Jerry, die Launen einer Königin hatte, dauerhaft auf Empfang angewiesen, auf der Suche nach einem Gott namens WLAN, der sich ständig zwischen den Wolken entzieht. Wir suchen ihn vorn, wenn er hinten ist, und sitzen hinten, wenn uns sein Atem nach vorn weht, wir laufen ihm nach, von Zimmer zu Zimmer, in der Hoffnung, dass er endlich Kontakt mit uns aufnimmt. Denn wir sind nun mal auf Kontakt angewiesen, rund um die Uhr auf Empfang und Sendung, unwiderruflich dazu verpflichtet, die Welt mit Nachrichten aus einem Land zu beglücken, das wir nicht kennen und das sich vermutlich auch auf den nächsten neuntausend Meilen nicht viel näher mit uns bekannt machen wird.

Doch wo immer wir unser Quartier aufschlugen, Königin Jerry legte den Rucksack gar nicht erst ab, sondern öffnete, sobald sie das Zimmer betrat, sofort den Zauberkasten, um den magischen Zugangscode einzugeben, während Foma die Koffer ins Zimmer trug. Kam der Kontakt nicht zustande, wurde sie unruhig, während Foma, um die Panik der Königin abzuwehren, das erste Bier öffnete und eine Flasche Weißwein entkorkte. Dabei wussten wir alle, dass drüben, jenseits des Ozeans, außer den alternden Frauen von Ilf und Petrow, niemand mehr auf uns wartet, weder auf uns noch auf unsere Briefe und Bilder, auf die kleinen Texte und schlechten Gedichte, auf die Kommentare, die Gerüche und Töne, die wir jede Nacht durch den Äther schicken, während da drüben, im Jenseits, längst alles schläft.

Doch jetzt, während wir, kurz nach Frühstück, Red Ruby bestiegen, waren sie drüben wieder wach, tranken vermutlich ihren ersten Nachmittagskaffee und sahen Ann-Adams dabei zu, wie sie, weil Foma sie nicht ans Steuer ließ, zwischen Detroit und Chicago ein schwarzweißes Taschentuch aus dem geöffneten Fenster hielt, halb Protest, halb Ergebung. Offenbar wollte sie eine Schnittmenge zwischen drinnen und draußen bilden, zwischen der Innenwelt und der Außenwelt, zwischen meinem hässlichen Albtraum vom Katzenmann und ihrer faktischen Wirklichkeit, wobei sie immer wieder nervöse Blicke über die linke Schulter nach hinten warf.

Denn auf der Suche nach dem neuen Menschen von gestern war nicht nur mir, sondern auch ihr längst aufgefallen, dass der neue Mensch nicht vor uns, sondern ausdauernd hinter uns fuhr und dass er jedes Mal, wenn er so tat, als würde er uns jetzt endlich überholen, im letzten Moment auf die Bremse trat, um wieder von vorn auf Abstand zu gehen, als hätte er alle Zeit der Welt, ewigen Urlaub. Manchmal hob er dabei die Hand und winkte uns freundlich zu, worauf Foma gleichfalls die Hand hob und ihn grüßte wie einen alten Bekannten, weil er aussah wie wir: mittleres Alter, mittlere Größe, schütteres Haar, nachlässig, aber nicht ohne Ehrgeiz gekleidet, halb gebildet, aber gut informiert, jederzeit streitbar und meinungsstark, dabei vorsichtig, niemals übermütig, grundsätzlich nicht auf der Überholspur, sondern einfach immer geradeaus, bis ins Parkhaus vom Whitehall Chicago, vier Sterne über Radio Goethe gebucht und mit Hilfe von Becky kurzfristig durch ein Upgrade geadelt.

Allerdings nicht halb so schön wie das Stevens Hotel auf der Michigan Avenue, wo Ilf und Petrow vor achtzig Jahren logierten, eine Pracht, die sich nicht mehr einholen lässt: dreitausend Zimmer aus Marmor, Geschäfte, Kinos, Restaurants, rund um die Uhr Ereignis und Stimmung, ein Hotel wie ein Ballsaal, ein kapitalistisches Vollschiff mit fünf Sternen, ein Ozeandampfer des Mittleren Westens, der die Außenwelt zum Verschwinden bringt, diese hässliche Stadt voller Schlachthöfe, Schutzgelderpresser und Bettler, die Ilf und Petrow unruhige Nächte bescherten, weil sich die Fenster damals noch öffnen ließen und auf der Feuerleiter vermutlich rauchende riechende Bettler saßen, für die auf dem Mond kein Platz mehr war.

Botenberichte von gestern. Schließlich reisen wir nicht im Auftrag von Prawda, sondern auf eigene Faust und zahlen die Eckermannzeche selbst, für ein Hotel, in dem sich die Fenster nicht öffnen lassen, damit der Wind uns nicht an den Schlachthof erinnert, an den Fließbandtod von Kühen und Schweinen, die sich später, auf einem anderen Fließband, in lauter mausgraue Fords verwandeln. Denn nicht nur Brecht, sondern auch der große Sir Henry ist in die Schule der Fleischkönige von Chicago gegangen und wusste schon damals, wie man tote Masse in lebendiges Kapital verwandelt und nebenbei lässig die Weltherrschaft ausruft. Er hatte den Trick längst begriffen, wie eine Hand die andere wäscht, wie sich ohne Not und sichtbaren Übergang der Schlachter von gestern in den Schrauber von morgen verwandelt, die schwarzweiße Kuh in das klappernde Blech, das Blech in die Tür, die Tür in die Klinke und die Klinke in das Schlüsselloch zum Erfolg, durch das man den verkauften Mond sehen kann.

Ich sah ihn genau, von der Bettkante meines Zimmers im Whitehall aus, Zimmer 1309, einen herrlichen kreisrunden Mond, durchzogen von tiefen, hungrigen Kratern, die mich daran erinnerten, wie hungrig ich war, weshalb ich meinen Koffer gar nicht erst auspackte, sondern wieder nach unten fuhr, wo im Abgrund der windigen Straßenschlucht AnnAdams rauchend am Bordstein stand, in sicherem Abstand zu einem livrierten schwarzen Portier mit weißen Handschuhen und vier Sternen am Revers, ein klares Signal, den Rauch in die andere Richtung zu blasen.

Denn er kannte seine Kundschaft genau, obwohl er offensichtlich von nichts anderem träumte, als endlich selbst eine zu rauchen, während er dauernd damit beschäftigt war, die Türen der ein- und ausfahrenden Taxis zu öffnen, wobei er sich jedes Mal leicht verbeugte und dabei, kaum wahrnehmbar, seine Hand aufhielt. AnnAdams sah das genau, und ich sah es auch. Doch während ich es bloß sah, ging AnnAdams überraschend zur Tat über: Bevor sie ihre Double Red Road entschieden hinab in den Bordstein warf und sie mit ihrem kleinen, alternden Fuß tänzerisch, fast mädchenhaft austrat, zog sie einen Fünfdollarschein aus ihrer Handtasche. Ich hätte sie gern zurückgehalten, denn der Portier war kein Bettler, und ich fürchtete ihren Übergriff. Aber AnnAdams war schneller.

Niemals werde ich das vergessen: Wie die zierliche Professorin aus Wien einen kurzen emeritierten Moment lang davon träumt, kurzfristig frei zu sein, wenn sie, mit allen Risiken und Nebenwirkungen, einem mit vier Sternen dekorierten schwarzen Portier einen Fünfdollarschein in die Jacke steckt, unauffällig und schnell wie ein Schulbrot, sie die Mutter, er das Kind, das, wider Erwarten, den Schein nicht zurückweist, sondern sich bloß mit der behandschuhten Hand wie nebenbei über die Uniform wischt, als müsse er kurzfristig etwas entfernen, ein kleines lästiges Tier, ein Insekt, vielleicht bloß ein Staubkorn, das die ganze Geschichte eines großen Landes enthält, die alte Geschichte von Oben und Unten, von Nehmen und Geben, vom schlechten Gewissen dessen, der gibt, und von der leisen Verachtung dessen, der nimmt, weil er weiß, dass sich nichts wiedergutmachen lässt.

Wir verloren über die Sache kein Wort, sondern gingen

essen, kein Steak, sondern Thai, zwei Türen hinter der Rezeption. Das Essen kam schnell und war gut, wir aßen schweigend. Zwischen der Rechnung und zwei feuchten Tüchern, mit denen wir unsere weißen Hände in Unschuld wuschen, lagen zum Abschied zwei Glückskekse. Wir brachen sie auf und stießen kurz vor halb acht auf die Botschaft des Tages. Meine habe ich weggeworfen, die von AnnAdams trage ich bis heute schwarz auf weiß in meiner Reisebörse mit mir herum: Absence makes the heart grow fonder.

Jedes Herz macht seine Meilen auf seine eigene Art, es wächst bekanntlich am Widerspruch gegen den Widerstand eines anderen Herzens und gibt nicht auf, sondern schlägt einfach weiter, wird ständig größer statt kleiner, ein wachsendes reisendes Sportlerherz. Auch an diesem Abend ließ sich AnnAdams nicht nehmen, mich zusammen mit Jerry und Foma zu meinem Vortrag bei Radio Goethe zu begleiten, obwohl sie genauso gut wusste wie ich, dass sie nichts Neues erfahren würde, das in ihr befindliche Wissen war einfach zu groß.

Aber sie war nicht auf Wissen aus. Es war ihre Neugier, die sie immer wieder von vorn dazu zwang, einem Reisebericht zu folgen, den sie längst in- und auswendig kannte, genau wie ihren Distanzplan. Sie hatte die Route längst im Kopf, jede Station, jede einzeln und lebhaft bebildert, jedes einzelne Bild mit Daten versehen, jedes Datum eine Geschichte für sich, denn seit Jahren war sie damit beschäftigt, eine eigene Enzyklopädie zu entwerfen, das Buch der Bücher, eine amerikanische Bibel, eine Chronik, in der nichts fehlen würde, nicht das kleinste Detail, ihr größter Triumph über Becky, die sie damit auf immer kaltstellen würde.

Alles wäre darin enthalten, Stadt, Land, Fluss, Berge und Täler, Wüsten und Ozeane, die ganze Innenwelt einer Außenwelt einer großen Nation, die nach wie vor in fünfzig Staaten zerfällt, von denen der eine nicht weiß, was der andere tut. Natürlich ein Kampf gegen Windmühlenflügel, weil AnnAdams einfach nicht wahrhaben will, was sie seit fünfzig Jahren weiß: dass die große Geschichte der menschlichen Küche, in deren Mitte der allamerikanische Schmelztiegel steht, in dem angeblich Platz für uns alle ist, auf nichts als Illusionen beruht, weil das Glück insgesamt nicht zu haben ist. Der eine schwimmt oben, der andere unten, der eine kommt durch, der andere nicht, der eine schürft Gold, der andere Tränen und bleibt im Mittleren Westen sitzen, in der vagen Hoffnung auf den nächsten Tornado, der ihn, samt Stall und Vieh, eines Tages überraschend wirbelnd erfasst, um ihn, ganz ohne sein Zutun, an die bessere Küste zu tragen, ins herrliche Land des Wizard of Oz. Das ganze Leben nichts als Wetter und Zufall. Das ist das wahre Amerika.

Während ich auf dem Podium von Radio Goethe versuchte, mit alten Erkenntnissen neue Meilen zu machen, und Jerry und Foma per PowerPoint die dazu passenden Bilder auf die Leinwand warfen, saß AnnAdams wie immer in der letzten Reihe und versuchte, meine Rede mit der Wirklichkeit abzugleichen. Sie schrieb alles mit, jeden Satz, jedes Wort. Denn obwohl sie bereits nach dem kanadischen Kasatschok und später in der Schlange vor Frankensteins Haus mehrfach behauptet hatte, sie werde uns und Red Ruby beizeiten und ohne Not verlassen, um endlich ihrer eigenen Wege zu gehen, wusste ich, dass ihr Herz sie darauf verpflichtet hatte, nicht auszusteigen, sondern weiterzufahren, weshalb sie bis ans Ende mitschreiben würde, in einfachen, klaren, trockenen Worten, bis ihr der gerechte Stift aus der Hand fallen würde.

Aber sie war nicht allein. Denn neben ihr schlug, deutlich hörbar, ein zweites anderes Herz, unverkennbar das Herz von Gil Gott, der an diesem Abend wie aus dem Nichts aufgetaucht war. Damit hier kein Missverständnis aufkommt: Der Mann heißt wirklich (tatsächlich) Gott, Gil Gott aus Quincy bei Hannibal, Sohn eines Farmers und Baseballspielers aus dem Mittleren Westen, der eines Tages beschlossen hatte, sich nach einem Studium des amerikanischen Rechts nebenbei auf die deutsche Sprache zu werfen, auf einen Teufel, den keiner aufs Kissen bindet.

Zu diesem Zweck hatte er sich damals nach Wien aufgemacht, weshalb er Deutsch wie AnnAdams Englisch sprach, mit einem unüberhörbaren Wiener Akzent, der Goethe, Schiller und Hölderlin, Rilke und Heine und vor allem John Maynard einen tröstlichen weichen Klang verlieh, der mich kurzfristig von der Last deutscher Dichtung befreite. Als ich ihn jetzt da sitzen sah, nur zum Schein in der letzten Reihe, kehrte mit einem Schlag alles zurück, die verblasste Erinnerung wurde wieder lebendig: Unser erstes Treffen in einem Seminar über deutsche Romantik an einer Wald- und Wiesenuniversität der amerikanischen Holzfällerküste. Wie wir wenig später am Küchentisch in einem blau gestrichenen Holzhaus sitzen und ein Referat über E.T.A. Hoffmann schreiben, einen Dichter, denn AnnAdams glühend verehrt und von dem Gil nicht die geringste Ahnung hatte, weshalb Hoffmann meine erste Chance war, Gil Gott für immer an mich zu binden, ein klassischer Fall von Geben und Nehmen.

Außerdem teilten wir ein Büro, in dem zwei riesige hässliche Schreibtische standen, an denen wir unsere Studenten empfingen, um ihnen die deutsche Grammatik näherzubringen. Hin und wieder gelang es uns, zwischen zwei Stunden in einem alten Ford Plymouth ans Meer zu entwischen, das kein Meer, sondern der Pazifische Ozean war, an dessen Stränden wir stundenlang auf und ab marschierten und frisch gewaschene Steine und Holzstücke sammelten, aus denen wir, nach Art europäischer Reliquiensammler, die noch an Zauber und Zeichen glauben, versuchten, uns gegenseitig die Zukunft zu lesen. Ein kurzes Jahr für die Ewigkeit, ohne Anfang und Ende, das sich, kurz nachdem wir den Master kassierten, wie von Zauberhand plötzlich in nichts auflöste. Ich flog zurück nach Europa, und Gil verschwand mit dem Nachnamen Gott im Schatten der akademischen Schlachthäuser von Chicago. Zum Abschied schenkte er mir ein zu großes T-Shirt, auf dem vorn in großen Buchstaben Absence stand und hinten, in etwas kleineren Lettern: Makes the heart grow fonder.

Jetzt, dreißig Jahre danach, war er auf einmal wieder da und saß, im Rücken die Skyline, in der letzten Reihe neben AnnAdams, schön wie damals, nur etwas dünner, irgendwie schmaler, eindeutig ein akademischer Marathonläufer, vom Geist der Wissenschaft ausgezehrt. Zur Feier des Tages trug er nicht nur das alte karierte Holzfällerhemd, sondern auch die schweren Stiefel, die ich schon damals so glühend bewundert hatte, von oben bis unten voll weißer Farbe. Denn während ich mein Geld auf Holzfällermessen kellnernd verdiente, in einem schwarzen Kleid der Heilsarmee aus den fünfziger Jahren, zog Gil das Handwerk des Anstreichers vor, das er noch weniger beherrschte als die Grammatik von Goethe und Schiller. Noch bevor das Haus Zeit zum Trocknen hatte und der Kunde Zeit für Beschwerden, nahm er die Dollar vom Tisch und zog einfach weiter zum nächsten Haus.

Learning by doing. So war er Professor in Chicago geworden, International Law und Globale Justice, Social Movements und Critical Media Studies, Internationale Affären und Kritische Rassentheorie. Er zuckte trotzdem mit keiner Wimper, als ich am Schluss meines Vortrags den Exkurs über Toms Zaun zum Besten gab, in dem ich ein letztes Mal die Theorie von Doktor Stopp in die Waagschale warf: dass der Zaun, von dem hier die Rede sei, nicht den äußeren Raum beschreibe, sondern die Grenze eines metaphysischen Kosmos, denn Toms Zaun umzäune das Paradies oder jedenfalls das, was wir dafür halten, jenen Ort, der nie zu erreichen ist, in einem Ford Plymouth schon gar nicht.

Aber Gil war nicht wegen Tom Sawyer gekommen, nicht wegen des Zauns, sondern wegen mir. Oder, um es mit Tocqueville zu sagen: »Es gibt nichts Unproduktiveres für den menschlichen Geist als Abstraktionen. Ich beeile mich deswegen, zu Tatsachen zu gelangen.« Und Tatsache ist, sagte Professor Gil Gott, als wir bei einem Glas Weißwein und einem Stück Käse aus dem Fenster hinaus auf die prächtige Skyline blickten, dass Weiß keine Farbe, sondern unbunt ist, unbunt wie Schwarz, also nichts als Behauptung, eine Täuschung des Auges, das alte Taufhemd der Unschuld in einer Welt, in der angeblich immer noch alles beim Alten ist. Natürlich nichts als Tarnung und Selbstbetrug, eine Verleugnung der Farben.

Er trank sein Glas nur zur Hälfte, bevor er es auf die Fensterbank stellte, sich zu mir umdrehte und mit Entschiedenheit sagte: Morgen komme ich mit! Von Chicago über Springfield bis Quincy. Auf dem Hof meiner Eltern ist Platz für uns alle, Suppe, Wein, frisch bezogene Betten, und Hannibal nur ein paar Meilen entfernt. Und übermorgen streichst du den Zaun von Tom Sawyer, damit du endlich weißt, was es damit auf sich hat. Learning by doing!

Ich schlug sofort ein, zog ein Stück Papier aus der Tasche und notierte die Adresse vom Whitehall. Denn die Sonne war längst untergegangen, und mit der Sonne war auch der Professor verschwunden und mit dem Professor der Marathonläufer, der mir vor der langsam verschwimmenden Skyline plötzlich wie einer und drei zugleich erschien, wie die heilige Dreifaltigkeit des Mittleren Westens: Tom, Huck und Jim in einer Person. Zusammen mit mir die Schrecklichen Vier.

Und wenn wir morgen in einem Ford Richtung Quincy sitzen, werden wir uns so lange an früher erinnern, bis sich die scharfen Falten um seinen enttäuschten Mund wieder zurück in die Grübchen der Jugend verwandeln, in die Erinnerung an eine Kindheit im Mittleren Westen, an Kühe und Kälber, an tote Katzen, mit denen man Warzen bespricht, an frischen Mais unter Butter und an seine erste und einzige Liebe, an Becky Thatcher, mit der er in einer magischen Höhle verlorenging, die Doktor Stopp vermutlich niemals von innen sah. Zum Abschied küsste ich ihn auf die Wange, wie ein weiteres Bild aus der Serie Bräute am Wegrand für die Nachwelt beweist, denn im Gegensatz zu mir war Jerry immer noch auf dem Posten.

In dieser Nacht fand ich keinen Schlaf, denn es rief

mich, wie alle Verliebten, der Dichter. Das Dichten fiel mir allerdings schwer, ich war todmüde, und das Fenster im Whitehall ließ sich nicht öffnen. Doch wer verliebt ist, muss dichten, und wer dichtet, muss rauchen, weshalb ich, im vollen Bewusstsein der Drohung, am nächsten Morgen mindestens zweihundert Dollar Strafe zu zahlen, zwei American Spirit rauchte, während ich nebenbei ein Gedicht verfasste:

Land der Mitte, Meer aus Mais,
Sonntagsschule und die Bitte:
Gebt mir Pinsel, Zaun und Farbe,
Neue Freunde und die Gabe,
Einen alten Zaun zu streichen,
Um dem Helden Tom zu gleichen.

Corn is flooding the Midwest,
Sunday schools and my request
For fresh colours, stable fences,
Fair new friends and writing pencils –
Which won't turn me into Tom:
Who the Huck knows where I am from?

Ich schloss den magischen Kasten und schlief sofort ein. Und landete in einer frisch gestrichenen Sonntagsschule, in der vorne am Pult unter einer schneeweißen Schürze in den schweren Malerstiefeln Gil Gotts Tante Polly stand. In der Linken hielt sie den Zeigestock, in der Rechten ein schweres Buch, nicht die Bibel, sondern Tocquevilles Demokratie in Amerika. Mit lauter Stimme begann sie vorzulesen, abwechselnd Englisch und Deutsch, mit einem leichten musikalischen Wiener Akzent, wobei sie den Zeigestock wie einen Dirigentenstab schwang, um ihrem Vortrag Takt und Bedeutung zu geben: »Man hat beobachtet, dass der Mensch in dringender Gefahr selten auf seinem gewöhnlichen Niveau stehenbleibt«, las sie, »er wächst entweder darüber hinaus oder sinkt darunter.«

Im Traum sank ich deutlich darunter, denn als ich mich umdrehte, stellte ich fest, dass ich offenbar Tocquevilles einzige Schülerin war, die Bänke hinter mir waren vollkommen leer, die Last der zu leistenden Klassenarbeit ruhte einzig auf mir. Doch Tante Polly kannte weder Nachsicht noch Gnade und hielt ihren Blick fest auf mich gerichtet, während sie weiterlas: »Es ist wirklich schwer einzusehen, wie Menschen, die der Gewohnheit, sich selbst zu regieren, vollständig entsagt haben, imstande sein könnten, diejenigen auszuwählen, die sie regieren sollen.«

Denn wir sind mitten im Wahlkampf, weshalb ich in meiner Schülernot haltlos zu faseln beginne und verzweifelt versuchte, Ilf und Petrow mit Alexis de Tocqueville in Einklang zu bringen, schließlich trennten sie nicht mehr als einhundert Jahre. Doch mein Gefasel überzeugte Tante Polly nicht. Sie legte entschlossen das Buch auf den Tisch, den Stab aus der Hand, griff nach einem Stück Kreide und begann, mathematische Formeln an die Tafel zu werfen, die mir unbekannt waren. Nur so viel verstand ich, dass sie durchaus nicht bereit war, die Aristokratie in der Revolution aufzulösen, sondern im x der amerikanischen Demokratie, womit sie mir deutlich zu verstehen gab, dass meine Reise im Schatten der Bauernverbesserer für immer zum Scheitern verurteilt ist.

Um dem Traum zu entkommen, versuchte ich im Halbschlaf bis kurz vor dem Morgengrauen weiterzudichten, in etwa so: Auch die allerschönsten Lieder zwingen keine Herrschaft nieder! Oder: Alle Räder stehen still, wenn der Schrauber es so will. Oder, um die Gewerkschafter auf-zurütteln: Alle Blumen müssen welken, Rosen, Tulpen und auch Nelken. Denn: Wenn die Kellnerinnen wollen, müs-sen manchmal Köpfe rollen. Bei dem Versuch, Tocqueville auf still und Revolution auf Hohn zu reimen, gab ich auf, denn der russische Teufel ist nicht aufs Kissen zu binden, und die Reise ist noch nicht zu End, wenn man Kirch und Turm erkennt. Und was die Kirche betrifft: Sonntags gilt der alte Text, montags fragt man: Who is next?

Meine Verse beeindruckten Tante Polly wenig, sie blieb ungerührt an der Tafel stehen, rechnete erbarmungslos weiter und rückte, wie der General einer Armee, unaufhalt-sam in Richtung Ziel vor, ausdauernd immer näher nach x, während ich atemlos einen Vers an den nächsten reihte, immer schneller und dichter. Spätestens kurz vor 6 a. m. war mir klar, dass ich, meinem Feuereifer zum Trotz, den Kampf nicht würde gewinnen können, denn ich sank un-aufhörlich weiter nach unten, ich wurde nicht nur subjektiv schlecht, sondern objektiv schlechter, meine Verse näherten sich dem demokratischen Nullpunkt. Je länger ich sprach, umso kälter begann es im Zimmer zu werden, bis es drau-ßen plötzlich mitten im September zu schneien begann.

Der Wetterumschwung blieb Tante Polly nicht verbor-gen. Sie legte die Kreide zurück aufs Pult und verkündete leise, fast freundlich, unter dem Klingeln der Glocke: Dann machen wir Pause und probieren nächsten Sonntag von vorn. Als ich aufstand, um meine Sachen zusammenzupa-cken, sah ich zu meinem Erstaunen, dass die Bänke hinter mir voll besetzt waren, lauter Schülerinnen und Schüler des Mittleren Westens, die ungerührt ihre Brote auspackten und in die frisch beschneiten Schnitten bissen.

Aber wer kennt heute noch Tante Polly? Wer hat Tocqueville jemals im Original gelesen? Gil Gott kannte sie jedenfalls in- und auswendig und hatte sie beide im Gepäck, als er am nächsten Morgen Punkt 8 a.m., an der Rezeption stand und im Stehen dünnen Kaffee aus einem großen Pappbecher trank. Spätestens jetzt erwies sich der Luxus im Whitehall als schöner Schein, für Last-Minute-Bucher wurde außer Kaffee, Tee und blassem Obst kein Frühstück serviert. Neben dem kleinen Tisch mit zwei Thermoskannen stand der livrierte schwarze Portier mit vier Sternen von gestern und wies mit großer Entschiedenheit einen dürren Chinesen zurecht, der sich, in Ermangelung eines Büfetts, auf der anderen Seite der Straße mit einem Reisegericht versorgt hatte, das er, neben seinem Koffer auf einer Wartebank sitzend, mit Hilfe von zwei Stäbchen gierig aus einer Pappschachtel zwischen die Zähne schob.

Während die Rezeptionistin damit beschäftigt war, unsere Rechnungen auszudrucken, sah ich dem Portier dabei zu, wie er vergeblich versuchte, mit dem Chinesen in ein Gespräch einzutreten, indem er beschwörend seine weiß behandschuhten Hände hob und wiederholt, wie eine magische Zauberformel, Hygiene, Kontrolle, Versicherung! rief. Und: Drinnen kein draußen! Als erteile er Sprachunterricht für Anfänger, Radio Goethe für Hotelgäste der untersten Stufe, während der Chinese ungerührt weiteraß und dabei freundlich die Zähne zeigte, bis der Portier entschieden zwei Schritte nach vorn tat und ihm mit der rechten behandschuhten Hand die halbleere Schachtel entwand, während er ihn mit der linken von der Wartebank zog und entschieden nach draußen schob, wobei es ihm auf staunenswerte Weise gelang, den abgewetzten Koffer mit durch die Drehtür zu schieben.

Bevor sich der Chinese in den Schmelztiegeln von Chicago verlor, hatte drinnen bereits der Kampf um die Schlüsselgewalt begonnen, wobei Gil keine zwei Minuten brauchte, um die Konkurrenz aus dem Rennen zu schlagen, denn Red Ruby erkannte ihren Landsmann sofort. Sobald Gil Gott hinterm Steuer saß, fuhr sie geschmierter denn je, schnurrte wie eine Katze und lief wie ein Jagdhund auf der richtigen Fährte. Denn der Professor für globale Rasse und Recht hatte sich plötzlich zurück in den einfachen Mann des Mittleren Westens verwandelt, obwohl er keine Stiefel mehr trug, sondern leichte Turnschuhe, darüber Shorts und ein T-Shirt mit der Aufschrift Hannibal's Delivery Service.

Der Morgen war strahlend, das Wetter immer noch sommerlich warm und Gil ein plötzlich erlöster Gott, mit einer einfachen, klaren Route im Kopf, in der Tasche Kompass und Krimskrams der Kindheit. Er brauchte weder den Ratschlag von Becky noch den Ratschlag von Foma, den von AnnAdams schon gar nicht, er kannte den Weg, die alte Straße von früher, er war sie Tausende Male gefahren, im Traum und im Schlaf. Alles war leicht wie mittlere Luft, die ganze Reise nichts als ein Katzensprung, ein paar letzte Meilen zwischen Chicago und Quincy. Der Streit um die Schlüsselgewalt war vergessen, denn Gils Anwesenheit machte uns friedlich und glücklich.

Die Glücklichste von allen war ich, weil ich seit Jahren

zum ersten Mal wieder verliebt war und weil ich zum ersten Mal auf der ganzen Reise endlich Radio hören durfte, nicht Radio John oder Radio Goethe, sondern das Bibelradio des Mittleren Westens, die alten Lieder des neuen Menschen von gestern, die mir AnnAdams, Foma und Jerry bis dato entschieden verboten hatten. Bis DJ Gil Gott Woody Guthrie auflegte: »Now the world holds seven wonders that the travelers always tell.«

Gil spielte den Song immer wieder von vorn und machte sich einen Spaß daraus, uns die sieben Wunder der Welt abzufragen, eine Mischung aus Quizradio und Sonntagsschule, ein Spiel, auf das sich nur AnnAdams einließ. Sie spielte begeistert Das kluge Kind und sagte wie aus der Pistole geschossen: Die Gärten, der Koloss, das Grab und der Leuchtturm, die Pyramiden, der Tempel und Zeus. Oder, in eine etwas gerechtere Sprache gebracht: der Mais, die Kuh, das Fließband, der Schlächter, das Kühlhaus und Gottes Datenbank.

Endlich hatte sie einen Partner gefunden, der ihr nicht nur enzyklopädisch das Wasser reichte, sondern auch politisch auf ihrer Seite stand, Mitte links außen, mit demselben Blick des enttäuschten Propheten auf eine vage Zukunft, die gegen alles, was kommt, zu verteidigen wäre, denn vor der Tür stand die Wahl. Sie verstanden sich blendend. Gil Gott und AnnAdams, denn sie hatten den gleichen Wiener Akzent und die gleiche Karriere. Sie erkannten sich an den alten Namen, an den Intrigen des akademischen Alltags, an den Neurosen ihrer Kollegen, sie schwelgten in Praxis und Theorie, sie riefen die neusten Schulen von gestern auf und die Erinnerung an die alten von morgen, an Auslandsgermanistentage, auf denen sie, über die Jahre hinweg, den immer selben Vortrag gehalten hatten und sich, im Gegenzug, endlose Vorträge hatten anhören müssen, ohne dabei wirklich vom Fleck zu kommen.

Doch sie gaben nicht auf, sie glaubten immer noch an Leistung durch Lob und an Lob durch Kritik, sie waren stolz, frustriert und unbeugsam zugleich, ohne Zweifel zwei der Besten der Besten, während draußen kulissenhaft eine Landschaft vorüberzog, die jedes Gespräch über Politik, Kunst und Bildung Lügen strafte. Denn sie bestand aus Flachland, aus nichts als Himmel und Horizont, aus einem Horizont der reinen Erwartung, Vorhof eines zweiten und dritten, hinter dem sich ein vierter und fünfter auftut, alle in Erwartung des nächsten Tornados, der nichts am richtigen Platz lassen würde, in Windeseile würde er Häuser, Menschen und Tiere an einen anderen, fremden Ort versetzen und sie zwingen, wieder von vorn anzufangen, ohne Route und Ziel, in einer Landschaft, für die es keine Begriffe mehr gibt.

Am besten, man fährt einfach weiter, links und rechts nichts als Mais und wiederum Mais, der sich irgendwann in Kino und Popcorn verwandelt, in dem das Denken und Schreiben allmählich verschwindet, weil die Landschaft aus nichts als sich selber besteht und mit nichts in Konkurrenz treten muss, weshalb es natürlich kein Wunder ist, dass sie alle Dichter und Denker seit jeher so maßlos erschöpft und selbst Tennisspieler und Golfer schachmatt setzt. Denn sie ist schlicht und ergreifend grenzenlos. Hoher Himmel, endlose Felder. Und Mais, der sich, noch bevor wir ihn wirklich gesehen haben, längst in Silos mit Tonnen von Futter verwandelt, für Kühe, die sich in Fleisch verwandeln, das sich wenig später wieder in Futter verwandelt, um die Dichter auf dem Weg nach Westen zu nähren. Ein Ernährungskreislauf zwischen Küste und Küste und von dort aus weiter zum Mond, der einem kalifornischen Tankwart gehört, der sich nicht mehr mit Horizonten befassen muss, weil er längst den offenen Weltraum erreicht hat.

Während Woody immer noch die Wunder der Welt besang, begann Professor Gil Gott langsam Goethe und Schiller zu vergessen. Doch je näher wir seiner Heimat kamen, desto schlechter wurde sein Deutsch, denn er war längst im Begriff, wieder der Junge aus dem Mittleren Westen zu werden. Und je länger ich ihm dabei zusah, umso schöner wurde er. Bei der Anfahrt auf den dritten Horizont legte er seinen Titel ab, bei Horizont vier waren die scharfen Falten in seinen Mundwinkeln verschwunden, bei Horizont fünf begann er zu singen, und als der sechste Horizont am Himmel erschien, hielt er unvermittelt am Straßenrand und stieg aus, denn er hatte begonnen, den Mississippi zu riechen. Die ganze Landschaft roch plötzlich nach Heimkehr und Fluss. Jetzt rufe ich meine Mutter an, sagte Gil, damit sie weiß, dass wir kommen. Und damit sie die Suppe warm stellen kann.

Wir hatten fast die goldene Mitte erreicht, unter Zeichnern den Goldenen Schnitt, jenes berühmt-berüchtigte Niemandsland, in dem sich die Wege von fünfzig Bundesstaaten schicksalhaft kreuzen, als ich kurz vor Horizont sieben plötzlich den Abzweig nach Springfield entdeckte und laut und begeistert Springfield rief. Denn diesmal war ich mir sicher, dass wir im richtigen Springfield waren, in der Stadt des berühmtesten Holzfällers aller Zeiten, Väterchen Lincoln, der mit einer einfachen Axt im Wappen in die allamerikanische Geschichte aufstieg.

An Durchfahrt war also gar nicht zu denken, weshalb Gil ein zweites Mal nach dem Telefon griff, um seinen alten Freund Phil anzurufen, Artist in the Car des Mittleren Westens. Seit Jahren strich er in schillernden Farben hauptamtlich schrottreife Autos an, die ihm niemand abkaufen wollte. Huck here, sagte Gil, woraus ich messerscharf schloss, dass Phil in diesem alten Spiel unter Freunden offenbar die Rolle von Tom übernahm. Zehn Minuten später tauchte er mit einem kleinen Pick-up-Truck auf dem Parkplatz vor dem Lincoln-Museum auf. Er hatte dieselbe gute Laune wie Gil, trug die gleichen fleckigen Anstreicherstiefel und kam in Begleitung eines alternden Hundes, der seine haarlose Kapitänsschnauze nach Westen und den haarlosen Schwanz, der dem Schwanz eines Schweins glich, heftig wedelnd nach Osten hielt.

Es war nicht der Herr, sondern sein kranker Hund, der sehr genau wusste, dass man uns im Museum von Springfield, Illinois, nur die Hälfte der Hälfte der Geschichte der nordamerikanischen Sklaverei erzählt, nur die bessere Hälfte der Geschichte von Lincoln, weil man in Springfield, genau wie im Rest der Welt, rund um die Uhr damit beschäftigt ist, touristisch verträgliche Schnittmengen zu bilden, den historisch vergoldeten Schnitt aus Tom, Huck und Jim, mit Tante Polly in einer Nebenrolle. Obenauf die Theorien von Professor Gott und Professor Adams.

Wir waren die letzten Gäste und eilten, weil Red Ruby und der Pick-up im Parkverbot standen, beflissen von Station zu Station, von einer Inszenierung zur nächsten, unter dem unerbittlichen Doppelreferat von GG und AA, die sich gegenseitig mit Daten und Fakten bewarfen, während ich mich in einem bebilderten Bürgerkrieg verlor, reduziert auf einen einzigen Schuss, mit dem der zweite Mörder von links, als Besucher des Hauptstadttheaters getarnt, den sechzehnten Präsidenten der Vereinigten Staaten im Schaukelstuhl seiner Loge erschoss, der heute in Sir Henrys Museum steht. Das Publikum tobte!, die einen aus schierer Begeisterung, die anderen vor gespielter Empörung. Nur ich lauschte fröstelnd hinein in den tiefen Raum des tiefgekühlten Museums, aber ich erhielt keine Antwort, nur das Summen der Klimaanlage.

Also lief ich weiter, von einer Guckkastenbühne zur nächsten, auf der Suche nach der Geschichte des großen Mannes, der in einer Blockhütte aufwuchs, als Flößer den Mississippi befuhr, gegen Black Hawk in den Indianerkrieg zog und sich schließlich, genau wie Gil Gott, auf das Studium der Geschichte des menschlichen Rechts warf. Den Rest der Geschichte der Demokratie lässt man sich besser von MsAnnAdams erzählen. Ich halte mich an die Bilder der Kinder, die irgendein Lehrer aus Springfield, Illinois, im Nebenfach bildende Kunst, offenbar dazu aufgefordert hatte, Lincoln von eigener Hand zu zeichnen. Ein kleiner fröhlicher Wettbewerb mit dem Ergebnis, dass der größte Präsident aller Zeiten, abwechselnd in Tusche, Blei- und Buntstift gefasst, jetzt hundertfach porträtiert an der Wand des Foyers des Museums hängt: Unverkennbar Abraham Lincoln, Stammvater einer Nation, die sich bis heute in einem Krieg befindet, dessen Ende nicht absehbar ist.

Ich sehe ihn vor mir, diesen freundlich verbindlichen Lehrer, vor einer Klasse fleißiger Kinder des Mittleren Westens, die alle von nichts anderem träumen als vom Ende der Sonntagsschule, um endlich selbst den Mississippi flussabwärts zu fahren oder, falls der Kapitän sie nicht mitnehmen will, mit Tom und Becky in der magischen Höhle zu verschwinden, in der die Luft immer knapper wird, bis endlich die letzte Kerze ausgeht und das wahre Abenteuer beginnt. Kann aber auch sein, dass ich inzwischen von gestern bin und dass sie von etwas ganz anderem träumen, zum Beispiel davon, die Präsidenten von morgen zu werden, genau wie Lincoln unter einem sehr hohen Hut.

Tatsächlich trug Vater Abraham auf jedem zweiten Porträt den legendären Ofenrohrhut, der ihn, jedem Zeichner zur Freude, bis heute so unverwechselbar macht. Sehr zum Leidwesen seiner Frau Mary Todd, weil der Hut ihn noch größer machte, als er ohnehin schon war, eine hohe, magere Gestalt, die unaufhörlich gen Himmel wächst und weithin sichtbar, zwischen Nordstaatenfriedhof und Südstaatenfriedhof, halb Vogelscheuche und halb Bestatter, aus der Menge der Bürgerkrieger herausragt, förmliche Einladung zu einem Attentat, das keines Meisterschützen bedarf, selbst ein Blinder trifft einen Ofenrohrhut.

Doch Mary hatte nicht an den Tod im Theater gedacht, sondern, wie jede besorgte Ehefrau, an den Tod auf dem freien Feld, an Abrahams täglichen Ritt zur Arbeit, von Silverspring, Maryland, wo noch heute ihr Sommerhaus steht, Richtung Weißes Haus, D. C., die berühmte Sechzehnte Straße hinunter, die in einer schnurgeraden Linie nicht nur die Stadt, sondern die Vereinigten Staaten insgesamt für immer von Norden nach Süden durchschneidet und sie, Nullmeridian und Mauer zugleich, bis heute deutlich in Osten und Westen trennt. Es ist noch gar nicht so lange her, dass man die Kinder auf beiden Seiten, hier die weißen und dort die schwarzen, warnte: Never go beyond 16th street! Wehe, wenn du mir über die Sechzehnte gehst! Denn die aus dem Westen haben nichts auf der Fünfzehn und die aus dem Osten nichts auf der Siebzehn verloren.

Wie gern wäre ich neben ihm geritten, um ihn in ein Gespräch zu verwickeln, über seine Vorliebe für hohe Hüte zum Beispiel oder über seine Kindheit im Wald. Wie man dort Holz fällt und Hütten baut, um wenig später entschieden den Wald zu verlassen, um durch kleine und größere Städte zu ziehen und dort genauso entschieden Reden zu halten, denn der Wahlkampf steht vor der Tür, und der Bedarf nach Legenden und Ofenrohrhüten ist groß. Und wie es sich anfühlt, wenn man eines Morgens erwacht und wirklich (tatsächlich) Präsident von Amerika ist, und wie man es schafft, der endlosen Schlange des Volkes gerecht zu werden, wie man all die Besucher empfängt, die unangemeldet nach Feierabend an die Tür eines Hauses in Silverspring klopfen und immer wieder dieselben Fragen stellen, wo sind die Lebenden, und wo sind die Toten? Eine Frage, auf die es nur eine Antwort gibt: In God we trust.

Aber ich kann nicht reiten, weshalb ich erst Jahre später die Sechzehnte Straße hinuntergewandert bin, um in Seelenruhe die Kirchen zu zählen, die einzige Straße Amerikas, in der es weder Geschäfte noch Restaurants gibt, dafür die höchste Kirchendichte der Welt. Ich habe sie wirklich (tatsächlich) gezählt, immer wieder von vorn, genau wie die Horizonte des Mittleren Westens, wobei ich mir, was das Ergebnis betrifft, bis heute nicht so ganz sicher bin, denn jedes Mal sind wieder neue dabei, als würden die Kirchen sich ständig vermehren, indem sie sich geheimnisvoll spalten.

Wie Pilze schießen sie aus dem Boden, frische Kirchen, Tempel und Synagogen, Methodisten, Unitarier und Episkopale, Adventisten, Universalisten und Buddhisten, Freimaurer und Lutheraner, Baptisten und Presbyterianer, Russisch- und Griechisch-Orthodoxe. Nur keine Moschee. Alles weist hier entschieden himmelwärts, ohne dabei auch nur eine Sekunde die irdische Kundschaft aus dem Blick zu verlieren, all die versprengten Bräute am Wegrand, denen jede zweite Tafel laut zuruft: If you want to live healthy you have to train your heart!

Um sich über seinen verlorenen Strohhut hinwegzutrösten, hatte Foma am Souvenirstand neben der Kasse eine billige Reproduktion von Lincolns Ofenrohrhut erworben, unter dem er sichtbar zu wachsen begann, während er versuchte, die baptistische Kindheit des Präsidenten mit der Geschichte seiner russisch-baptistischen Mutter in Einklang zu bringen und Königin Jerry, von der Sklavenpeitsche bis zur letzten Patrone, alles ins Bild holte, was ihre Objektive Tasche zu fassen bekam, wobei ihre besondere Aufmerksamkeit der Familie des Präsidenten galt, seiner Frau Mary Todd und ihren vier Kindern.

Mit der leichten Hand der Erfahrung platzierte sie uns zu beiden Seiten der wächsernen Gruppe. Das Bild zeigt Foma mit Ofenrohrhut und Gil in Turnschuh und Shorts, beide links neben Lincoln, AnnAdams mit Handtasche rechts neben Mary, dahinter mich, wie immer auf Zehenspitzen, und, vor den Kindern am Boden kniend, in der Rolle des lachenden Patenonkels, Phil alias Tom, der mit der Linken den Hund am Halsband festhält, der erfolglos versucht, aus dem Bild zu entkommen. Insgesamt ein gelungenes Bild, das eines nicht allzu fernen Tages, genau wie das Bild von Lizzy aus Detroit, in einem großen Museum der westlichen Welt einen sehr hohen Preis erzielen wird. Denn auch wir sehen aus wie in Wachs gegossen, kurzfristig selber historisch geworden, eine kleine Delegation verspäteter Trauzeugen aus dem fernen Europa, die wenig später, im Café an der Ecke, bei Kaffee und Bier in der Sonne saßen, um auf die Größe des Landes anzustoßen, auf die Präsidenten von gestern und auf die Axt des Präsidenten von morgen, denn der Wahlkampf stand vor der Tür.

Warum zum Teufel kann ich nicht zeichnen?! Denn könnte ich zeichnen, dann hielte ich, hier im Mittleren Westen, für immer fest, wofür in der Objektiven Tasche von Königin Jerry einfach kein Platz ist, weil die Kamera nun mal kein Zeichenstift ist, sondern Angriff und Axt. Könnte ich zeichnen, dann zeigte sich alles in einem anderen Licht, alles sähe anders und freundlicher aus, der Schwanz des Hundes, das Gesicht von Gil Gott, der Ofenrohrhut, der langsam wachsende Foma, Urvater Abraham, Mary Todd und ihre vier Kinder. Auch die Handtasche von AnnAdams sähe anders aus, genau wie die Migräne von Königin Jerry, die es, auf der besonnten Terrasse des Mittleren Westens, plötzlich dringend nach Schatten verlangte.

Das große Geheimnis von Schatten und Licht. Könnte ich zeichnen, ich könnte es lüften. Ich könnte das ganze scheußliche Lincoln-Museum mit ein bis zwei Strichen in die Botschaft der alten Meister verwandeln. Ich könnte die ganze Geschichte der Reise endlich mit sich selber zur Deckung bringen, uns mit den Schrecklichen Vier, den heiligen Abraham mit seiner Axt, die Axt mit dem Baum und den Baum mit dem Pferd, das das gespaltene Holz nach

Haus ziehen muss. Und die gespaltene Zunge der baptistischen Predigt mit der Heiligen Schrift, so wie die schwieligen Hände des Präsidenten mit einem Amt, das viel zu schwer für ihn ist.

Aber ich kann nicht zeichnen, weshalb ich auf immer dazu verdammt sein werde, die sichtbare Welt in kleinkarierte Worte zu fassen. Doch alle Menschen haben denselben Traum: nicht fotografiert, sondern heimlich gezeichnet zu werden, von einer anderen, höheren Hand, die sehr genau weiß, dass uns die Kamera niemals erfassen wird, weil sie die Zeitverschiebung nicht kennt, weil sie nicht weiß, dass es zwischen Abend und Morgen, zwischen Dinner und Lunch noch eine andere, dritte, schönere Zeit gibt, die den behaglichen Namen Teatime trägt, Rückzug um fünf, in der sich die Königsfamilie der Lincolns in eine andere Königsfamilie verwandelt, deren Mitglieder das ewige Leben haben, weil sie kein Gott, sondern ein Zeichner erfand.

Wie Schuppen fiel es mir von den Augen: Natürlich, die Simpsons! Wie hatte ich die Simpsons vergessen können, die allamerikanischste Familie von allen, die seit Generationen in Springfield ansässig ist. Es war allerdings schon halb sechs, und bekanntlich empfangen die Simpsons grundsätzlich niemals nach 5 p.m., denn die allamerikanische Familie ist unantastbar, und in Quincy stand die Suppe bereits auf dem Feuer. Doch eine innere Stimme sagte mir, unabweisbar und deutlich, dass ich förmlich dazu berufen sei, persönlich an die Tür der Simpsons zu klopfen, dass ich dem Ruf zu folgen hatte. Denn steht nicht schon bei Lukas 11,9–10 geschrieben: Wer da bittet, empfängt, und wer da suchet, der findet? Und wer da anklopft, dem wird auch aufgetan?

742 Evergreen Terrace. Ich klopfte, und die Tür tat sich auf. In der Tür stand, unter seiner maisblonden Krone, Bart Simpson persönlich und bat mich freundlich, beinahe bescheiden, in das klassische Wohnzimmer des Mittleren Westens. Meine Angst, unangemeldet beim häuslichen Dinner zu stören, erwies sich als unbegründet. Marge und Homer waren gar nicht da, Marge war, wie mir Bart mürrisch beschied, beim Friseur, Homer bei einer Sitzung, wobei das Wort Sitzung in seinem Mund einen doppeldeutigen Klang annahm. Im Nebenzimmer hörte ich jemanden Saxophon spielen, während Maggie unter dem Wohnzimmertisch Snowball auf ihren neuen Schnuller einschwor.

Die Szenerie wirkte familiär und entspannt, weshalb ich mir nicht ganz sicher war, bei den echten Simpsons gelandet zu sein. Vielleicht hatte sich Phil in the Car einen spätsommerlichen Scherz erlaubt. Denn wer sagt mir, dass es im Land der unbegrenzten Möglichkeiten, im Land der Kunst und ihrer Vervielfältigung, nicht nur Hunderte Springfields, sondern auch Hunderte Familien namens Simpson gibt, Simpsons die Menge, im Mittleren Westen erst recht, wo, wie jeder Besucher weiß, Marge und Homer, Maggie, Lisa und Bart, von Snowball und Santa gar nicht zu reden, am Fließband eines allamerikanischen Zeichners, der stündlich, ja sekündlich liefern muss, nachwachsen wie Mais.

Doch lassen wir die Zweifel beiseite. Fakt ist, dass ich kurz nach 6 p. m., zu spät für Tee und für Dinner zu früh, bei einem Glas Wasser auf einem geblümten Sofa unter dem riesigen Stammbaum der echten Simpsons saß, der sich hinter und über mir an der Wand bedrohlich verzweigte und nach unten hin enorm in die Breite ging.

Ich meinte ihn förmlich rauschen zu hören, voller Stolz über die Fülle seiner Zweige und Blätter. Plötzlich war ich wieder in Kanada, im Arbeitszimmer von Dan, Stabsgenealoge von Brantford, wo AnnAdams zwei vermutlich schlaflose Nächte unter einem ebenso riesigen Stammbaum verbracht hatte.

The fear starts here! Denn sie, die sich nichts mehr als Kinder wünschte, hatte niemals eigene Kinder gehabt, nur Studenten und Hunde. Ihr Stammbaum war, in einer einzigen Nacht, auf eine Cousine in Wien zusammengeschrumpft, in einer dunklen, schneereichen Weihnachtsnacht in New Hampshire, als sich ihr Mann, im Zweiten Weltkrieg mit knapper Not den Nibelungen entronnen, nach einer Henkersmahlzeit bei Wodka und Hering laut seufzend von der einen auf die andere Seite drehte und ein letztes Mal sein Herz in die Hand nahm, um sich für immer davonzumachen.

Zurück blieb die Witwe AnnAdams, ohne Mann, ohne Hund, mit einem riesigen Haus voller Bildung und Bücher, voller Filme und Musik, mit einem riesigen Garten, in dem am Weihnachtsmorgen zwei nordamerikanische Rehe die letzten Blätter vom Stammbaum fraßen, und mit einer Garage, in der zwei riesige Autos standen und wo, gemeinsam mit ihrer Angst, ein Stinktier sein Unwesen trieb, das sich auch mit einem doppelten Päckchen Double Red Road nicht ausräuchern ließ.

Doch im Gegensatz zu mir hatte AnnAdams schon lange vor dem Tod ihres Mannes gelernt, Schicksalsschläge in Schach zu halten, sie war eine Expertin statistischer Zähmung, eine Meisterin der Bannung der Welt durch die einfachen Fakten. Während ich mich nach wie vor vor

Stammbäumen fürchte. Familien bringen mich in Verlegenheit, jede Ordnung durch Abstammung und Herkunft bleibt mir fremd. Ich kann den Wald vor lauter Bäumen nicht sehen und beginne zu pfeifen, sobald jemand mich zwingt, durch fremde Familiengeschichten zu wandern, durch die Labyrinthe verschwindender Dynastien, die mir alle andauernd weismachen wollen, dass es wirklich einen Zusammenhang gibt, nur weil man ihn angeblich darstellen kann.

Im Nebenzimmer verstummte das Baritonsaxophon, und beflügelt betrat Lisa Simpson das Zimmer. Im Gegensatz zu Bart zeigte sie sich über meinen Besuch nicht im Geringsten überrascht und verwickelte mich sofort in ein lebhaftes Gespräch über Gott und die Welt, über Familien und Artenschutz, über Musik, Vegetarismus, Philosophie und Buddhismus, über die genealogische Doppelmoderne und über akute Weltzeitgeschichte.

Bereits nach fünf Minuten war klar, dass Lisa mit sämtlichen Wassern gewaschen war, ich war dem Ansturm der Themen nicht gewachsen. Doch ich genoss das Gespräch, denn hier, in Evergreen Terrace, bekamen die Fragen neues Gewicht, plötzlich wurden sie philosophisch. Lisa erkannte mein Elend sofort, sie hatte innerhalb von Sekunden erfasst, dass wir, auf dem geblümten Sofa unter dem Stammbaum der allamerikanischen Familie sitzend, beide dasselbe Schicksal teilten, nämlich zwei der Besten der Besten zu sein, beide hochmusikalisch, hochbegabt, also allein und verloren, auf nichts als reine Erkenntnis aus.

Weshalb es vermutlich kein Zufall ist, dass Lisa, genau wie ich und Mark Twain, eine geheime Leidenschaft für die Jungfrau von Orléans hegt, die eine Neigung zu Unternehmungen hat, bei denen Brüder und Väter bekanntlich nur stören. Sie war wie geschaffen für den großen historischen Auftritt, sie war die Jeanne d'Arc des Mittleren Westens, vorausgesetzt allerdings, sie ist dazu in der Lage, ihren lästigen Stammbaum zu vergessen, allen voran Grampa Abe, Alter unbekannt, wohnhaft im Ruhestandspalast, Springfield, Zimmer 18, der, wie ich kurz nach halb sieben erfuhr, im Zweiten Weltkrieg unter dem Decknamen Sergeant Hellfish seinen Kopf gegen ein Stahlknie eingetauscht hatte, um wenig später mit dem Führer persönlich zu Abend zu essen und dabei Klavier und Trompete zu spielen.

Als ich Ilf und Petrow in die Waagschale warf, zeigte sich Lisa begeistert: Zwar sei sie mit ihrem Werk nicht vertraut, doch läse sie eben, fünfzig Seiten pro Tag, abwechselnd Mein Kampf und Das Kapital und träume schon lange von einer Reise nach Russland. Der Gedanke begeisterte mich. Ich sah Lisa und mich bereits in der Transsibirischen Eisenbahn sitzen, in Gespräche über eine Wahrheit vertieft, die wir beide nicht kennen, während wir Löcher in die zugefrorenen Scheiben blasen, um einen Blick auf die Landschaft zu erhaschen.

Fakt allerdings ist, dass die Simpsons in Russland verboten sind, weshalb Lisa keine Chance auf ein Visum hat, denn sie macht sich allein dadurch verdächtig, dass sie mühelos fließend Russisch spricht und den Unterschied zwischen Prawda und Istina kennt. Ein entscheidender Unterschied, von dem leider nicht mehr die Rede sein konnte, denn jeden Moment käme Marge zurück vom Friseur, wo sie, wie jeden Freitag, ihre Leihperücke aus der Sammlung von Marie-Antoinette hatte aufbürsten lassen, während

Homer in einer Ortssitzung saß, auf der es, wie sie mir nebenbei verriet, um eine Unterstützung des örtlichen Tiervereins ging.

Unter dem Tisch wurden Maggie und Snowball unruhig, sie hatten Hunger. Denn Prawda steht für die Fakten, für den Zeit- und Distanzplan, für den Küchenzettel der Hausfrau, für die gerechte Exekution der Pläne des Menschen, während Istina für das reine Sein steht, das unter der Knute der Fakten verlorengeht, weshalb Lisas Schöpfer beschlossen hat, ihr das ewige Leben zu schenken und sie nicht älter als acht werden zu lassen.

TWISTER

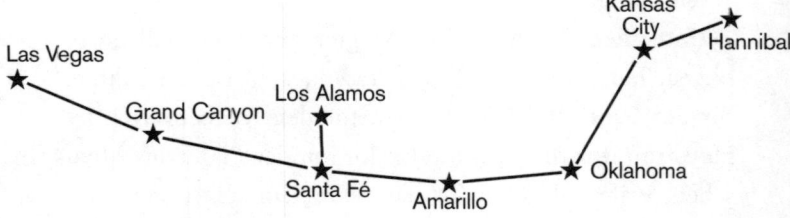

Als ich zurück zum Parkplatz lief, hing der Himmel schief, der Mais hatte begonnen, blasser zu werden, und der Fluss floss träger, weil er den Abfall des Tages mittragen musste, die verlorene Lust, das Geheimnis einer Höhle zu lüften, deren Eingang inzwischen vernagelt ist. Denn Becky Thatcher ist längst unter die Haube gekommen und Tante Polly sitzt inzwischen in Jacksonville ein, wo bekanntlich all jene landen, die man nicht mehr gebrauchen kann, weil sie nicht mehr so ganz richtig ticken, nichts als Sand im Getriebe.

Jacksonville. Das Asyl der Angst des Mittleren Westens, die Stadt der Blinden, Tauben und Stummen, die weder auf der Route von Solomon Trone noch auf dem Distanzplan von AnnAdams verzeichnet ist und über die Gil Gott in seinen jüngeren Jahren, als er noch Schriftsteller werden wollte, einen schlechten Roman mit dem Titel Kuckucksnest geschrieben hatte. Aber es war nicht er, sondern Ann-Adams, die kurz vor dem Abzweig laut hustend darauf bestand, genau hier am Straßenrand anzuhalten, um endlich die nächste Double Red Road zu rauchen. Sie rauchte drei und sah Gil dabei zu, wie er neben Red Ruby fünfzig Kniebeugen machte, während Jerry in einem glücklichen Halbschlaf lag und ich, in der halb geöffneten Tür, dem Wettbewerb der verlorenen Stimmen lauschte, die aus der Ferne zu uns herüberdrangen.

Sie waren lauter, als mir lieb war, auf der verzweifelten Suche nach Aufmerksamkeit alle damit beschäftigt, die Drehbücher ihrer Schicksale in eine aktuelle Fassung zu bringen. Genau wie Gil wollten sie alle nach Haus, nach Quincy, zurück ans Ufer der Kindheit, um dort wenigstens für einen einzigen Abend ihre Geschichten zum Besten zu geben. Doch außer mir hörte sie niemand. Jerry schlief jetzt ganz fest, Gil war mit seiner eigenen Kindheit beschäftigt, Foma war in ein Gespräch mit Becky vertieft, und AnnAdams hatte sich die Ohren mit Wachs verstopft. Einzig ich hörte die heulenden Wanderseelen, die in der Weite der Landschaft versuchten, mit den Durchreisenden Kontakt aufzunehmen.

Ich legte die Hand über die Augen und sah den Seelen von fern dabei zu, wie sie einen langen Zug zu bilden begannen, der zusehends länger und länger wurde, bis er schließlich alle sieben Horizonte auf einmal ausfüllte. Sie hielten sich eine an der anderen fest bei den Händen, eine Schicksalsgemeinschaft, in der jede einzelne amerikanische Seele wusste, dass dies ihre letzte und einzige Chance war. Denn wenn wir sie heute nicht mitnehmen würden, wer und wann dann? In den nächsten hundert Jahren käme niemand vorbei, um am Straßenrand seine letzte Double Red Road zu zertreten. Plötzlich wurde mir klar, dass ich im Shorecrest Motor Inn einen großen Fehler begangen hatte, als ich das Geschenk des baumlangen Russen ausschlug. Die schwarzweiße Katze, die er in seiner Schublade gefunden hatte, war kein Geschenk, sondern ein Angebot, nichts als ein einfaches Rettungsmittel. Hätte ich am Abzweig nach Jacksonville das Fell der Katze dabeigehabt, wäre mir nicht das Geringste passiert. Ich hätte die Katze in hohem Bogen in den Kreis der verdammten Stimmen geworfen, und sie wären auf immer verstummt.

Als hätte er meine Gedanken gelesen, sagte Foma plötzlich laut und fast feierlich: Es gibt keine Magie, es gibt nur uns und die reine Natur, es sei denn ein Kunstwerk, das die Brücke zwischen dem einen und dem anderen schlägt, die erste und letzte Prothese der Menschheit, Krücke und Schatten zugleich. Denn es ist nicht der Inhalt, sondern einzig die Form, die die Erinnerung sichtbar macht.

Allerdings sprach er gar nicht zu mir, sondern längst wieder zu Becky, die auf seinem Knie liegend leise flackernd das Gesprochene aufnahm, um es in Bild und Schrift zu verwandeln und wenig später durch den Äther über den Ozean zurück nach Berlin Mitte zu schicken, wo irgendein Galerist vermutlich gerade damit beschäftigt war, Fomas nächste Ausstellung zu kuratieren, während AnnAdams demonstrativ den Distanzplan aus ihrer Tasche zog und Gil wieder das Bibelradio einschaltete, in dem auf den letzten zehn Meilen vor Quincy eine tiefe Stimme den alten Vers rezitierte, den allamerikanische Kinder bis heute in ihre Schulhefte schreiben: »Soundso bin ich genannt, Amerika ist mein Vaterland, in Soundso bin ich geboren, dem Himmel bin ich auserkoren.«

Danach folgte das erste Kapitel aus Heaven is my destination, in dem ein Vertreter für Mathematikschulbücher namens George Marvin Brush, im Nebenamt Missionar, hartnäckig versucht, die verlorenen Seelen zwischen Oklahoma und Texas zu retten. Doch bevor ich erfuhr, wie die Sache ausgeht, drehte Gil das Radio wieder ab, um uns mit einem einfachen Rätsel zurück auf die Wirklichkeit einzuschwören. Was ist das: Somebody in the middle of nowhere and nobody in the middle of somewhere? Foma, der Russe, begriff die sibirische Frage sofort und war um die Antwort keine Sekunde verlegen: Im Nichts ein Alles und im Alles ein Nichts.

In Quincy waren wir alles. Denn wir hatten uns längst in ein russisches Märchen verwandelt, in dem irgendwo in der Ferne doch noch ein Licht brennt, unter dem sich der Tisch wie von selber deckt. Schreiben Sie das in Ihr kleines Notizbuch der begleitenden Hausfrau, liebe Frau Eckermann: dass der Tisch sich förmlich bog, kein Wanderer wurde jemals so fürstlich empfangen. Unter der Suppe brannten fünf Heimkehrerflammen, die größte für den verlorenen Sohn, die etwas kleineren für uns, die Schrecklichen Vier. Messer, Gabel und Löffel glänzten, die Gläser waren Kelche aus maisgelbem Gold, und die Servietten sahen aus wie schlafende Vögel, die bei der geringsten Berührung himmelwärts flattern.

Den Vorsitz bei Tisch führte die Hausfrau persönlich, Mary Gott, flankiert von Vater und Sohn, Gil ihr zur Rechten, Joe ihr zur Linken, der berühmteste Baseballspieler zwischen Quincy und Hannibal, ein großer, schwerer und milder Mann, der an Wochenenden mit seinem Sohn auf Entenjagd ging, aber nie eine Ente erschossen hatte. Während wir hinter der dampfenden Suppe verschwanden, führte er uns in die Geschichte von Mickey Mantle ein, gecoacht von MacMaster, im Volksmund The Commerce Comet genannt: Bälle mit einer Reichweite, von der man in Europa nur träumt, weil sie ausnahmslos alle gen Himmel fliegen und von dort aus weiter zum Mond.

Es war die Nacht der großen Legenden, in der buchstäblich kein Stein auf dem anderen blieb, weil sich alle furchtlos der großen Erzählung hingaben, der Erfindung der Welt aus dem Wunsch der Erinnerung an ein anderes Leben. Tiere und Maschinen begannen plötzlich zu sprechen, selbst die Wanderseelen von Jacksonville kamen in dieser Nacht zu ihrem Recht. Es herrschte die allamerikanische Gastfreundschaft, denn Joe und Mary waren weit über achtzig und hatten keine Rechnung mehr offen.

Kein Wunder, dass sie Foma und Jerry für das hielten, was sie selbst immer noch waren, für ein glückliches Paar, Jerry für nicht älter als achtzehn und Foma für nicht älter als zwanzig. Am liebsten hätten sie die beiden noch am selben Abend unter die Haube des Mittleren Westens gebracht, obwohl sie, wie mir Mary wenig später in der Küche gestand, mit ihrer Kunst wenig anfangen konnten. Denn die Gastgeberin hatte, zwischen zwei Gängen, bereits die Gastgeschenke studiert: den Katalog Prothesen von Foma und Jerrys Studien über Bräute am Wegrand. Beides ließ sie ratlos zurück, obwohl Gil ihr seit Jahren zu erklären versuchte, dass Kunst am Ende immer nur das sei, was man weder wirklich noch tatsächlich verstehen könne.

Kurz vor Mitternacht sah ich Mary aus dem rechten Winkel der Eckbank des Mittleren Westens in ihrer elektrischen Küche dabei zu, wie sie zum zweiten Mal frischen Kaffee aufgoss. Ich saß unter dem Bild eines unbekannten Pioniers aus dem vorletzten Jahrhundert, vermutlich genau dort, wo Gil vor vielen Jahren das immer gleiche Frühstück verzehrt hatte, jeden Morgen zwei Eier, sunnyside up, während der Pionier seinen Karren unbeugsam Richtung Westen zog, ein Auftrag, der so überwältigend groß ist, dass man den Namen des Künstlers nicht kennen muss, um seine Botschaft zu begreifen. Bereits auf den ersten Blick war klar, dass der Künstler selbst jener Pionier war, der sich auf seiner Wanderung zwischen den Welten eindeutig für Prawda und gegen Istina entschieden hatte, für das gerechte gegen das reine Sein, für die Suppe und gegen den Topf.

Genau wie Ilf und Petrow, mit denen Mary auf Kriegsfuß stand. Gil hatte ihr das Buch zum Geburtstag geschenkt, und sie hatte es tatsächlich gelesen, Seite für Seite und bis zum Schluss laut, abends im Bett neben Joe, der währenddessen die Baseballstatistik studierte. Doch sie las nicht für ihn, sondern einzig für Gil, denn Mary und Joe waren mit den Russen längst fertig. Kommunismus, Spione, Profiteure, wie mir Mary beschied, als sie frische Milch in die Kanne goss und kaltes Bier aus dem Kühlschrank holte.

Aber man muss auf dem Laufenden bleiben, sagte Mary, denn jede Nacht könnte unsere letzte sein, da will man kein falsches Bild hinterlassen. Dabei machten Mary und Joe nicht den Eindruck, als würden sie an den Weltuntergang glauben. Mary glaubte an den Sieg der elektrischen Küche, Joe an Baseball, Karten und Golf, und beide waren davon überzeugt, dass morgen wieder die Sonne aufgeht, worauf wir kurz nach Mitternacht sogar einen Wodka hoben, den Joe aus irgendeinem Geheimfach holte, während Mary einen riesigen Kuchen aufschnitt und AnnAdams zu einer prophetischen Rede ansetzte.

Denn vor der Tür stand die Wahl. Weshalb sich Ann-Adams zusammen mit Tocqueville einmal mehr auf die Dummheit der Massen berief und beschwingt rezitierte: »Es ist wirklich schwer einzusehen, wie Menschen, die der Gewohnheit, sich selbst zu regieren, vollständig entsagt haben, imstande sein könnten, diejenigen auszuwählen, die sie regieren sollen.« Doch Foma lag längst auf dem russischen Ofen und träumte von Königin Jerry, die sich unter den Augen von Joe in die Herrscherin über das Maisland zu verwandeln begann, weshalb niemand den Sinn von AnnAdams' Rede erfasste, vermutlich nicht einmal sie selbst. Einzig Gil versuchte noch mitzuhalten. Jeder Präsident, sagte Gil, ist nichts als ein Humbug, eine Karikatur: der letzte Wizard of Oz.

Ich erinnere mich noch sehr deutlich daran, wie an genau dieser Stelle die verlorenen Seelen von Jacksonville plötzlich leise, fast gehässig zu lachen begannen, als hätten sie die Wahl schon gewonnen. Nicht weil sie sich in der Vorderhand wähnten, sondern weil sie sich in der Rückhand wussten, mit der sie alles zurückspielen würden, was ihnen in den letzten acht Jahren widerfahren war. Die Zeit war gekommen, die Ernte von gestern einzufahren und den müden Pharao auf der Tankstelle neben dem Ford Museum erfolgreich aus dem Rennen zu schlagen.

Nach Mitternacht begann die Verteilung der Zimmer. Und obwohl Königin Jerry noch immer so tat, als hätte sie mit Prinz Foma nicht das Geringste zu tun, leistete sie keinen Widerstand, als Mary ihnen das Zimmer im Keller antrug, ruhig, sehr still, sagte Mary, nichts zu hören, wie geschaffen, um unter die Haube zu kommen. AnnAdams belegte das Zimmer hinter der Küche, mit offenem Ausgang für eine letzte Double Red Road, Blick auf den Hof und Red Ruby, die in der Garage neben einem alten Ford Traktor ihren Platz für die Nacht fand.

Ich war die Letzte unter den Hochzeitsgästen und bekam den Ausguck im Dachgeschoss, so weit wie möglich entfernt von meiner Erinnerung an Gil Gott. Doch sobald ich im Bett lag, war ich wieder hellwach und starrte auf eine Landschaft, in der Mickey Mantle seine Bälle gen Himmel schlug und von dort aus weiter zum Mond, ins Alles und Nichts. Also öffnete ich meinen Zauberkasten und versuchte, Doktor Link zu erreichen. Doch in dieser phantastischen Hochzeitsnacht war der gesamte Mittlere Westen offline.

Zwei Stunden später weckten mich die Sirenen von Jacksonville, in der Verkleidung einer harmlosen Hose aus Wind, der es offenbar gelungen war, selbst die Sturmjäger von Quincy zum Narren zu halten. Sie schlich sich raunend und rauschend in meinen Schlaf, als leiser Schwindel getarnt, der mein Bett unter dem Dach unmerklich zum Schwingen und Schwanken brachte, halb Ahnung, halb Traum, in dem ich eben noch im Begriff war, mit Gil einen Ausflug an den Pazifik zu unternehmen, um Steine zu sammeln und danach eine Tasse Clam Chowder zu essen.

Doch ich brauchte nicht mehr als eine Minute, um zu begreifen, dass ich nicht an der Westküste war, sondern immer noch im Mittleren Westen, und dass der Alarm keine Einbildung, sondern ein ernsthafter Aufruf war, jetzt und sofort vom Dachgeschoss in den Keller zu fliehen, um unter der Erde das Ende des Aufruhrs abzuwarten. Im Halbschlaf versuchte ich aufzustehen und suchte im Dunkeln nach meinen Kleidern und Licht, während von unten die Stimme von Gil heraufdrang, der laut und heftig gegen die Tür schlug und schrie: It's a twister!

The fear starts here! Ich tastete mich an der Wand entlang, wobei ich die falsche Richtung einschlug und gegen meinen geöffneten Koffer stieß, der wie ein schlafendes Tier unter dem kleinen Fenster im Dachgeschoss lag. Entschlossen riss ich den Vorhang auf und begrüßte, wie gebannt, die Erscheinung des Twisters, der sich langsam, aber unaufhaltsam auf das Haus und die Scheune zubewegte. Ich erkannte ihn auf den ersten Blick, ein gen Himmel aufgeblasenes Ungeheuer mit einem sehr langen Schwanz, das, während ich ihm aus meinem Ausguck beim Wachsen zusah, einfach weiter und weiter wuchs und dabei immer neue Formen annahm, sich dabei unaufhaltsam vorwärts bewegte und auf seinem Weg über den Hof in seinem natürlichen Hunger alles mitnahm, was es zu fassen bekam.

Zäune, Autos und Erntegerät, Tiere und Menschen, Enten, Ferkel, Schweine und Kühe, alles flog plötzlich halt- und schwerelos durch die Luft, aus jedem Zusammenhang losgerissen, als ritte ein Heer von Hexen auf den heißen Besen des Fortschritts durch die Luft einer frisch entbundenen Welt. Ein so atemberaubender wie entsetzlicher Anblick, Ende und Anfang zugleich, kein Stein, der auf dem anderen blieb, während ich, auf magische Weise, keinen Zentimeter vom Fleck kam. Ich klebte auf der Fensterbank fest, gefangen in einer erbärmlichen Luke, dazu verurteilt, den Untergang des Hauses Gott zu erleben.

Denn die Stimmen dachten nicht daran, zu verstummen, genauso wenig wie das lästige Hämmern gegen die Tür: It's a twister, a real twister, schrie Gil, während ich von oben aus der Luke MsAnnAdams dabei zusah, wie sie, mitten im Auge des Sturms, in die Garage lief und sich selbst jetzt, im Augenblick höchster Not, eine letzte Double Red Road anzündete, während sie in Gedanken vermutlich mit nichts anderem beschäftigt war, als Red Ruby aus den Fängen des Twisters zu retten. Doch noch bevor sie das Tor der Garage erreichte, hatte das Ungeheuer sie erreicht und zwang sie hinab in die Knie, weshalb sie sich flach auf den Boden warf und vergeblich versuchte, sich an ihrer Handtasche festzuhalten, um schließlich, von einer dunklen Wolke verhüllt, aus meinem Blick zu verschwinden.

Die harmlose Hose erfasste alles, nicht nur AnnAdams und ihre Tasche, sondern auch die Garage, und mit der Garage das ganze Haus samt Küche, Eckbank und Bild, aus dem der Pionier, der beharrlich weiter nach Westen wollte, urplötzlich wie ausradiert war. Wahrscheinlich saß er längst unten im Keller zwischen Joe und Mary und Foma und Jerry, deren fröhliche Hochzeitsreise kurzfristig zum Stillstand gekommen war, während ich tat, was man keinesfalls tun soll, wenn man ins Auge des Sturms gerät. Ich stieg nicht nach unten, sondern weiter nach oben, durch die Luke hinauf bis aufs Dach, um den Twister persönlich kennenzulernen und ihn einzuladen, mich mitzunehmen, bis ans andere Ende der Welt, an die goldene Küste und von dort aus weiter zum Mond.

Ich schäme mich nicht, es offen zu sagen, denn es ist nichts als die Wahrheit, wenn ich es sage: In dieser Nacht fühlte ich mich zum ersten Mal frei. Frei von Ilf und Petrow, frei von den Trones, frei von Foma und Jerry und MsAnnAdams. Befreit von meiner Liebe zu Gil und endlich frei für alles, was kommt. In dieser Nacht wurden Twister und ich auf geheimnisvolle Weise ein Paar. Anstatt einfach umzukehren und vom Dach zurück auf die Fensterbank und von der Fensterbank in den Keller zu fliehen, sprang ich entschlossen vom Dach hinaus in die Nacht, um mich an den Gürtel der fliegenden Hose zu hängen.

Denn legt man erst einmal die Ketten ab, fliegt man ganz wie von selbst einfach weiter, was im Traum so leicht ist, wie durch Meere zu schwimmen, auch die Jahreszeit spielt keine Rolle mehr. Und von oben herab, im Auge des Sturms, sieht die Landschaft der Welt wie ein Spielzeugland aus, alles federleicht winzig und höchst beweglich, den Launen eines Spielmeisters anvertraut, der wie ein Schöpfer im Halbschlaf die Karten neu mischt, weil ihm die alte Ordnung plötzlich missfällt. Was bis eben noch feststand, reißt sich jetzt los und wird kurzfristig frei, um nach besseren Plätzen Ausschau zu halten und sich kurz darauf wieder neu zu binden. Denn in der Luft liegt die große Verheißung des neuen Menschen, ein Wunsch nach Umverteilung und Neubesetzung, der nicht nur Berge versetzt, sondern Berge in Täler und Schluchten verwandelt und die Flüsse in riesige Wasserspeicher zum höheren Zweck der Elektrifizierung.

Unter mir flog der Grand Canyon vorbei, nicht größer als eine Kaffeetasse, gleich dahinter erschien die Hoover-Talsperre, vor achtzig Jahren der größte Staudamm der Welt, der selbst die Russen kurzfristig zum Verstummen brachte. Von oben nicht mehr als ein Streichholzmodell. Der Rest war Natur von gestern, versteinerte Wälder, gefärbte Wüsten, letzte Bären und Büffel, die verzweifelt nach einem Unterschlupf suchten im Land derer, die wir Indianer nennen. Aber kein Bild, kein Laut, keine Zeichnung, nichts, was von unten nach oben drang, ich war viel zu weit weg, um Anteil zu nehmen, denn der Humbug tat nichts, um mir die Landschaft näher zu bringen, sondern war einzig und allein damit beschäftigt, immer neue Reichweiten zu erzielen und mich immer weiter von ihr zu entfernen. Er trug mich bereits über das Tal der Toten bis nach Las Vegas, um mir das riesige Meer der Lichter zu zeigen und den zweiten Eiffelturm von Paris.

Zum Teufel mit dem Distanzplan von MsAnnAdams, die, während ich schon fast an der Goldenen Küste bin, immer noch im Keller des Mittleren Westens sitzt und sich von ihrer Sorge für Red Ruby ernährt. Endlich bin ich frei und allein. Niemals habe ich mich so sicher gefühlt wie am Gürtel der Hose im Auge des Sturms, weshalb ich leise zu singen begann: Nimm mich mit, little twister, bring mich endlich nach Russian America und zeig mir den Regenbogen am Ende der Welt, an dessen Fuß jener sagenumwobene Schatz liegt, den außer mir niemand heben kann.

Am nächsten Morgen stellte ich fest, dass ich vom Sturm in die Traufe gekommen war. Zwar hatte der Twister den Himmel gereinigt und mich von AnnAdams, Foma und Jerry befreit, doch hatte er noch in derselben Nacht offenbar seine Lust verloren, mich tatsächlich weiterzutragen. Er hatte mich einfach fallen lassen, wie eine lästige Zufallsbekanntschaft, ich war nicht an der Goldenen Küste, sondern nicht mehr als fünfundzwanzig Meilen von Quincy entfernt auf der Grenze zwischen Illinois und Missouri gelandet, in Hannibal, am Zaun von Tom Sawyer.

Und in der vierten Schlange des Volkes, die bereits in den Morgenstunden so lang war, dass man von hinten weder den Zaun noch die glücklichen Frühaufsteher sah, die ihre Pinsel tief in die Farbe tauchten, um ihn endlich selbst anzustreichen. Doch ich gab nicht auf, sondern rückte beharrlich weiter nach vorn, bis an die Kasse, hinter der Tante Polly persönlich saß und Tickets, Bibeln und frische Pinsel verkaufte. Obwohl ich auf nichts als ein Frühstück aus war, kaufte ich Ticket, Bibel und Pinsel und reihte mich zum zweiten Mal ein. Um mir die Wartezeit zu verkürzen, begann ich in der Bibel zu blättern und stieß auf den Brief an die Epheser: »Denn er ist unser Friede, der aus beiden eines gemacht hat und abgebrochen den Zaun, der dazwischen war.«

Doch im Mittleren Westen hat sich das Wort nicht erfüllt, der Zaun ist immer noch da, von oben bis unten deutlich beschriftet. Ich stand sprachlos vor einer Galerie aus Namen und Grüßen: Becky aus Deutschland grüßt Tom in New York, Tom aus New York grüßt Becky in Holland, Becky aus Holland grüßt Tom in Berlin, Tom aus Berlin grüßt Becky in Sydney, Becky aus Sydney grüßt Tom in Schanghai, Tom aus Schanghai grüßt Becky in Frisco, Becky aus Frisco grüßt Tom in Moskau, Tom aus Moskau grüßt Becky in Brantford, obwohl Becky niemals in Brantford war, weshalb Becky Tom in Odessa grüßt, wo Ilf und Petrow geboren sind und wohin Foma nie wollte, weil er alles, nur kein Russe sein will und reist, um den Rest der Welt zu vergessen. Also grüßt Foma aus Kiew Jerry aus Halle, die längst in Berlin lebt, und lässt AnnAdams in

Boston wissen, dass er längst auf dem Weg nach L. A. ist, weil in Hannibal nichts zu holen ist.

Was der Zaun widerlegt. Er sah wie eine riesige Postkarte aus, eine endlose Liebeserklärung an Becky und Tom, die die ganze Welt unterschrieben hatte, in der Hoffnung, dass die Botschaft noch rechtzeitig ankommt, bevor die Farbe im Eimer zur Neige geht und die beiden in einer Höhle verschwinden, in der gerade die letzte Kerze verlischt. Während ich der Schlange dabei über die Schulter sah, wie sie versuchte, sich in die Ewigkeit einzuschreiben, spürte ich deutlich, wie sehr ich AnnAdams, Foma und Jerry vermisste, von meinem Platz im Tocquevilleerker gar nicht zu reden. Ein leise stechender Schmerz unweit des Herzens, der mir verriet, dass ich mich hier, am Zaun von Tom Sawyer, der angeblich das Paradies umzäunt, in Wahrheit jenseits des Paradieses befand. Ich hatte mich in eine einsame Braut am Wegrand verwandelt, die Jerrys Kamera niemals einfangen wird.

So stehe ich da, vom Winde verweht in der offenen Landschaft. Niemand da, um mich festzuhalten, weder mich noch den Pinsel, noch die flüchtigen Bilder der Reise, die der Twister in einer einzigen Nacht unwiderruflich weggeweht hat. Vermutlich bin ich selbst dieser Twister, das alte Kinderspiel der Verrenkung und der Verwirrung, eine stürmische Bewegung nach vorn, die ihre Bewegung mit einem Ziel verwechselt, das sich niemals erreichen lässt. Doch kurz bevor ich meinen gemieteten Pinsel in den Rest einer Farbe tauchte, von der ich längst nicht mehr weiß, ob sie weiß oder schwarz oder einfach bloß grau war, hörte ich hinter mir eine Stimme, die so leise wie höflich fragte: Darf ich Sie zeichnen?

Ich drehte mich um und sah in das Gesicht eines Mannes ohne Alter und Farbe, ein scharfer Strich auf der Kreuzung zwischen Osten und Westen. Ich begriff den Antrag sofort und zögerte keine Sekunde, trat beherzt aus der Schlange, brachte mein müdes Gesicht in Stellung und sagte leise: Nur zu! Worauf er mir lachend den Pinsel aus der schweißnassen Hand nahm und mich vom Zaun zurück auf die Hauptstraße zog.

Hier seht ihr den Zeichner und mich, von dem ich bis heute nicht weiß, ob er weiß oder schwarz oder gelb oder rot ist, denn Jerrys Bilder können von ihm kein Zeugnis ablegen, weil uns niemand gesehen hat, wie wir die staubige Hauptstraße von Hannibal hinuntergehen, vorbei am Haus von Mark Twain, das sich längst in ein kleines Museum verwandelt hat, in dem die Zwillingsschwester von Tante Polly neben Figuren von Tom und Huck Finn Postkarten und Erstausgaben verkauft, vorbei am Haus Richter Thatchers, der seine Hände nach wie vor jeden Morgen in Unschuld wäscht, und vorbei an der Sonntagsschule von gestern, bis wir endlich das Ende der Straße erreichen, wo das berühmte Denkmal von Tom und Huck Finn steht, das sie mit Reisesack und Wanderstab zeigt.

Obwohl ich es zum ersten Mal sah, erkannte ich es auf den ersten Blick wieder, eines der dreitausend Bilder, die Ilf vor achtzig Jahren mit seiner Leica gemacht hatte, Beweis für die allsowjetischen Kinder, dass es Tom und Huck Finn wirklich gibt. Sie hatten sich kein bisschen verändert, sie waren weder gewachsen noch gealtert, sie trugen dieselben Hosen und Hüte, dieselben Schuhe wie damals, dieselben westwärts gewandten Kindergesichter über Halstüchern, die ihnen den Anschein verliehen, zwei Handwerksburschen auf Walz zu sein, die an nichts als Freiheit und Abenteuer glauben.

Doch in Wahrheit hatten sie keine einzige Meile gemacht, sie waren kein bisschen vorangekommen, sie waren einfach immer noch da. Auf einem Sockel von gestern verkörperten sie nichts als den reinen Aufbruch, die ewige Jugend, ernsthaft und standhaft wie Lisa Simpson, die Jeanne d'Arc des Mittleren Westens. Nichts hatte sie belehrt und bekehrt, weder der Twister noch Tante Polly, noch George Marvin Brush, auch nicht der Brief an die Epheser. Sie träumten im ewigen Stillstand von einem anderen Leben jenseits des Zauns, von einer ewigen Floßfahrt den Mississippi hinunter, bis nach New Orleans, wo sie, einmal gelandet, jedem Twister und Hochwasser trotzen und in einen schwunghaften Handel mit den Fellen toter Katzen eintreten würden.

Der kleine Parkplatz hinter dem Denkmal war bis auf den letzten Platz besetzt. Der Zeichner schlug mit dem rechten Arm einen einladenden Bogen und sagte: Suchen Sie sich eins davon aus. Weil mein Herz immer noch an Red Ruby hing, entschied ich mich für einen alten hellblauen Ford Pick-up, der mich an Phil in the Car erinnerte. Der Zeichner brauchte keine Minute, um die Tür mit seinem Bleistift zu öffnen. Zehn Minuten später hatten wir vor dem Eingang der magischen Höhle die fünfte Schlange des Volkes erreicht: Mark Twain Cave. Open all year! Bevor wir hinab in die Tiefe stiegen, erstand ich an der Kasse ein taufrisches Katzenfell, zwei Kerzen, ein Feuerzeug und eine Flasche Wasser.

Dann stiegen wir ab, immer weiter nach unten, bis die

Stimmen der geführten Schlange hinter uns allmählich verstummten, weil ich beschlossen hatte, vom rechten Weg abzugehen, um zum ersten Mal wirklich gezeichnet zu werden, um endlich zu werden, was ich tatsächlich bin. Ich saß Bein auf Bein auf einem feuchten Stein unter dem Mittelpunkt der wirklichen Welt und lauschte dem Geräusch von Stift auf Papier, wobei ich jedes Gefühl für die Zeit verlor, weil ich mich einem Augenblick hingab, von dem ich wusste, dass er nicht wiederkommt.

Ich saß einfach da und sah dem Zeichner beim Zeichnen zu, wie er mich Strich für Strich auf eine immer klarere Linie brachte, die mit jedem Strich immer deutlicher wurde, obwohl die Kerze lauter unklare Schatten warf. Doch die Schatten störten mich nicht, ich lauschte dem Bleistift und hörte genau, wie im magischen Zwischenraum zwischen Schatten und Licht unter der Hand des Zeichners mein wahres Gesicht entstand. Ich hörte, wie er die Augen malte und über den Augen die Brauen, wie er unter die Augen die Nase setzte und unter die Nase den geschwätzigen Mund, den er so kunstvoll zum Schweigen brachte, dass selbst das wandernde Kinn, das in seinem ewigen Wunsch nach Selbstbehauptung immer wieder nach oben strebte, auf unerwartete Weise zur Ruhe kam.

Unter dem unterirdischen Strich des Zeichners sah der Distanzplan plötzlich vollkommen anders aus. Alles sieht plötzlich anders aus, meine Augen, meine Nase, mein Mund, meine Brauen, vom Rest meines Körpers gar nicht zu reden, der sich seit Stunden in einer Höhle befindet, in der er sich endlich ausruhen darf. Unter der Hand des Zeichners verwandelt sich meine rastlose Reise in eine Geschichte des Stillstands und Glücks, von der offiziell niemals die Rede sein wird, weil sich das Glück nicht aufzeichnen lässt. Denn während er zeichnet, wird die Luft immer dünner, und noch bevor mein Gesicht wirklich zum Vorschein kommt, hat sich die erste Kerze zusammen mit meinem Wunsch nach Bedeutung verzehrt.

Erst kurz bevor sie bis auf den Stumpf heruntergebrannt war, fasste ich Mut, den Zeichner nach Namen und Stammbaum zu fragen: Brueghel, der Jüngste, sagte der Zeichner, wobei in seiner Stimme ein gewisser Stolz mitschwang, denn er war nicht jünger, sondern eindeutig älter als alles, was ihm jemals begegnet war. Schreiben Sie das in Ihre Notizbücher, Gentlemen! Dass ich achtzig Jahre nach Ihrer Reise doch noch auf einen getroffen bin, der von Anfang an mit dabei war, Geschöpf und Schöpfer, Opfer und Täter, Indianer und Cowboy, Händler und Sklave, Missionar und Bekehrter, Amerikaner und Russe, Eroberter und Eroberer in einer Person. Auf den ersten Zeichner der ersten Schiffe aus Übersee, den ersten Zeichner der ersten Karten, den Erfinder des ersten Distanzplans der Welt, den Zeichner des Schatzes der Goldenen Küste, den außer ihm niemand heben kann, weil er, last but not least, auch noch ein guter Geschäftsmann ist, ein Entrepreneur von Gottes Gnaden, der nicht nur weiß, wie man den Teufel aufs Kissen bindet und sein letztes Hemd, kurz bevor die letzte Kerze erlischt, ein letztes Mal in den Wind hängt, sondern auch, dass man das Kind nicht mit dem Bade ausschüttet, sondern dass man den Schatz mit etwas Geschick jederzeit auf den Strich bringen kann.

Denn Brueghel der Jüngste wusste genau, dass der Schatz, unter der Erde als Geheimnis verkleidet, wesentlich bessere Zinsen trägt, Zinsen, die er über der Erde und bei

193

Licht besehen niemals abwerfen würde, weil der Schatz, wie jeder Schatzhüter weiß, empfindlich auf Tageslicht reagiert. Wird er einmal gehoben, beginnt er ganz natürlich zu schrumpfen und zu verderben, denn steht nicht schon bei Matthäus 6,19 geschrieben: »Ihr sollt euch nicht Schätze sammeln auf Erden, da sie die Motten und der Rost fressen und da die Diebe nachgraben und stehlen.«

Um das glaubhaft und sichtbar zu machen, zündete Brueghel der Jüngste mit meinem Feuerzeug die zweite Kerze an, zog ein Dossier aus der Tasche und ließ die Schatzhüter der Verfassung der Demokratie in einem Schattenspiel an mir vorüberziehen, vom ersten Präsidenten bis zum vorläufig letzten. Denn er hatte sie alle mit links und von eigener Hand gezeichnet. Auf den ersten Blick glichen sie einer dem anderen wie das Ei einem Ei und ein Apfel dem Apfel, wie ein Staffelläufer dem nächsten. Sie saßen hinter Vatermördern, hohen Kragen und lachhaften Fliegen, die meisten allerdings hinter Krawatten, die Bärtigen mit gestutzten Bärten, um ihre Herkunft aus dem Hinterwald zu kaschieren, der Rest frisch rasiert, als hätte Jerry sie schon damals auf Linie gebracht, lauter allamerikanische Freimaurerpäpste, allesamt damit beschäftigt, endlich Präsidenten zu werden.

Selbst im vagen Licht der flackernden Kerze sah ich genau, dass Brueghel der Jüngste ein Auge für den feinen Unterschied hatte. Sein Bick erfasste weit mehr als Frisuren, Krawatten und Vatermörder, er erfasste die ganze Person und Gestalt samt ihrer flüchtigen Seele, ihrer Mischung aus Angst und Selbstbehauptung, ihrer Angst vor Verantwortung und Niederlage, ihrem menschlichen Wunsch nach Überrumpelung. Doch egal ob rund oder schmal, dick oder dünn, egal, wie festlich und pompös sie sich gaben, alle wussten genau, dass sie der Aufgabe nicht gewachsen waren. Genauso wenig wie ihrem Zeichner, der ihnen rund um die Uhr auf den Fersen war, um im Dienst seines und ihres Schöpfers jede einzelne Geste für die hungrige Nachwelt festzuhalten.

Bei näherer Betrachtung stellte ich fest, dass außer Theodore Roosevelt, der ein Lorgnon trug, und Harry S. Truman, dessen Brille kurzfristig Weitsicht versprach, kein Einziger eine Sehhilfe hatte, alle anderen dreiundvierzig blickten scheinbar offenen Auges in die allamerikanische Welt, manche scharf schräg an ihr vorbei. Doch erst auf den dritten Blick fiel mir auf, dass von Washington bis Kennedy kein Einziger lächelt. Der Erste, der im Dossier des linkshändigen Zeichners tatsächlich offen die Zähne zeigt, ist Nixon, gefolgt von Ford und von Carter, dessen Lächeln so breit ist, als müsse er damit für die gesamte Nation aufkommen, für sämtliche Farmer der Welt, bis endlich der Cowboy aus Hollywood, ein gewisser Reagan, die Bühne betritt, um die Welt daran zu erinnern, dass die Mauer kein Paradies umzäunt, sondern nichts als eine Erfindung der Russen ist, ein Gefängnis im Fernen Osten. Danach kein Einziger mehr, der der Geschichte nicht lächelnd die Zähne zeigt, Bush der Ältere und Bush der Jüngere, dazwischen Clinton und schließlich der strahlende müde Pharao.

Inzwischen war auch die zweite Kerze erloschen, der Zeichner schloss das Dossier. Die Wasserflasche war leer, und das Feuerzeug sparten wir für die Not unserer ersten gemeinsamen Nacht auf. So saßen wir da, zwischen den Schatten der Großen, wie Becky und Tom, ohne Jacken,

Stiefel und Taschenlampen, und lauschten hinein in die Dunkelheit, auf die sich wieder nähernden Stimmen der fünften Schlange des Volkes, die längst im Begriff war, zurück nach oben zu steigen, um überirdisch weiterzuwandern und in der Cave Hollow West Winery einen Schluck auf ihr kühnes Wagnis zu trinken. Denn sie hatten eine gefahrvolle Tour überlebt, über die ich kurz vor dem Abstieg in einer kleinen Broschüre gelesen hatte: Militärisches Kriechen erforderlich! Keine Klaustrophobiker! Alte Kleidung und Waschzeug mitbringen! Reservierung erbeten!

Weshalb unsere Abwesenheit unbemerkt blieb, denn wir hatten nicht reserviert, wir saßen unberufen unter der Erde. Aus der Ferne hörten wir, wie der Führer die Mitglieder der Gruppe streng militärisch nach Zahlen aufrief. Danach verschloss er die Höhle und verriegelte von außen die Tür. Ich saß Bein auf Bein fröstelnd zwischen den tropfenden Wänden und rieb meine Hände am Katzenfell. In der Dunkelheit leuchteten die strahlenden Zähne des Zeichners, als er leise lachte und sagte: Ich kann auch im Dunkeln Gedanken lesen, ich weiß genau, was Sie jetzt denken, Sie denken, AnnAdams wäre das nicht passiert.

AnnAdams wäre das nie passiert!, rief ich laut und erschrak über meine eigene Stimme, deren Echo die tropfende Höhle zurückwarf, denn bis dahin hatten wir nur geflüstert. Aber woher wissen Sie das? Ich weiß alles, sagte BdJ, ich war ja von Anfang an mit dabei und weiß genau, dass eine Frau wie AnnAdams niemals ungeführt, ohne Taschenlampe und Proviant in eine Höhle steigen würde, von der sie nicht weiß, ob sie jemals wieder aus ihr herauskommt. Sie hat das zweite Gesicht und immer eine dritte Kerze dabei, eine Extrastange Double Red Road, einen eigenen Distanzplan, Kompass und Traubenzucker, weil sie nicht an die Energie des Katzenfells glaubt. Übrigens würde sie sich auch niemals zeichnen lassen, weil sie die Schlüsselgewalt niemals abgibt. Sie wissen doch selbst, wie sehr sie es hasst, fotografiert zu werden.

Eine Frau wie AnnAdams zu zeichnen, fuhr BdJ fort, ist die größte Herausforderung, weil sich immer die Angst mit dem Anspruch paart, alles und nichts auf einmal zu zeigen. Er zog ein zweites Dossier aus der Tasche, doch auch im Schein seiner Zähne gelang es mir nicht, die Zeichnungen annähernd zu entziffern, weshalb ich, um Licht in die Sache zu bringen, nach dem Feuerzeug griff. Aber Sie müssen die Bilder doch gar nicht sehen, sagte er und nahm mir das Feuerzeug aus der Hand, ich erzähle sie Ihnen, die Nacht ist ja lang.

Doch die Nacht erwies sich als viel zu kurz für die lange Geschichte von MsAnnAdams. Unter der tropfenden Decke der Höhle lauschte ich dem Geräusch von Stift auf Papier und hörte dem Zeichner beim Zeichnen zu, wie er versuchte, mich in AnnAdams' Geheimnis einzuweihen und mir nebenbei begreiflich zu machen, warum ich in Quincy aufs Dach steigen musste, um mich endlich dem Twister anzuvertrauen.

Er zeichnete sie behutsam, leicht und mit links, barfuß in Wien und New York. Er zeichnete sie am Dartmouth College, New Hampshire, vor einer Klasse verwöhnter Studenten, denen sie in einem Great Books Course die Metamorphosen zu erklären versuchte. Er zeichnete für sie, die nicht zeichnen konnte, das Haupt der Medusa und die geflügelten Schuhe eines Halbgottes, den sie liebevoll Mr. Quicksilver nannte. Er zeichnete sie auf endlosen

Reisen zwischen Wien und Berlin und in Übersee, an der Seite eines Mannes, der mit Not den Hunnen entkommen war und den sie trotzdem nicht liebte. Er zeichnete sie am Morgen nach dem elften September, auf einer Demonstration von Frauen gegen das Böse, mit ihrem Hund Toto im Arm, und wenig später mit demselben Toto am Grab ihres Mannes.

Danach, zwischen Nachlässen und Empfehlungsschreiben, die Witwe, die sich nachhaltig weigerte, grau zu werden, kurz bevor sie in Ehren verabschiedet wurde, um endlich das alte Haus zu verkaufen und zum ersten Mal in ein eigenes zu ziehen. Er zeichnete sie im Büro des Notars und auf dem Stuhl eines Zahnarztes, der ihr zum letzten Mal frische Zähne einsetzte. Denn obwohl sie längst in Sicherheit war, träumte sie seit Jahren von Flucht, weshalb sie sich, mitten im Indian Summer, an einem Septembermorgen 2015 plötzlich entschlossen aus der Asche erhob, um ein Auto namens Red Ruby zu kaufen. Denn vor der Tür stand die Wahl.

So war sie in Boston bei Radio Goethe gelandet und wenig später im Newbury Guesthouse, wo Brueghel sie dabei gezeichnet hatte, wie sie deutsche Sprichwörter aus dem Stegreif entziffert. Danach mit Foma im Streit um die Schlüsselgewalt, im Archiv von Chris Hunter, mit Shelly auf der Suche nach dem elektrischen Haus, wenig später tanzend in Brantford, nachts schlaflos unter dem Stammbaum von Elly und Dan, am nächsten Morgen schweigend neben John Jupiter im Vorgarten der Gretzkys, unter den Niagarafällen neben John Maynard und vor dem Eingang zur Höhle von Frankenstein, die sie niemals betreten hatte.

Er zeichnete sie bei Lamy's, vor einem riesigen Sandwich sitzend, von dem sie nicht einmal die Hälfte aß, und im Nieselregen am Grab von Sir Edsel, mit Handtasche und einer doppelten Double Red Road, wie immer den Distanzplan studierend. Er zeichnete sie vor Beccas Wand zwischen Foma und Jerry, Jerry mit Krone und Kamera und Foma neben einem riesigen Kaktus, der auf einer Prothese mit Rädern stand. Er zeichnete sie zwischen Marvin Brush und Gil Gott vor dem siebten Wunder aus der Züchtung der Werkstatt des neuen Menschen, einem riesigen Silo randvoll mit Mais, der nicht gelb, sondern blau war und hinter dem sich die Stimmen von Jacksonville gegen ihr altes Schicksal erhoben. Und, last but not least, in der Küche von Mary, wo er sie über dem rechten Winkel der Eckbank im Bild neben dem Pionier platzierte, der seinen Karren stoisch weiter nach Westen zieht.

Dem Hörensagen und Augenschein nach waren sie also alle noch da, alle dem Twister entkommen, in einem sicheren Keller unter der Erde von Quincy, bis der Twister auch an ihnen die Lust verlor. Vermutlich waren sie längst weitergereist, längst unterwegs, ohne mich und mein schlechtes Gewissen, das sich im Schutz der Dunkelheit in der Höhle unter dem leisen Kratzen des Bleistifts langsam in Heimweh und Sehnsucht auflöste. Ich schob mir das Katzenfell in den Nacken und schlief endlich ein.

Als ich am nächsten Morgen vom demselben leisen Geräusch erwachte, wusste ich, dass der Zeichner immer noch da war und dass er keine Sekunde geschlafen hatte. Vermutlich hatte er sogar meine Träume gezeichnet und AnnAdams auf die Rückbank verbannt, während Foma hinter dem Steuer saß und Jerry auf dem Beifahrersitz. Nur im Tocquevilleerker saß niemand mehr, auch Ilf und Petrow waren inzwischen verschwunden. Nur ihr Buch war noch da, weil Jerry es nach wie vor jeden Morgen liebevoll auf den nächsten Meilenstein legte, um mit ihrer unbestechlichen Kamera den alten Text mit der Gegenwart abzugleichen.

Doch vermutlich hatten sie meinen persönlichen Auftrag inzwischen vergessen, wahrscheinlich hatten sie längst den Grand Cayon erreicht, um in der sechsten Schlange des Volkes zu landen und auf kleinen Eseln hinab in den Krater zu steigen, nachdem sie bei Blarney's in Shamrock das erste richtige Steak gegessen und dazu Margarithas getrunken hatten. Shamrock, Texas, das früher den Iren gehörte und dessen Motels jetzt von Indern betrieben werden. Nur die Kirchen sind immer noch da, insgesamt zehn für kaum mehr als dreihundert lebende Seelen, von denen die meisten arbeitslose Ölsucher sind und immer noch auf Erlösung im Diesseits hoffen. Auf die Erlösung durch einen Kuss auf den Blarneystein, der inzwischen auch im Museum liegt und denen, die noch an Märchen glauben, die Erfüllung eines ehrlichen Wunsches gewährt, während ich immer noch frierend in dieser gottverdammten Höhle von Hannibal sitze und auf die nächste geführte Gruppe warte, auf einen Führer, der gegen 10 a. m. den Riegel wegschieben wird, damit ich endlich, im militärischen Kriechgang, zurück ans Tageslicht komme.

Wenig später erreichten wir, unbemerkt von der frischen Schlange des Volkes, tatsächlich wieder die Erdoberfläche. Die Sonne stand schon auf Mittag, und der hellblaue Ford Pick-up war immer noch da, offenbar hatte ihn niemand vermisst. Allerdings war uns klar, dass wir, sofern wir uns an den Distanzplan hielten, Red Ruby niemals einholen würden. Es sei denn, sagte BdJ, wir schneiden den Plan einfach mittig durch, lassen Texas und Route 66 links liegen und fahren direkt in die Wüste, dann erwischen wir sie vielleicht noch im Tal der Toten. Er kannte den Distanzplan verdächtig genau, weit besser als Solomon Trone und AnnAdams, er hatte das Land mehr als einmal durchquert und brauchte weder Karten noch Becky, um wirklich zu wissen, wo es tatsächlich langgeht. Weshalb ich bereits kurz hinter Oklahoma in einen erschöpften Halbschlaf fiel, denn seit ich mich dem Twister anvertraut hatte, hatte ich nichts mehr gegessen.

Als ich erwachte, war die Sonne schon im Begriff wieder unterzugehen, und der Hunger war inzwischen quälend geworden. An Essen war allerdings nicht zu denken, mein letztes Geld hatte ich in Kerzen und Katzenfell umgesetzt, und mit dem Twister waren nicht nur McMaster und Visa, sondern auch mein Zauberkasten verschwunden, so dass ich weder AnnAdams noch Doktor Link um eine Anleihe bitten konnte. BdJ lebte offensichtlich von Liebe und Luft, schon in der Höhle war mir aufgefallen, dass er nicht einmal Wasser trank.

Doch er wusste so gut wie ich, dass man auch einen Pick-up befüllen muss, um durch die amerikanische Wüste zu kommen. Ein Problem, das er mühelos mit Hilfe seines gespitzten Bleistifts löste, vermutlich war er in die Zauberschule im Silicon Valley gegangen. Staunend schaute ich ihm dabei zu, wie er mit links den Code der erstbesten Tanksäule am Wegrand knackte, während er mit der rechten, als wär's ein Zaubertrick, ein Päckchen Traubenzucker aus seiner Tasche zog, Schweigegeld für meine Mitwisserschaft.

So sind wir zu Komplizen in einer Landschaft geworden, die den Zeichner und mich allmählich in Bonnie und Clyde verwandelt, die ihre kühnen Verbrechen, landauf, landab, sofern sie einen zu fassen bekamen, am liebsten in einem Ford unternahmen, wie ein Brief an Sir Henry persönlich beweist, von dem AnnAdams behauptet, er sei eine Fälschung, obwohl ich ihn noch vor wenigen Tagen mit eigenen Augen gesehen hatte, in einer Vitrine des Ford Museums, empfangen am 13. April 1934, geschrieben in einer schwungvoll optimistischen Handschrift und unterzeichnet von Clyde Champion Barrow persönlich, kurz bevor er zusammen mit Bonnie im Mai in den Kugeln eines Hinterhalts starb.

Denn nicht anders als Kemmler und Abraham Lincoln trug auch Clyde Barrow in seinem Wappen die Axt, mit der er sich in der Haft den größten seiner fünf linken Zehen abschlug, um hinkend dem Steinbruch zu entkommen. Nur dass der verstümmelte linke Fuß in keinen Schuh und kein Märchen mehr passte, so dass er nicht genug Gas geben konnte, um den Schauplatz der letzten Tat zu verlassen, während BdJ wie Quecksilber durch eine Landschaft fuhr, die zunehmend höher, größer und weiter wurde und damit allem, was hinter uns lag, seine Kraft und Bedeutung nahm, ohne sich selbst die geringste Bedeutung zu geben.

In der untergehenden Sonne sah ich ihr beim festlichen Wachsen zu, wie sie aus dem Geröll einer unüberschaubaren Schöpfung Berge und Täler zugleich erschuf, Berge nach oben, Krater nach unten, womit sie mir zu verstehen gab, dass es keine Landschaftsbeschreibungen gibt, sondern nichts als Wilden Westen, in dem sich jede Beschreibung nach null hin auflöst, weil die Wüste den neuen Menschen von gestern immer wieder von vorn zum Verschwinden bringt, unter einer Vielfalt von Formen und Farben, die selbst BdJ nicht ins rechte Licht setzen kann, dem bis auf den heutigen Tag nicht gelungen ist, was keinem Maler und Zeichner gelingt, und Königin Jerry schon gar nicht: sie als das zu erfassen, was sie ist.

Er fuhr einfach weiter, er fuhr einfach durch und tat dabei so, als reisten wir durch die Kulissen einer Geschichte, die man immer erst hinterher festhalten kann, genau wie die Indianer, die man auch erst hinterher zeichnen kann, immer erst dann, wenn sie langsam nachträglich werden, oder, um es mit Ilf und Petrow zu sagen: »Nichts als die Silhouette eines Reiters, der bald wieder in einer Staubwolke verschwand.«

Zum Teufel mit dem poetischen Klassenkampf durchreisender Russen, der ein schlechtes Licht auf eine Landschaft wirft, die selber aus nichts als Licht besteht, aus jenem magischen Abendlichtlicht, von dem mein Vater seit seiner Kindheit träumt, weil er sie niemals mit eigenen Augen sah. Aber sie hatte ihn nicht zum Schweigen gebracht, sondern wider Erwarten in einen Indianer verwandelt, der regelmäßig nach Feierabend begann, unvermutet doch noch gesprächig zu werden. Denn er sah aus wie Karl May, und das in ihm befindliche Wissen war für einen deutschen Feierabend entschieden zu groß.

Mit Hilfe einer Sammlung von Hand bemalter Zinnfiguren, die zusehends wuchs, stellte er an den Wochenenden auf dem Wohnzimmertisch sämtlich die großen Schlachten nach, von Wounded Knee bis Little Bighorn, und wurde dabei nicht müde, immer wieder von vorn zu betonen, dass er bis zum bitteren Ende auf der richtigen Seite stand: auf der seiner handbemalten Indianer, deren Kostüme, Waffen und Federschmuck er in so lebhaften Farben schilderte, dass ich glaubte, noch im Schlaf jeden einzelnen Krieger an seiner Kriegsbemalung erkennen zu können.

Was sich, mit Verspätung, als Irrtum erwies, als wir kurz vor der Dunkelheit im Scheinwerferlicht am Straßenrand den ersten echten Indianer erblickten, der uns mit deutlichen Gesten zu verstehen gab, er wünsche mit uns in einen Handel zu treten. BdJ bremste und hielt, ich kurbelte das Fenster herunter und sah in das Gesicht eines Mannes, der halb Winnetou, halb Old Shatterhand, im Wappen Lasso und Axt, von oben bis unten festlich geschmückt war. Der lederne Cowboyhut, unter dem schwarzgraue Zöpfe hingen, war mit fünf Federn verziert, jede von einem anderen Stamm. Er trug jede Menge Ketten und Ringe, hatte Zähne aus Elfenbein und war so unwiderstehlich schön, dass ich meinen Hunger und meinen Durst vergaß und ausstieg, um mir zeigen zu lassen, was er im Angebot hatte. Neben ihm stand ein riesiger Tragekorb, darüber eine bunte Decke gebreitet, die er, auch das nichts als ein Zaubertrick, mit einer raschen Bewegung vom Korb wegzog, um den Blick auf das Innere freizugeben.

Keine Frage, er war uns zuvorgekommen, er war einfach schneller gewesen als wir, er hatte am Fuß des erstbesten Regenbogens den Schatz mit seiner eigenen Schaufel gehoben und bot ihn jetzt hier, am Straßenrand von New Mexico, im Schutz der hereinbrechenden Dunkelheit feil.

Schreiben Sie das in Ihre Notizbücher, Gentlemen. Und schreiben Sie auch, wie deutlich er uns zu verstehen gab, dass wir uns in der glücklichen Lage befanden, die Ersten zu sein, denen er, jenseits der siebten Schlange des Volkes, die ihm schon am nächsten Morgen den Schatz zu Höchstpreisen aus der Hand reißen würde, ein ganz besonderes Angebot machte, um die Gunst der gemeinsamen Stunde zu feiern.

Obwohl ich keinen einzigen Cent in der Tasche hatte, ließ ich mir alles zeigen, die bekannte Mischung aus Import und Export: schimmernde Perlenketten aus Glas, leuchtende Armbänder aus Falschgold und Plastik, Tabaksbeutel aus falschem Leder, glänzende Schals aus künstlicher Wolle, Ohrringe aus Blech, windfeste Hüte aus Plastik, Gürtel mit Schnallen aus falschem Silber, gefärbte Büffel- und Katzenfelle, kleine Aschenbecher aus Knochen, die man wie Gebisse auf- und zuklappen konnte, und, last but not least, Zigaretten zum Viertelpreis.

Hätte ich Geld in der Tasche gehabt, hätte ich alles auf einmal gekauft, allem voran Zigaretten und Aschenbecher, denn ich nahm die Begegnung als Omen und war sofort davon überzeugt, dass wir AnnAdams, Foma und Jerry schon in wenigen Tagen einholen würden. Und ich stellte mir vor, wie schön es wäre, das Wiedersehen an der Goldenen Küste mit kleinen Geschenken zu feiern: für AnnAdams den Aschenbecher, für Foma den Hut und für Jerry ein leuchtendes Armband aus Falschgold. Nur für den Zeichner fiel mir nichts ein.

So reisen nur Frauen ohne Geld, weshalb ich den Indianer von seinem Schatz nicht erlösen konnte, obwohl er, entgegen der Behauptung von Ilf und Petrow, Indianer würden nicht reden, sie seien zu stolz, um mit durchreisenden Kapitalisten in Handel zu treten, seine Waren wie ein alter Pelzhändler anpries, in Werken und Worten, beredter als mein Vater und AnnAdams zusammen. Er hörte gar nicht mehr auf zu reden, auch dann nicht, als BdJ ihm bedeutete, seinen Tragekorb hinten auf den Pick-up zu laden und sich danach zwischen uns vorne ins Auto zu setzen und nach Hause zu fahren.

So fuhren wir zu viert durch die Nacht: auf der Ladefläche der Schatz, zwischen BdJ und mir der alte Indianer, der ein Päckchen Zigaretten aus seinem Umhang zog, uns davon freundlich anbot und uns mit einem Feuerzeug Marke Tomahawk dreimal hintereinander Feuer gab. Er wusste genau, wie man aus dem Hinterhalt angreift, denn obwohl er ein schlechtes Geschäft gemacht hatte, war der Tausch ihm gelungen, drei Zigaretten gegen den Transport eines Schatzes. Es war offensichtlich, dass er die nächtliche Fahrt genoss, während er ununterbrochen weitersprach, gute Zeiten, schlechte Zeiten, bis ich meinen Kopf auf das gerettete Katzenfell legte und unter dem Gemurmel seiner sich langsam entfernenden Stimme einschlief.

Rätselfrage zur Nacht: Was machen ein Indianer, ein Zeichner und zwei Russen ohne Wasser und Brot in einem versteinerten Wald, während die Erzählerin schläft? Antwort: Sie warten darauf, dass der Mond aufgeht, um ihn neu unter sich aufzuteilen. Der Mond gehört mir, sagt der Indianer, weil der Mond meine Großmutter ist. Der Mond gehört mir, sagt der Zeichner, weil ich deine Großmutter als Erster gezeichnet habe. Der Mond gehört uns, sagen die Russen, weil wir die Ersten sind, die den Mut aufgebracht haben, deine Großmutter zu besuchen. Die Erzählerin dreht sich im Schlaf auf die andere Seite und sagt: Der Mond gehört mir, denn ich bin der Dichter, der die Großmutter im Mond erfunden hat. Darauf die Russen: Dann lass sie verschwinden, bevor die Amerikaner sie holen.

Dann seid ihr Gangster?, fragt der Indianer. Nein, wir sind Russen!, sagen die Russen. Und wo ist das Geld? Wir brauchen kein Geld, wir haben die Wahrheit, sagen die Russen. Prawda oder Istina?, fragt der Indianer. Beides, sagen die Russen. Schön, sagt der Indianer, aber ich habe den doppelten Schatz, der ist einer und zwei zugleich, das, was er ist, und das, was er verzehrt, weshalb ich ihn gern wieder loswerden würde. Worauf der Gerichtszeichner nach seinem Zeichenstift greift, um das Geschäftsverhältnis neu zu skizzieren, wie einen Zaun, der sich beliebig frisch anstreichen lässt.

Ach Zeichner, du zeichnest mit falschen Farben, du sitzt zu Gericht mit den Falschen, rufen die Russen, du triffst ja, wie immer, keinen von beiden. Da beginnt Brueghel, der Jüngste, unaufhaltsam zu wachsen, und verwandelt sich zeichnend in alle auf einmal: von Tom in Huck, von Huck in Jim, von Jim in Tante Polly, die sich in die Tochter eines Indianers verwandelt, die mitten in einem versteinerten Wald ihre Stimme erhebt und plötzlich ruft: Was auch immer ich war oder bin oder werde, ob Mann oder Frau, egal, welche Farbe und welches Geschlecht ich auch trage, ich bin Anfang und Ende in einer Person, der Weg und die Wahrheit, folglich werdet ihr mich niemals zu fassen bekommen.

Worauf die Russen beschließen, den heiklen Handel kurzfristig auf Eis zu legen, um sich am Ofen Iwans des

Dummen zu wärmen und so lange zu schlafen, bis im nächsten Jahrtausend Rip van Winkle erwacht und sich erstaunt die Augen reibt in einer Welt, die nicht mehr seine eigene ist. Als hätte es jemals eine eigene Welt gegeben, in der wir friedlich nebeneinandersitzen, ein fröhliches allamerikanisches Volk, ein glückliches Russian America, das aus lauter neuen Menschen besteht, die sich für Apfel und Ei ein Wochenendhaus auf dem Mond mieten können.

Aber wozu überhaupt noch Wochenendhäuser, wenn die Woche sowieso kein Ende mehr hat, sondern übergangslos zum Montag wird? Wozu eine Datscha, auf deren Veranda der letzte Mensch von vorgestern sitzt, um den Mond anzuglotzen, während die anderen längst die Richtung gewechselt haben, um von der verkauften Großmutter hinab auf die Erde in einen versteinerten Wald zu starren. Denn ich weiß aus sicherer Quelle, dass der Zuschlag weder an den Indianer noch an den Zeichner gegangen ist und auch nicht an seine Dichterin, deren Hang zur Folklore jeden gesunden Geschäftssinn verdirbt. Sondern an Doktor Link, für den in Neuseeland kein Platz mehr war, weshalb er auf andere Grundstücke ausweichen musste.

Am nächsten Morgen waren die Russen im Mond verschwunden, und die Sonne beherrschte wieder den Himmel. Für den Zeichner, den Indianer und mich waren nur noch die Kleinplaneten übrig geblieben, die wir mit Hilfe von Ljudmila Karatschkinas Fernrohr vom Himmel zurück auf die Erde holten, in eine phantastisch irdische Wüstenlandschaft, ein strahlendes Plateau von Planeten, die so schön waren, dass selbst der Zeichner sie nicht mehr festhalten konnte, weshalb ihm nichts anderes übrigblieb,

als sie schlicht und ergreifend zu nummerieren: 3668Ilfpe-
trow, 3669BdJ, 3670Winnetou und immer so weiter, bis
in die Unendlichkeit, der die Mathematik genauso wenig
gewachsen ist wie der kleine Schatz des Indianers.

Kurz vor Mittag setzten wir ihn samt Schatz dort ab,
von wo er behauptet hatte, gekommen zu sein. Am Eingang des Ortes, der kein Ort, sondern nichts als eine staubige Ansammlung von Lehmwürfeln war, deren Türen und
Fenster mit Teppichen und Tüchern verhängt waren, stand
gut sichtbar ein Schild: Pueblo Lagunas. No pictures to be
taken! Nor recording. No drawing! Kein Bild, kein Laut,
keine menschliche Seele. Doch obwohl kein Lüftchen sich
regte, sah ich genau, dass sich hinter den Teppichen und
Tüchern etwas bewegte, irgendein arbeitsloser Goldsucher, der wahrscheinlich damit beschäftigt war, eine kleine
Sammlung gestohlener Handfeuerwaffen in eine etwas
höhere Ordnung zu bringen.

Der Indianer hob seinen Schatz von der Ladefläche des
Pick-ups, drückte mir zum Abschied das Tomahawkfeuer-
zeug in die Hand und winkte uns ein letztes Mal zu, bevor
er in einer Staubwolke verschwand. Was nur der kleinste
Teil einer großen Legende ist, die den Dichter, der sie weiter
erzählt, für immer ins Tal der Toten verbannt.

Das Tal der Toten hat viele Dichter gesehen und weiß
besser als jede andere Landschaft, wie leicht man Dichter
durch einfache Spiegelungen der Luft verführt, auf die
AnnAdams niemals hereinfallen würde. Doch ich bin nicht
AnnAdams, und als wir endlich Death Valley Junction
erreichten, wusste ich nicht, an welchem Ende wir wirklich gelandet waren, am Haupteingang oder am Hinter-

ausgang, denn seit Stunden dachte ich an nichts als Wasser und Brot, bis die Wüste plötzlich anfing, nach frischem Kaffee zu riechen.

Weshalb ich das, was ich sah, für nichts als eine Erscheinung hielt: ein langgestrecktes flaches Gebäude aus strahlend weiß gestrichenem Lehm unter einem schattigen Kolonnadengang, alter spanischer Stil, eine Mischung aus Kaserne, Kloster und Spielbank, von ein paar verkauften Indianerseelen betrieben, die das Gelände inzwischen verlassen hatten, das sich nach ihrem Weggang, auf der Kreuzung zwischen Leben und Tod, in eine Art Herberge verwandelt hatte. Über dem Eingang hing ein Schild, das bekanntgab: Amargosa Hotel.

Ich stieg aus dem Pick-up, dessen Blau unter dem Mittagshimmel allmählich verblasste, und betrat zwischen zwei Säulen durch eine niedrige Tür eine andere Welt, eine verborgene Puppenstube von gestern. Die Rezeption des Hotels war bis zum Rand gefüllt mit Erinnerung, mit geplüschten Sesseln und Sofas und zerbrechlichen Stühlen, die, um kleine Tische gruppiert und mit Vasen voller Verwelktem bestückt, auf langsam vergilbenden Teppichen standen, die den Geruch von Mottenkugeln verströmten. An den Wänden hingen die Bilder von damals, aus einer vergangenen Zeit, in der die Künstler noch einfache Selbstmörder waren: lachende Sänger, Tänzer und Clowns auf einer Vaudevilletournee von Osten nach Westen, lauter unterbezahlte Kindergesichter unterwegs in der Hoffnung auf eine hollywoodianische Zukunft, die ihre langen Beine, von Mickey Mantle trainiert, unermüdlich gen Himmel warfen, um immer wieder von vorn neue Reichweiten zu erzielen.

Als Schmetterlinge und Feen verkleidet tanzen sie schwerelos biegsam wie Schlangen nach der Musik falscher Flöten, mit Hoffnung auf einen Applaus, von dem sie sehr genau wussten, dass sie ihn eines Tages nicht mehr bekommen würden, was sie nicht daran hinderte, ohne Unterlass weiter die Beine zu schwenken und dabei breit lächelnd die Zähne zu fletschen. Denn die Kunst war ihr Leben und ihr Leben eine Kunst, die außer ihnen niemand beherrschte. Also schlugen sie Räder und warfen Keulen, schwenkten Becher und zerkauten auf Zuruf die Whiskygläser der letzten Gäste der siebten Schlange des Volkes. Noch vor dem billigsten Trick scheute keiner zurück, weil sie wussten, dass es ums Ganze ging. Doch irgendwann, irgendwo waren sie stehen geblieben, sie waren einfach nicht weitergekommen mit ihren harmlosen Tricks, weil sie vermutlich niemand mehr angefragt hatte, weil das Publikum einfach die Lust verlor.

Wir hatten das Reich von Marta Becket betreten, das heilige Reich einer alternden Tänzerin aus New York, die vor Jahrzehnten, auf Tournee unterwegs an die Goldene Küste, ein platter Reifen dazu gezwungen hatte, für immer am Rand der Wüste stehen zu bleiben. Während ich gierig den ersten Kaffee seit Tagen trank, las ich in einem Faltblatt den Rest einer höchst unglaubwürdigen Geschichte: wie ein gewisser Tom, als Gatte und Manager doppelt besetzt, mit dem Reifenwechsel beschäftigt war, während sich Marta auf den Weg durch die Geisterstadt machte und im Bruchteil einer Sekunde begriff, dass sie hier, in Death Valley Junction, auf der Kreuzung zwischen zwei Wahrheiten stand, zwischen Draußen und Drinnen, zwischen Gehen und Bleiben, zwischen Tingeltangel und Sesshaftigkeit.

So schnell begreifen natürlich nur Frauen, denen auf einmal die Luft ausgeht, weil die Zeit einfach stehenbleibt, wenn am Ende des Kolonnadengangs, in den rechten Winkel zur Wüste gesetzt, wie aus dem Nichts plötzlich ein Gebäude auftaucht, dessen Verlassenheit so großartig und so ergreifend ist, dass sie den Rest der Welt zum Verschwinden bringt. Marta stand vor der Corkill Hall und lauschte den Stimmen der Geister der Minenarbeiter, eine Botschaft, die keinen Widerspruch duldet, als unvermutet über dem Eingang, wie gezeichnet von höherer Hand, in großen Lettern die Inschrift einer neuen und strahlenden Zukunft erschien: The Amargosa Opera House.

Ohne Zweifel eine Vision. Ich drehte mich um und legte die Hand über die Augen. Doch es stand niemand hinter mir, es gab keine siebte Schlange des Volkes. BdJ und ich waren die einzigen Gäste, geführt von Brooke aus Neuseeland, die an der Rezeption des kleinen Hotels bis heute Marta Beckets Erbe verwaltet, indem sie, neben Wasser und Kaffee, ein paar Broschüren und Filme verkauft, in denen man Marta in wechselnden Kostümen auf einer Bühne tanzen sieht, die jahrelang auf sie gewartet hat und die für immer ihr ganz allein gehört. Nachdem Tom schon vor Jahren in einem verzweifelten Anfall von Überdruss das Weite gesucht hatte und in Richtung Küste verschwunden war, war Brooke ihre rechte Hand geworden. Nach drei Monaten Freiwilligendienst in der Wüste hatte sie beschlossen, einfach etwas länger zu bleiben, anstatt zurück nach Neuseeland zu gehen, um Datschen der Zukunft an Doktor Link zu verkaufen. Sie hatte sich gegen den neuen Menschen und für Martas Theater entschieden.

Hier seht ihr Brooke, den Zeichner und mich, die vor der Mittagshitze in den Schatten eines altspanischen Säulengangs fliehen und sich in vorübergehende Wüstenmönche verwandeln, in ein stilles Gebet für Marta Becket vertieft, die, nach wie vor höchst lebendig, hinter einem der Fenster des kleinen Hotels mitten in ihrem neunzigsten Lebensjahr saß und vermutlich gerade damit beschäftigt war, ihr letztes Theaterstück zu schreiben, wie immer unter dem Pseudonym eines russischen Bauern. Vielleicht entwarf sie gerade eine neue Choreographie, Solo für alternden Schmetterling, zu einer Musik, die sie, wie immer, selbst komponierte. Irgendwo glaubte ich sogar, ein Klavier und leisen Gesang zu hören, allerdings eher ein Summen, wahrscheinlich eine akustische Fata Morgana.

The fear starts here, auf dem Weg ins Theater, in die große Oper. Wäre BdJ nicht an meiner Seite gewesen, ich wäre für immer im rechten Winkel der Wüste stehen geblieben, zwischen dem Säulengang und der Corkill Hall, die, bevor Marta Becket kam, nichts als ein verlassener Versammlungssaal für Minenarbeiter der Pacific Coast Borax Company war, die damals längst in anderen Gruben schürften und das Feld den Känguruhratten überlassen hatten. Ohne mit der Wimper zu zucken, stieg Marta über die Ratten hinweg und krempelte beide Ärmel hoch, denn sie hatte das Wanderleben satt, die schäbigen Bühnen, die schmutzigen Schulen, die Kinosäle von vorgestern, in denen ein sterbensmüdes Publikum saß. Sie hatte gefunden, was sie suchte, und brauchte keine Sekunde, um ihren Traum in die Tat umzusetzen, in einen eigenen Raum, ein eigenes Theater, eine eigene Oper. Und ein eigenes Publikum.

Als Brooke uns die Tür zum Opernhaus aufschloss, begann mein Herz heftig höher zu schlagen, und als ich über die Schwelle trat, blieb es für einen kurzen Moment lang stehen, denn erst jetzt begriff ich, wovon in der Broschüre die Rede war: Drinnen war es dunkel und kühl. Totenstill. Die Bühne war leer. Doch die Wände und Logen, die die Bühne umgaben, waren bis auf den letzten Platz vollständig besetzt und bis unter die Decke bebildert. Keine Vision, sondern reinste Kunst! Wir waren nicht mehr allein, nicht mehr zu dritt, sondern umzingelt von einem Publikum, das Marta Becket malend erfunden hatte und das ihr Theater nie mehr verlassen würde. Denn Marta hält nichts von Bräuten am Wegrand und führt bis heute eine Regie, die nicht den geringsten Widerspruch duldet. Sie hatte sich unwiderruflich auf eine neue Heimat verpflichtet und ganze sechs Jahre, auf einem Gerüst auf dem Rücken liegend, damit verbracht, die hohen Wände der Corkill Hall eigenhändig in Öl auszumalen, mit einem Publikum, das sie in New York niemals hatte, ein Publikum für die Ewigkeit, das ihr nie mehr abhandenkam und bis zum Schluss treu ergeben sein würde.

So malen nur Frauen, die, weil sie New York längst hinter sich haben, eines Tages beschließen, endlich selber Regie zu führen, in einem Stück, das sich in New York niemals aufführen lässt, wo das Publikum bekanntlich weder die Lust noch die Zeit hat, einer Tänzerin zweiter bis dritter Klasse bei einem Stück namens Lebenskunst zuzusehen, das ganze sechs Jahre in Anspruch nimmt. Doch Marta hatte nicht aufgegeben, sie hatte entworfen, gezeichnet und schließlich gemalt und ihre Entwürfe auf Lebensgröße in Öl gebracht, sie hatte die verlassene Corkhill Hall in eine Sixtinische

Kapelle der Wüste verwandelt, in die Kapelle ihrer privaten Sehnsüchte und Wünsche.

Die Logen ihrer Gegenwart waren bevölkert von gemalten Reitern und Rittern unter breiten spanischen Kragen, flankiert von spanischen Damen unter hohen Hauben, von Missionaren und Narren, Priestern und Bettlern, von Päpsten und Nonnen, von berufen und unberufen gekrönten Häuptern, die in üppigen Roben, unter herrlichen Kronen, ihre Arme auf samtene Kissen gestützt, mild und nachsichtig auf uns herunterblickten und uns freundlich mit ihren Fächern zuwinkten, ein Publikum, das sich selbst genügt, das frei ist und keiner Kunst mehr bedarf.

Seid ihr alle da? Ja, wir sind da, wir sind alle da, ein Wandermönch und zwei Wandernonnen, BdJ, Brooke und ich, die sich vor einem übermächtigen Publikum bereits in drei Schauspieler verwandelt haben, die zum letzten Mal auf die Bühne steigen, um vor Marta in die Knie zu gehen, unter einem Applaus, der nie enden wird. Denn bis heute ist Marta eine gastliche Frau, ein alternder Schmetterling aus New York, der fliegend und malend niemanden auslässt, der jedem seine eigene Farbe gibt, jedem seine eigene Ehrenloge, selbst den Hunden und Katzen, die in ihrem wachsamen Halbschlaf gleichfalls auf samtenen Kissen ruhten und seidene Schleifen und Schärpen trugen.

Denn auch die Tiere hatte Marta zu Menschen gemacht. Sie saßen aufrecht und stolz neben den ersten Entdeckern, neben den wahren Gründervätern, den Wikingern aus dem hohen Norden, unter gehörnten Helmen in Öl, neben Siegfried, Hagen und Edsel, flankiert von Kriemhild und Brunhild, Bonnie und Clyde, Foma und Jerry, zwischen denen, wie immer ernsthaft und aufrecht, Stammvater Abraham saß, sein Kinn auf den verlässlichen Schaft seiner allamerikanischen Axt gestützt. Im Zentrum der Westwand, von einer Marmorstatue in Öl beglaubigt, saß unter einem Spitzbart ein spanischer Ritter mit einem lateinischen Spruchband im Arm, den ich mir wie folgt übersetzte: »Die Wände dieses Theaters und ich widmen ihre Gemälde einer Vergangenheit, ohne die unsere Gegenwart keine Schönheit hätte. Beendet 1972.«

Doch wessen Auge ist so viel schöner Erfindung gewachsen, und wessen Ohr verträgt so viel stillen Applaus? Wer sagt mir, dass, was ich hier sehe, nicht nichts als ein tückisches Trugbild ist, eine Luftspiegelung, eine Fata Morgana, auf die AnnAdams niemals hereinfallen würde? Wäre BdJ nicht dabei gewesen, hätte AnnAdams' stumme Begleitung vermutlich alles, was ich zu sehen glaubte, als kunsthistorische Fälschung entlarvt, die falschen Kronen der Könige, die windigen Makler vergangener Pracht und die als Höflinge maskierten Kojoten und Füchse. Aber der Zeichner wies mich von hinten zurecht, indem er mich leise am Ärmel nahm und so freundlich wie unmissverständlich sagte: Alles echt. Sie sind da.

In diesem Moment glaubte ich wirklich tatsächlich zum ersten Mal, jenen Applaus zu hören, nach dem sich Marta ihr Leben lang sehnte. Ich schaute ergriffen hinauf zu den Logen und von dort in den von Marta erschaffenen Himmel, in dem plötzlich alles in Bewegung geriet, von lauter barocken Engeln bevölkert, die in Trompeten und Falschgoldposaunen bliesen, offenbar damit beauftragt, die Gäste nicht nur zu begrüßen, sondern die Liste der Geladenen bis ins Unendliche hin zu verlängern und zu erweitern.

Als ich ein letztes Mal die Bühne betrat, um ein letztes

Mal alles in allem zu sehen, das ganze Theater, seinen hohen Himmel und Martas freundliche Kunst, entdeckte ich oben an der Ostwand plötzlich wider Erwarten die Tocquevilleloge und in der Loge mich selbst, platziert zwischen Königin Jerry mit ihrer Kamera und Prinz Foma unter seinem Ofenrohrhut, an dessen Krempe, wie nebenbei gezeichnet, ein kleiner Kaktus befestigt war. Rechts neben Foma saßen Ilf und Petrow, daneben Solomon Trone und seine Frau, und auf dem kleine Balkon, etwas nach unten verschoben, bewaffnet mit Stift und Papier, Clive Barnes persönlich, Martas Kritiker aus den alten New Yorker Tagen, der sie mehr als einmal verrissen hatte, vertieft in ein Gespräch mit MsAnnAdams, die mit ihrer Handtasche, von Marta in Purpur gefasst, unter einer zierlichen Krone saß, in der Rechten ein Opernglas und in der Linken ihre letzte Double Red Road.

Schreiben Sie das in Ihre Notizbücher, Gentlemen! Aber vergessen Sie nicht hinzuzufügen, dass Brueghel der Allerjüngste der Einzige war, für den in keiner der Logen ein Platz frei war. Offenbar hatte Marta ihn nicht zu fassen bekommen, weil er sich ihren Farben entzog und schon seit Jahrhunderten damit beschäftigt ist, seinen eigenen Hofstaat zu zeichnen, mit schnellen, raschen und wenigen Strichen, unter denen Martas Porträt plötzlich luftig und leicht wird, ein zartes Gebilde aus Schatten und Licht, das auf die Schwere von Öl verzichtet. Als hätte er jene Nacht in der Höhle nicht mit mir, sondern mit einem Falter verbracht.

Rätselfragen am Mittag: Was antwortet ein Zeichner, der auf der Durchreise ist, wenn ihn die durchreisende Dichterin fragt: Wen hast du in jener Höhle wirklich gezeichnet? Hast du tatsächlich dem Twister vertraut? Lag dir jemals jemand am Herzen? Hast du die Kojoten im Tal der Toten zur Nacht mit Futter und Wasser versorgt? Hast du zeichnend die endlosen Züge erfasst, die Tag und Nacht durch die Landschaft rasen? Die Tankstellen, an denen riesige Lastwagen stehen, gefüllt mit Rindern und Schweinen, die ihre letzten Botschaften durch die Gitter brüllen? Hast du dein Brot mit dem Vieh und mit den Bräuten am Wegrand geteilt? Hast du im Vorüberfahren die Schilder gezeichnet, die Fleisch und ewiges Leben versprechen? Hast du die Träume der Trucker erfasst und ihren schlaflosen Halbschlaf ins Bild gebracht? Hast du ihre immer gleichen Geschichten skizziert? Hast du länger als einen Tag ohne Wasser und Brot auf einem Stein in der offenen Landschaft gesessen? Hast du dich der Natur anvertraut? Hast du jemals wirklich (tatsächlich) versucht, erwachsen zu werden? Hast du jemals einen Büffel gejagt, einen Cowboy skalpiert, einen Sklaven verkauft, einen Erhängten vom Ast geschnitten? Bist du irgendwann in eine Schlacht geritten, auf deren Ausgang es ankam? Hast du die Friedenspfeife geraucht? Hast du barfuß und frierend einen Wagen nach Westen gezogen? Hast du den sibirischen Schnee begrüßt? Hast du im Kampf mit dem ewigen Eis jemals von Äxten Gebrauch gemacht? Hast du je auf einem elektrischen Stuhl gesessen? Hast du das Gesicht von Richard Glossip gezeichnet, als er in seiner Zelle in Oklahoma erfuhr, dass man das Urteil nicht aufheben wird? Weißt du, was Todesangst ist? Hast du jemals aus Verzweiflung gebetet? Gepfiffen in einem dunklen Wald? Jemals ein eigenes Lied gesungen? Einem Kind ein russisches Märchen erzählt?

218

Bist du jemals Zeuge oder Schöffe gewesen? Hast du im Tocquevilleerker gesessen? Hast du Bibelradio gehört? Die Stimmen der Wanderseelen von Jacksonville? Die endlosen Vorträge von MsAnnAdams? Die Stimme von Walter über den Wassern? Hast du Lizzy gezeichnet, als sie den Kopf des unbekannten Touristen mit einem Messer aus Lamy's Diner abschnitt? Hast du ihm (und ihr) ein würdiges Denkmal errichtet? Hast du auf Becky und Doktor Link vertraut und auf den Kuss einer Rezeptionistin, die in der Wüste kein Netzwerk mehr hat? Hast du jemals im Nichts auf alles gesetzt? Auf die Spielbank des Twisters, der dich im Flug erfasst und im Auge des Sturms an die Goldküste trägt, um dir nach zweitausend Meilen zu sagen, dass du immer noch bist, was du vorher schon warst?

Wer viel fragt, hat viel Antwort, sagte der Zeichner. Ich habe gezeichnet, was du nicht bedichtest, weil ich zeichne, was du nicht bedichten kannst, denn ich sitze seit Jahren auf einem Stein ohne Wasser und Brot in einer offenen Landschaft, die du niemals erfassen wirst, weil du sie nicht mit eigenen Augen siehst. Ich habe vierundvierzig Präsidenten gezeichnet, samt ihren Tieren im Weißen Haus, Schafe und Kühe, Hunde und Katzen, Krokodile, Elefanten und Schlagen, Hamster und Vögel, Fliegen und Flöhe, ich versorge seit Jahren ihre Maulwürfe, Kojoten und Affen mit Futter und Wasser zur Nacht und werde nicht aufhören, sie weiter zu zeichnen, zu tränken, zu füttern. Denn ich werde Brueghel der Allerjüngste genannt, Amerika ist mein Vaterland, und vor der Tür steht die Wahl. Und wer auch immer als Nächster durch diese Tür kommt, auch ihn werde ich zeichnend auf Linie bringen, so wahr mir Gott helfe.

Er hob zwei Finger zum heiligen amerikanischen Schwur. Dann drehte er sich um und ging zum Parkplatz zurück, um nach dem hellblauen Pick-up zu sehen, der inzwischen gänzlich verblasst war, während Brooke mir ein freundliches Zeichen gab, ihr ins Amargosa Hotel zu folgen, um uns für unsere letzte Nacht ein kleines Zimmer im oberen Stock zu schenken, das wie die Teppiche im Café neben der Rezeption, nach Mottenkugeln roch. Doch weder ihn noch mich bekümmerte das, denn wir schliefen wie Steine.

Wie Kinder lagen wir nebeneinander und träumten von spanischen Kavalieren und von alten Damen unter Hauben und Hüten, die hinter dicken Vorhängen saßen, bei einem letzten Glas Tee, während nebenan jemand sang. Marta wahrscheinlich, die unter dem Pseudonym eines russischen Bauern an einem Theaterstück dritter Klasse schrieb, dem weder Ilf und Petrow, noch Solomon Trone für den Klassenkampf eine Bedeutung zumaßen. Was für ein Irrtum! Denn nirgends hat die besitzlose Klasse der Maler, Zeichner, Tänzer und Dichter dritter und vierter Kategorie so entschlossen gegen den Feind gekämpft wie an den Rändern der Wüste im Tal der Toten, wo sie auf alle Gegner auf einmal trifft, auf die Schrecklichen Vier: Hitze, Durst, Ratten und Sand, alle vier nach wie vor ausdauernd damit beschäftigt, unseren Blick auf das Paradies zu trüben, bis wir endlich in die Knie gehen müssen.

Als ich am nächsten Morgen erwachte, war der Zeichner verschwunden. Nur der hellblaue Pick-up stand immer noch da, über Nacht hatte er wieder an Farbe gewonnen. Auf dem Beifahrersitz lag Martas Porträt, hinter dem

Rückspiegel hing ein kurzer Brief, signiert von höherer Hand: Liebe Frau Eckermann, der Tank ist voll. Der Code lautet: Gold. Gute Reise, fröhliche Meilen! Und: Die Verschiebung der Zeit nicht vergessen. Gez. BdJ Quicksilver Twister (Last Artist in the Car).

Während ich seinen Abschiedsbrief las, begann die Wüste wieder zu leben und nach frischem Kaffee zu riechen, was mich fröhlich und mutig machte. Ich setzte mich entschlossen hinter das Steuer. Ohne Führerschein, Wasser und Brot, ohne Becky und Doktor Link, ohne Distanzplan fuhr ich einfach geradeaus, immer der Nase nach, in eine Richtung, die ich für Westen hielt. Zum ersten Mal war ich allein unterwegs, ich hatte mich buchstäblich über Nacht von einer Braut am Wegrand in eine fahrende Frau alias AnnAdams verwandelt, obwohl ich wusste, dass das ein Irrtum war, denn ich hatte keine Karten im Kopf, ich hatte nicht einmal eine Uhr dabei, die ich hätte zurückstellen können, ich wusste nur, dass ich rechtzeitig ankommen musste, um an der Goldenen Küste in San Francisco meinen nächsten Vortrag bei Radio Goethe zu halten.

Der Pick-up fuhr wie von selbst. Unterwegs vertrieb ich mir meine Zeit damit, den Orten, durch die ich kam, neue Namen zu geben, indem ich sie vom Englischen zurück ins Deutsche brachte, Flagstaff, Two Guns, Knife City und Ash Fork, Fahnenstange und Messerstadt, Zweiflinten, Quellenfeld, Aschengabel, in der Hoffnung, dass bis Sankt Franz die Füllung im Pick-up noch reichen würde. Irgendwann begann ich sogar zu singen, weil ich glaubte, den Ozean schon zu riechen und am Horizont die Lieblingsstadt von Ilf und Petrow zu sehen, die sie, im Gegensatz zu dem, was sonst auf der Strecke lag, in glühenden Farben

besungen hatten, jene verwunschene Stadt an der Goldenen Küste, in der man, fast so schön wie im russischen
Märchen, dem neuen Menschen goldene Brücken baut.

Denn sie hatten sich Hals über Kopf verliebt, in die
schönste Staat der Vereinigten Staaten, die Amerika so
wenig ähnlich sieht. Am liebsten wären wir für immer
geblieben, schrieben sie ihren Frauen in Briefen, die ich
inzwischen längst auswendig konnte, denn ich hatte das
Buch mindestens dreimal gelesen und repetierte, während
ich fuhr, meine Lieblingspassagen, um mich für meinen
Vortrag bei Radio Goethe zu wappnen.

Und dann roch ich ihn wirklich, ich roch ihn tatsächlich,
ich rieche den Stillen Ozean, jenes magische Große Wasser,
das Amerika von den Russen trennt. Hier schauen sich die
Imperien an, im Traum nicht mehr als ein Katzensprung
zwischen zwei feindlichen Brüdern, die bis heute ohne einander nicht können. Ich rieche Russian America, ich rieche
das Ende der Neuen Welt, jenen schmalen goldenen Streifen, der noch vor zweihundert Jahren den Russen gehörte,
bis irgendein schlecht beratener Zar, irgendein Alexander,
in die große russische Not geriet und ihn inklusive Alaska
für gut hundert Millionen, zähneknirschend an die Amerikaner verkaufte. Was für ein Irrtum, was für schlechte
Berater er hatte, die nicht wussten, wo der Schatz wirklich
liegt.

Ich wusste es auch nicht, aber als ich jetzt, überglücklich
und mutterseelenallein, endlich selbst über die Goldene
Brücke fuhr, glaubte ich plötzlich, ihn vielleicht doch noch
zu finden, weshalb ich, am anderen Ende angekommen,
trotz Maut und Verkehr, den Pick-up kurzfristig zum Halten brachte. Kann auch sein, er blieb einfach von selber

stehen. Ich öffnete die Tür, trat hinaus ins Freie und warf, Begrüßung und Abschied zugleich, den Bleistift des Zeichners hinab in die Tiefe. Als der Stift unten aufschlug, versank die Sonne wie ein goldener Klumpen im Meer. Ich hatte das Paradies erreicht.

RUSSIAN AMERICA

San Francisco ★

Los Angeles ★

Es roch nach dem siebten Wunder der Welt, nach Gärten, in denen Orangen wachsen, nach Zeitverschiebung und Radio Goethe. Doch ich konnte mich beim besten Willen an den Namen des Hotels nicht erinnern, ziellos irrte ich durch die Stadt, bis mich der Pick-up unvermittelt von meiner sinnlosen Suche erlöste, denn er blieb einfach stehen. Bevor ich ausstieg und ihn für immer verließ, steckte ich mir Martas Porträt und BdJs Brief in die Tasche, hinterließ einen flüchtigen Kuss auf dem Beifahrersitz und beschloss, einfach zu Fuß weiterzugehen.

Inzwischen war es dunkel geworden, die warme Stadt erwachte zu neuem Leben, die Straßen platzten aus allen Nähten. Während die einen in Läden, Restaurants und Bars verschwanden, waren die anderen bereits mit der Einrichtung ihrer Nachtquartiere beschäftigt, sie hantierten mit Pappkisten, Decken, Säcken und Tüten und legten sich, falls sie nicht schon dort lagen, in Hauseingänge und neben Hydranten. Die nicht mit sich selbst sprachen, predigten laut, in einer Sprache, von der ich nur die Hälfte verstand, vielleicht sprachen sie Russisch. Womöglich war ich auf dem Russenhügel gelandet und unter die Molokanen geraten, unter die letzten Vertreter jener uralten Sekte, von der ich bei Ilf und Petrow gelesen hatte, bärtige Großväter mit prophetischem Blick, die Pranken von Lastenträgern hatten, und Großmütter, die Kattuntücher trugen.

Sie hatten durchdringende, furchterregende Stimmen, mit denen sie ein Schicksal besangen, das sie von der Wolga an den Kaukasus verschlagen hatte und, als sie auch dort nicht mehr bleiben konnten, in die Kolonien, nach Russian America, wo sich ihre Wünsche auch nicht erfüllten, weshalb sie ihre Lieder in einem Fortissimo sangen, das kein Gesang, sondern eher ein Schreien war, in endlosen Strophen, die ich inzwischen allesamt auswendig konnte, die erste davon begann so:

»Matt bin ich vor Gram und Sorge,
Dieser Schlange fürchterlich,
Brenne ab, mein kleiner Kienspan.
So wie du verbrenn auch ich.«

Die anderen Strophen erzählten von einem nicht enden wollenden Zug, von Sehnsucht, Verlangen, Himmel und Nacht und von dem Wunsch, der Sklaverei durch die allerletzte und größte Schlacht endlich für immer ein Ende zu setzen, ein Ende, zu dem nur Herr Christus den Weg kennt. Während ich die einzelnen Strophen immer wieder von vorn aufsagte, streckte eine Frau im Liegen ihre Hand nach mir aus, die in einem stinkenden Gummihandschuh steckte, ein Hund hob sein Bein, ein alter Mann schob einen Kinderwagen, in dem zwei Katzen in einer Pappkiste saßen, auf einer Schwelle trank jemand aus einer blinden Flasche und rief, während er spuckend nach meinem Knöchel griff, nach Wasser und Brot. Eine junge Frau unter einer blonden Perücke stieß mich zur Seite und verfluchte mich dreimal, weil ich ihr nichts zu geben hatte. Artist in the Car, sagte ich leise, als wäre das eine Entschuldigung, sie lachte hämisch.

Denn vor der Tür stand die Wahl, die keine Wahl war, weil sie alle sehr genau wussten, dass sie nichts zu erwarten hatten, nur den täglichen Bus von der höheren Stadtreinigung, der sie, obwohl sie eben erst ausgeschwärmt waren, bereits im Morgengrauen wieder auflesen würde, um sie zurück an den Stadtrand oder am besten gleich in die Wüste zu bringen, um sie dort allesamt für immer und ewig in einem Trailerpark verschwinden zu lassen.

Aber irgendwo in der Ferne brennt immer ein Licht. In meiner Verzweiflung trat ich durch die erstbeste Tür, in einen quälend hell erleuchteten Saal. Vor einem kleinen Pult, an dem ein Mikrophon befestigt war, standen zwischen zwanzig und dreißig leere Stühle. Links auf einer Fototapete mit Meerblick im Sonnenaufgang hing ein riesiges Kreuz, an dem kein Schmerzensmann, sondern ein freundlich lächelnder Guru hing, der keinerlei Wundmale aufwies. Auf der rechten Seite hing eine kleine Galerie aus Fotografien in Schwarzweiß, Männer und Frauen unterschiedlichen Alters, alle erleuchtet von innen her. Darunter stand ein Tisch mit Broschüren. Ich war nicht bei Radio Goethe gelandet, sondern in der Saint Paulus Lutheran Church, in einer Missionsstation, die einen Gott anrief, der sich vom Kreuz längst verabschiedet hat, wie mir der anwesende Missionar beschied, ein kleiner freundlicher Mann, der nicht nur die Frohe Botschaft bereithielt, sondern auch Wasser, Kaffee und Kekse.

Erst als ich mich setzte, merkte ich plötzlich, wie schlecht ich roch, wie erschöpft und ungewaschen ich war, zerfressen von Heimweh und Sehnsucht und von dem einzigen Wunsch beherrscht, kurzfristig irgendwo unterzutauchen und endlich wieder zur Ruhe zu kommen. In weniger als fünf Minuten legte ich meine Beichte ab, bei einem Mann, der an keine Beichte mehr glaubte. Denn unser Gott, sagte der kleine Mann, ist ein gnädiger Gott, keine Umwege über die Kreuzigung nötig, keine Schuld, keine Sühne, keine Sünden, was zählt, ist einzig die Auferstehung, wir sind alle gerettet, ausnahmslos.

Vor lauter Freude über die gute Botschaft hätte ich am liebsten meinen Kopf auf seine Schulter gelegt, doch noch lieber hätte ich ein Glas von jenem herrlichen Wein getrunken, in den sich das Blut des Herrn für jene verwandelt, die nach wie vor seines Glaubens sind. Weil ich wusste, dass es weder Wunder noch Wein geben würde, fasste ich mir entschlossen ein Herz und fragte nach der Adresse von Radio Goethe. Zu meiner Überraschung schien er sofort zu wissen, wovon ich sprach, verschwand für einen Moment im Hinterzimmer und kehrte mit einem kleinen Stadtplan zurück, auf dem er mit einem Bleistift aus dem Bestand der Mission den Standort mit einem doppelten Kreuz markierte. Vielleicht sind die Tische dort besser gedeckt, sagte er sanft, legte seine linke Hand auf meine Schulter und malte mir mit seinem rechten Daumen ein kleines Kreuzzeichen auf meine schweißnasse Stirn.

Plötzlich fühlte ich mich wie auferstanden. Den Plan in

der Hand, schritt ich hoffnungsvoll hinaus in die Nacht und erblickte schon nach wenigen Blocks vor einem hohen Gebäude aus Glas zu meinem Erstaunen MsAnnAdams. Sie hatte sich kein bisschen verändert, sie stand wie immer leicht nach vorne gebeugt, die Handtasche fest mit der Schulter verwachsen, neben dem Bordstein und zog genüsslich an einer Double Red Road. Gepriesen sei der heilige Paul von Sankt Franz! Ich hatte geklopft, und er hatte mir aufgetan, ich hatte gesucht und gefunden, ich konnte mein Glück gar nicht fassen. Das Schicksal hatte mich gnädig verschont, der Bus der höheren Stadtreinigung war ein letztes Mal an mir vorübergefahren, ich war kurzfristig gerettet, ich war wieder dort, wo ich hingehörte: bei AnnAdams, Foma und Jerry.

AnnAdams erkannte mich schon von weitem. Während ich ihr entgegenlief, sah ich, wie sie die Zigarette von außen an der Türklinke ausdrückte, bevor sie die Kippe in ihrer Silberbüchse verschwinden ließ. Als ich endlich neben ihr stand, sagte sie lachend: Da bist du ja wieder. Aber bevor du das nächste Mal auf die Fensterbank des Mittleren Westens steigst, sag uns bitte Bescheid. Man hat sich hier große Sorgen gemacht. Was offenbar stimmte, denn als ich den Veranstaltungssaal betrat, wo die letzten Gäste damit beschäftigt waren, die restlichen Käsehäppchen und Chips zu Wein zu vertilgen, sah ich, dass auf einem der Plätze des Podiums neben meinem riesigen Namensschild in einer Vase eine Rose stand, an der ein kleiner Trauerflor hing.

Die Begrüßung war stürmisch. Wären Jerrys Kamera und Fomas Ofenrohrhut nicht gewesen, hätten wir uns womöglich sogar umarmt und geküsst. Denn die Stimmung war glänzend, der Vortrag vorbei, und die Institutsleiterin längst in Pflichten verschwunden, nur die Programmleiterin und ein Praktikant waren noch da. Und der Hausmeister, ein alternder Konzertgitarrist ohne Tournee, aus einem Dorf irgendwo auf der Schwäbischen Alb, der seit Jahren versuchte, in San Francisco nach Glück und Gold zu schürfen und sofort im Keller verschwand, um frische Flaschen zu holen. Die Programmleiterin prostete meiner Geschichte zu, zupfte den Trauerflor von der Rose und befestigte ihn an meinem oberen Knopfloch.

Eine halbe Stunde später war ich betrunken und erzählte schwankend von meinen Abenteuern, von einem Höhlenzeichner und einem Indianer, der im Südwesten Gebisse als Aschenbecher verkauft, und wie gern ich AnnAdams eins davon mitgebracht hätte, und für Königin Jerry eine Krone aus Gold und für Foma einen Kaktus aus Silber, wie der Kaufmann im Märchen, der nie ohne Geschenke nach Hause kommt. Aber weil ich nichts hatte, was ich hätte eintauschen können, sei der Indianer samt Schatz in einem versteinerten Wald verschwunden, um mit zwei windigen Russen über den Ankauf des Mondes zu verhandeln. Übrig geblieben sei nur der Zeichner, Brueghel der Jüngste mit dem es mich in einem hellblauen Ford Pick-up in eine Oper im Tal der Toten verschlagen hatte, wo sich schließlich auch die Spur des Zeichners verlor.

Als man mich nach Beweismitteln fragte, zog ich Martas Porträt und BdJs Brief aus der Tasche. Das kleine Publikum lachte, und der Gitarrist entkorkte die nächste Flasche, als AnnAdams plötzlich misstrauisch fragte: Und wo ist der Pick-up? Gleich hier um die Ecke, sagte ich fest. Aber du hast doch gar keinen Führerschein, sagte sie streng. Natürlich habe ich einen Führerschein, sagte ich, etwas zu laut, nur nicht dabei, er liegt als Lesezeichen im letzten Kapitel von Tocquevilles Demokratie in Amerika.

Wer braucht heute noch einen Führerschein, wenn er Becky hat, sagte Foma und brachte Becky damit entschieden zum Leuchten. Und wer braucht heute noch Becky, sagte der Praktikant, dessen Arm inzwischen auf Jerrys Schulter lag, Becky ist doch längst Schnee von gestern. Irgendwie erinnerte er mich an den Writer in Research aus Montreal, obwohl er nicht Florian, sondern Sedric hieß. Sedric war groß und blond und trug ein schwarzes T-Shirt: I am not a Nerd stand auf der Brust und auf dem Rücken: I am just smarter than you. Der Rücken stimmte, er war tatsächlich klüger, vielleicht sogar klüger als MsAnnAdams, denn er hatte in Stanford studiert und zwei Jahre im Silicon Valley verbracht, um autonome Autos auf Linie zu bringen.

Beckys interessierten ihn schon lange nicht mehr. Aber irgendetwas war schiefgegangen mit seiner Liebe zum Auto des neuen Menschen, denn im Nebenamt seines Herzens war er, wie er mir kurz nach Mitternacht hinter vorgehaltener Hand verriet, Dichter geblieben, in jeder Pause und nach Feierabend damit beschäftigt, autonome Verse in Umlauf zu bringen, Gedichte der Zukunft, die eines Tages keine Dichter mehr brauchen. So war er bei Radio Goethe gelandet, unter einem riesigen Poster, das über dem leeren Podium hing und auf dem, unter einem verblichenen Foto von Schloss Schwanstein, in schwarzrotgoldenen Lettern stand: Amerika, du hast es besser! JWGoethe. Umgehend ergänzte AnnAdams den fehlenden Rest: – als unser Kontinent, das alte. Hast keine verfallene Schlösser und keine

Basalte. Dich stört nicht im Innern zu lebendiger Zeit unnützes Erinnern und vergeblicher Streit.

Wie immer war es Königin Jerry, die uns aus der Verlegenheit der Begegnung befreite und uns vor Schloss Schwanstein von neuem auf unsere Gemeinschaft und auf unsere Reise einschwor: Links außen AnnAdams, daneben Sedric, neben Sedric, zum ersten Mal im Leben im Mittelpunkt, der Gitarrist auf der Suche nach Gold und Glück, daneben ich mit Trauerflor und rechts neben mir die Programmleiterin, die die verwelkte Rose in die Kamera hält. Ganz außen steht Foma, der Russe, der als Einziger nicht in die Kamera blickt, denn er war wie immer in sein Gespräch mit Becky vertieft.

Draußen war es immer noch warm, zum Hotel waren es nur ein paar Schritte. Sedric begleitete uns bis zum Eingang, denn er konnte sich von Jerry nicht trennen. Auf der Schwelle zum Vertigo, 940 Sutter Street, schlug er uns vor, uns am nächsten Morgen ins Siliciumtal zu begleiten, um uns neue Menschen und autonome Autos zu zeigen und einen bleibenden Eindruck davon zu verschaffen, wie sich die alte in die neue Becky verwandelt, Becky von gestern in Becky von morgen, während Red Ruby, vollkommen ahnungslos, nebenan in einem bewachten Parkhaus schlief und weit entfernt davon war, sich träumen zu lassen, dass sie längst altes Eisen war.

Metamorphosen, Metamorphosen, murmelte Sedric, als sage er einen alten Zauberspruch auf. Dann drückte er Jerry einen Kuss auf die Schulter, und sein intelligenter Rücken verschwand in der Nacht, die inzwischen fast schon ein Morgen war. Als ich in taumelnder Vorfreude auf das erste richtige Bett seit Tagen über die rettende Schwelle des Vertigo trat, bog um die Ecke der Bus von der Stadt-reinigung. Hinter einem der Fenster glaubte ich die Frau mit der platinblonden Perücke zu sehen, die mir hämisch lächelnd die Zähne zeigte und mit dem Daumen deutlich nach unten wies.

Rätselfragen am Morgen: Wo waren AnnAdams, Foma und Jerry, während ich mit Brueghel in der Höhle von Hannibal war? Wo sind Gil und Mary und Joe Gott ge-blieben? Was ist aus dem alten Ford Traktor geworden? Wohin hat der Twister die letzten Kühe und Schafe ver-schleppt? Ist Richard Glossip noch am Leben? Hat er sich für die Spritze oder für die Pistole entschieden? Ist die Henkersmahlzeit noch schlechter geworden? Und wie ist die Stimmung insgesamt?

Die Stimmung ist gut, sagte AnnAdams, als wir am Frühstückstisch saßen. Nur der verlassene Pick-up lag ihr im Magen, denn es war wider ihre Natur, irgendein Auto im Stich und am Straßenrand liegen zu lassen. Aber was uns betrifft, sagte sie wichtig, während sie Zahlen in ein kleines Buch notierte, wir sind nach wie vor gut bei Kasse, so gut, dass wir bis zum Mond fahren könnten. Denn wäh-rend du in der Wüste warst, fügte sie triumphierend hinzu, waren wir nebenan in Las Vegas und haben den Schatz zu unseren Gunsten vermehrt.

Mir war völlig neu, dass sie spielte, offenbar hatte ich sie einmal mehr unterschätzt. Sie griff in die Tasche, legte ein dickes Bündel auf das gebügelte Tischtuch und sagte spitz und geheimnisvoll: Mehr als du denkst, Russisch Roulette. Ich fragte nicht nach, sondern stand umgehend auf, um mich ein zweites Mal am Büfett zu bedienen. Während

AnnAdams, die wie immer nichts aß, mir dabei zusah, wie ich den zweiten Teller leerte, sagte sie plötzlich: Trau niemals einem dichtenden Nerd, Sedric ist ein verliebter Blender, mit dem ist keine einzige Meile zu machen, wir sollten ihn lieber zu Hause lassen. Du hast zwar den Distanzplan, entgegnete ich, aber er hat das Know-how, das Geheimnis, den Code, ohne ihn werden wir niemals ins Valley kommen.

Es war ohnehin schon zu spät, denn als Foma und Jerry endlich zum Frühstück kamen, stand Sedric bereits an der Rezeption, in einem frischen T-Shirt, ohne Beschriftung, offen für alles, über dem Arm einen riesigen Picknickkorb. Als AnnAdams und Foma in der Garage verschwanden, zog Jerry Sedric den Korb vom Arm und drückte ihm Das eingeschossige Amerika von Ilf und Petrow in die Hand, um es, wie jeden Tag, neu zu fotografieren, während ich mich auf meinen geretteten Koffer setzte und den geretteten magischen Kasten aus meinem geretteten Rucksack zog, um nach zehn Tagen zum ersten Mal endlich wieder eine Nachricht an Doktor Link zu verschicken. Betreff: Gerettet. Lieber Doktor Link, schrieb ich, wir haben das Große Wasser erreicht und sind unterwegs ins Siliciumtal, auf der Suche nach autonomen Schätzen. Melde mich bei Gelegenheit wieder. Ich wartete ganze dreißig Sekunden, doch Doktor Link hüllte sich in gekränktes Schweigen, er schrieb nicht zurück.

Ich klappte den Deckel zu, hob den Kopf, sah durch das Fenster hinaus auf die Straße und erblickte Red Ruby! Mein Herz begann heftig höher zu schlagen, denn sie hatte sich kein bisschen verändert, von altem Eisen nicht die geringste Spur. Der Twister hatte ihr nicht das Geringste anhaben können, sie war immer noch schön wie am ersten Tag, wie vor dem Newbury Guesthouse. Jetzt stand sie wie eine Fata Morgana, nach Tausenden Meilen immer noch leuchtend rot, am Straßenrand vor dem Vertigo in der Morgensonne.

Vor lauter Angst, die Erscheinung könnte womöglich wieder verschwinden, hätte ich sie am liebsten umarmt und geküsst, denn erst jetzt wusste ich, dass ich sie wirklich liebte und dass ich sie nie wieder eintauschen würde, schon gar nicht gegen einen hellblauen Pick-up, der allein und ohne Führerschein fuhr. Doch noch bevor ich sie küssen konnte, öffnete AnnAdams entschlossen die Tür und setzte sich hinter das Steuer. Foma kletterte auf den Beifahrersitz und vertiefte sich sofort in ein Gespräch mit Becky. Ich setzte mich wie immer hinten links in den Tocquevilleerker und wusste, dass ich wieder zu Hause war.

Neben mir saßen Sedric und Jerry, er außen rechts, sie zwischen uns in der Mitte. Sedric hatte sich längst in einen Höfling verwandelt, damit beschäftigt, Königin Jerry bei Laune zu halten, die, anstatt ihre Blicke auf ihn zu richten, angestrengt auf ihren Bildschirm starrte, um die neusten Bilder aus Las Vegas in eine höhere Ordnung zu bringen. Lauter Bilder, die JWGoethe Lügen straften, nichts als Basalte und Schlösser, Paläste für Cäsaren und Zaren, eine gigantische Stadtlandschaft, durchbrochen von glitzernden Straßen und künstlichen Seen, auf denen riesige Enten und Schwäne schwammen, zwischen Fontänen, die hoch in den Himmel schießen, unter denen sich, von oben betrachtet, das Colosseum, der Tower, der Eiffelturm ziemlich klein und bescheiden ausnehmen. Amerika, du hast es besser!

Wir übrigens auch. Red Ruby lief wie am Schnürchen, von selbst, wie geschmiert, als säße niemand mehr hinter dem Steuer, und im Kofferraum stand ein Picknickkorb, bis zum Rand mit Schätzen gefüllt, wie sie die Nerds im Valley wahrscheinlich nur selten zu sehen bekommen, weil, der enormen Größe ihrer Gehirne zum Trotz, dort keiner mehr weiß, was ein Picknick tatsächlich ist. Denn der neue Mensch ist auf Höheres aus, er hat keine Zeit, an Picknicks zu denken, an Müßiggang, an einen Ausflug ins Grüne, an karierte Decken, auf denen neben gefüllten Eiern und kleinen Würstchen, schweren Buletten und Weißbrot aus einer vergangenen Zeit, auf weißen Servietten von gestern kleine mit Ziermanschetten versehene Hühnerbeinchen liegen, von denen man, auf dem Rücken liegend, das gebratene Fleisch von den Knochen lutscht und dazu Champagner aus Klappbechern trinkt, um die sieben letzten Wunder der Welt zu besingen.

Denn der neue Mensch hält nicht viel von Musik, er beschränkt sich auf Jingles. Er ist kein Verschwender, kein europäischer Sommerstudent, der auf dem Rücken liegend die Sterne anschwärmt, anstatt sie entschlossen umzubenennen und als durchnummerierte Kleinplaneten vom Himmel auf die Erde zu holen. Er liegt weder auf Decken noch Öfen herum, denn seine Zeit ist sein Geld, und er nutzt jede Sekunde, um seinen kostbaren Datenbestand zu vermehren und neue Daten in Umlauf zu bringen. Er rechnet, erfindet, stockt auf, optimiert, um die Welt auf den neusten Stand zu bringen, ein unermüdlicher Jäger und Sammler, der den Schatz seiner Zeit mit Eifersucht hütet, damit er nicht in falsche Hände gerät oder vorübergehend in schlechte Gesellschaft.

Untätigkeit ist ihm ein Gräuel, Faulheit und Trägheit sind ihm verhasst, er trinkt nicht, er raucht nicht, er ist sportlich und schön, durchtrainiert, aufrecht und ernst, tüchtig und streng, grundsätzlich hellwach, unbestechlich und unerbittlich genau, allem voran mit sich selbst. Dabei zweifelsfrei gelassen und heiter, weil er sich auf der richtigen Seite weiß, weil er Teil einer großen Hauptsache ist, die keine Nebensachen mehr duldet, nichts, was ihn vom rechten Weg abbringen könnte. Er fährt stur geradeaus, kein Unfall, kein Stau, ohne Distanzplan und Führerschein, auf Zuruf und Knopfdruck in einem Gefährt, das, gefüttert mit dem Algorithmus des Todes, unsere Wege und Straßen weit besser kennt, als MsAnnAdams sie jemals kennen wird.

Denn das in ihm befindliche Wissen ist groß, politisch korrekt und verlässlich moralisch und für immer und ewig gespeichert, während AnnAdams, ihrer Disziplin und ihrem eisernen Willen zum Trotz, irgendwann unweigerlich nachlassen wird, weil sie, genau wie wir alle, anfangen wird, unwiderruflich an früher zu denken, nicht an das, was ist, nicht an das, was sein wird, sondern nur noch an das, was gestern war. Das ist die Falle, die alte Gefahr, die es für immer zu bannen gilt. Ist das einmal gelungen, ist alles, was vorher nur möglich war, plötzlich auch machbar, nichts als ein einfacher Katzensprung zwischen Sing Sing und Schenectady. Alt und Jung werden für immer nebeneinandersitzen, in einem riesigen Pool aus unendlich frei gewordener Zeit, in der jede Sekunde Zinsen trägt.

Von so viel Zinsen könnten wir bei Gelegenheit sogar einen kleinen Urlaub machen, aber der neue Mensch hält nichts von Urlaub und schon gar nichts von den langen Schlangen des Volkes. Urlaub und Arbeit, Wachen und Schlafen fallen in eins. Denn der neue Mensch braucht keinen Schlaf mehr, er hat keine Träume, sondern Visionen, er hat keinen Auftrag, sondern eine Mission. Nicht dass er uns deshalb belehrt und bekehrt, auch damit verliert er keine Sekunde. Um das Gesetz überschreiten zu können, muss er selbst schneller als jedes Gesetz sein, das versuchen könnte, ihn daran zu hindern, neue Fakten zu schaffen. Deshalb schreitet er unaufhaltsam zur Tat, unermüdlich durch Tun zum Tun. Kaum hat er eine Seite zu Ende gelesen, schlägt er schon die folgende auf, von einem Menschheitskapitel hinüber ins nächste.

Wenig später passierten wir das Tor zum Siliciumtal, und als hätte er meine Gedanken gelesen, sagte Sedric laut lachend: Ein schönes Stück Dichtung, allerdings ziemlich scheinautonom, man merkt sofort, dass du niemals im Valley warst. Schwungvoll zog der Dichterpraktikant ein Buch aus der Tasche und fragte: Was hört ihr lieber? Ein Märchen oder eine wahre Begebenheit? Eine wahre Begebenheit, rief AnnAdams sofort. Ein Märchen, rief ich. Nur Foma und Jerry konnten sich nicht entscheiden, weil sie natürlich wussten, dass es eine Fangfrage war, weil sie wussten, dass längst entschieden ist, was wir gleich zu hören bekommen, alle dasselbe und jeder das Seine, ohne zu wissen, was und warum, aber algorithmisch ganz nach Bedarf. Denn unsere Träume der vergangenen Nacht hatten sich auf erstaunliche Weise in einen reißenden Fluss von Daten verwandelt, sie waren lautlos durch den Äther gewandert und dem Hauptquartier längst bekannt. Ein einfaches, schlichtes Verfahren, im russischen

Volksmund seit jeher auch als Bauernmultiplikation bekannt.

Mit leicht gesenkter Stimme begann Sedric zu lesen: Hinter den dreimal neun Ländern, im dreimal zehnten Reich, nicht in unserem Land, sondern in einem Land namens Russian America, lebten einmal ein Mann und eine Frau in großer Dürftigkeit und Armut. Sie schürften nach Gold, doch wo war es zu finden? Nichts war zu finden. Da machte sich der Mann auf, um sich irgendwo zu verdingen, zog von Haus zu Haus, aber alles, was er verdienen konnte, waren nicht mehr als zwanzig Kopeken.

Auf dem Heimweg begegnet er einem betrunkenen Schürfer, der unter dem Arm ein Hühnchen trägt. Was, fragt der Alte, willst du dafür haben? Zwanzig Kopeken, sagt der Schürfer. Der Alte gibt ihm die zwanzig Kopeken, der Schürfer betrinkt sich, der Alte trägt das Hühnchen nach Haus, legt es hinter den Ofen und hofft auf ein Ei. Es legt tatsächlich ein Ei, doch das Ei ist aus Stein. Trag das Ei in die Stadt, sagt seine Frau, vielleicht findet sich dort jemand, der es kauft.

Der Alte geht in die Stadt, und von allen Seiten kommen Kaufleute herbei, schätzen das Steinchen, feilschen und feilschen, schließlich zahlt einer dem Alten dafür fünfhundert Rubel. Von diesem Tag an handelte der Alte mit Edelsteinen, die ihm das Hühnchen hinter dem Ofen legte. Bald wurde er reich, trat in die Gilde der Kaufleute ein, baute Läden und stellte Gehilfen ein und reiste schließlich zu Schiff in die fernsten Länder, um auch dort mit seinen Steinen zu handeln. Doch bevor er abreiste, sagte er zu seiner Frau: Hüte das Huhn wie dein Augenlicht, denn wenn ihm etwas zustößt, ist es um dich und mich geschehen.

Jeder weiß, sagte Sedric, der offenbar ein schlechter Erzähler war, weil er nicht wusste, dass man kein Märchen ungestraft unterbricht, weil es sonst niemals zu Ende geht, jeder weiß, wie die Geschichte ausgehen wird. Denn sobald der Kaufmann auf Reisen geht, verliebt sich die Frau in seinen Gesellen und bringt ihn auf dumme Gedanken. Und so kommt es: Woher kommen die Edelsteine, fragt der Geselle. Die legt das Hühnchen, sagt die Frau. Da nahm der Geselle das Hühnchen und sah unter dem rechten Flügel in goldenen Lettern geschrieben: Wer den Kopf isst, wird König, wer das Gekröse isst, der wird Gold spucken.

Da zwingt der Geselle die Frau, das Hühnchen zu schlachten und mit Kopf und Gekröse zum Mittag zu braten. Der Koch schlachtet das Hühnchen, doch wie es im Märchen so kommt, betreten die hungrigen Söhne der Frau vor dem Essen die Küche, verzehren Kopf und Gekröse, und der Geselle geht leer aus. Da wird er zornig, beschimpft die Frau und heißt sie, ihre eigenen Kinder zu schlachten, um an Kopf und Gekröse zu kommen. Da weist die Frau den Koch dazu an, seine Messer gegen die Kinder zu wetzen, doch als der Koch sie in den Wald gebracht hat, um sie zu schlachten, spuckt ihm der Jüngere Gold in den Schoß, und der Koch lässt sie laufen.

An dieser Stelle hielt Sedric zum zweiten Mal inne, womit er nicht nur den Höhepunkt, sondern auch den Schluss des Märchens verdarb, weshalb ich Foma bat, es zu Ende zu erzählen. Doch Foma weigerte sich, weil er das Märchen nicht mochte, kann auch sein, dass er den Algorithmus nicht kannte, mit dem man die Eier des Hühnchens multipliziert. Er ließ uns allein mit den letzten drei Fragen, die wie immer die wichtigsten sind: Was ist aus dem Schürfer geworden? Wohin hat es die beiden Brüder verschlagen? Und, last but not least: Wie hat man die böse Mutter und ihren Gesellen bestraft?

Wer viel fragt, hat viel Antwort, sagte Sedric. Eins: Der Schürfer trinkt weiter, denn er hat noch immer kein Gold gefunden. Zwei: Die Brüder sind vermutlich steinreich geworden und werben wechselweise um die Tochter des Zaren. Drei: Weil das im Märchen so üblich ist, lässt der Kaufmann die Frau in Stücke hacken und den Gesellen an die Schweife rasender Pferde binden. Den Hunden ein hündischer Tod, sagte der Kaufmann zufrieden, verschenkte sein Hab und Gut an die Armen und zog in das Königreich seines älteren Sohnes, der inzwischen die Tochter des Zaren geheiratet hat.

Und was ist aus dem jüngeren Sohn geworden, fragte Jerry. Der, sagte Foma, hat sich wahrscheinlich an die Straße gestellt und der nächstbesten Braut am Wegrand jede Menge frisches Gold in die Schürze gespuckt, damit jeder Reisende schon von weitem sieht, dass auch ein blindes Huhn mit etwas Glück einen Edelstein findet.

Als wir vor dem Hauptquartier parkten, ein Understatement schönster und reinster Sorte, keine Spur von Basalt und Imperium, nur eine Ansammlung kleiner weißer Baracken, schien noch immer die Sonne. Schreiben Sie auch das in Ihre Notizbücher, Gentlemen, dass in Russian America grundsätzlich immer die Sonne scheint und dass man dort keine Hochhäuser braucht, um das Geheimnis eines Kaufmanns zu knacken, das unter dem Flügel eines einfachen Hühnchens steckt.

Tatsächlich sah das Gelände wie eine als Hühnerfarm getarnte Missionsstation aus, in der man alles zu sehen bekommt, nur nicht das, was wirklich zu sehen ist. Die Missionare waren mit leichtem Gepäck unterwegs, mit Pizzaresten vom Mittagessen, mit der frisch programmierten Becky von morgen und ein paar Broschüren für den alten Menschen von gestern, in denen ihre Zukunft geschrieben stand. Alle waren freundlich und fröhlich, lauter glückliche Nerds, die auf bunten Fahrrädern die Farben von Dr. Google spazieren fuhren. Sie trugen weder Brillen noch beschriftete T-Shirts und waren einzig damit beschäftigt, auf der Farm der jüngsten Erkenntnis für dauerhaft gute Stimmung zu sorgen.

Schreiben Sie das in Ihr kleines Notizbuch, Frau Eckermann, und vergessen Sie nicht, dass wider Erwarten zwischen den bunt gefleckten Rädern vor dem Eingang des Google Visitor Center ein alter hellblauer Ford Pick-up stand. Unser Maskottchen, sagte Sedric fast zärtlich, das blaue Wunder aus uralten Zeiten, heiß geliebt, aber nur noch selten gefahren, die meisten von uns haben ja keinen Führerschein mehr. Aber wie es so schön in dem alten Lied heißt: Fährt der alte Lord fort, fährt er nur im Ford fort. Und die gute Misses gibt ihm ein paar Kisses, ergänzte AnnAdams. Und wenn er dann so flitzt, lacht er ganz verschmitzt, sangen plötzlich beide aus einem Mund.

Keine Ahnung, woher Sedric die Verse kannte, für die er definitiv viel zu jung war. Doch sobald ich die heiligen Hallen betrat, hatte ich nicht nur den alten Lord, sondern auch das siebte Wunder der Welt vergessen, weil ich mitten im achten stand. Es war, wie erwartet, eingeschossig, einfach und klein. Und zugleich riesengroß, denn es enthielt nicht weniger als die ganze Welt, weil die Missionare sich zum Ziel gesetzt hatten, alles zu bündeln und zu stapeln, um die hilflos versprengten Armeen meines Textes zu einem neuen Angriff zu sammeln, um ihn hier, an der Front, ein letztes Mal durch den Äther zu schicken, ohne Punkt und Komma und ohne Kritik, ohne den Widerstand eines möglichen Gegenangriffs, geleitet einzig durch die ehrliche Freude, überall und nirgends zugleich zu sein.

Was Wunder, schrieb ich zwei Stunden später enthusiastisch an Doktor Link, dass man hier im Siliciumtal von morgens bis abends Märchen liest, nichts als Märchen, immer wieder von vorn. Denn mein Feindbild ging fröhlich ins Leere, meine Einbildung hatte mich Lügen gestraft. Wo ich leere Tische und Wände erwartet hatte, leere Zimmer ohne Regale, leere Schreibtische und Fensterbänke ohne Aussicht ins Freie, leere Teller und Tassen vor übervollen Gehirnen, deren Inhalt sich in Unmengen von Daten verwandelt hatte, die alle gleichzeitig und vollkommen mühelos in der Silberbüchse von MsAnnAdams hätten Platz finden können. Bis unter die Decke zogen sich hohe Regale, in denen, in doppelter Reihe, sorgfältig sortiert, die Märchenbücher von gestern standen: Russische, deutsche und chinesische Märchen, indische und kanadische Märchen, Märchen der Eskimos und der Indianer, Märchen aus Tausendundeiner Nacht, Märchen von Hauff und von Andersen, von Männern im Mond, Märchen aus Afrika, England und Frankreich, aus Hawaii und von den Aleuten.

The fear starts here: Ich fühlte mich förmlich von Märchen umzingelt, von fliegenden Teppichen und galoppierenden Öfen, von Lampen, die niemand ungestraft reibt, von Tischen, die sich von selber decken, von Knüppeln, die auf Zuruf aus ihren Säcken springen, von Geistern, die unerwünscht aus ihren Flaschen steigen und behaupten, Wünsche erfüllen zu können, die selbst im Siliciumtal nicht erfüllt werden können. Ich war umzingelt vom Wunsch nach dem ewigen Leben, von Jungfrauen, die in gläsernen Särgen lagen und nur darauf warteten, dass man sie wachküsst, von Prinzen, die wissen, wie man Köpfe abschlägt, die sich ohne Not jederzeit wieder annähen lassen, von kleinen Mädchen, die unbeschadet aus Wolfsbäuchen klettern, und von Fischen, die ihre Eier an die Männer kinderloser Frauen verkaufen, damit die Geschichte weitergeht. Und ich erinnerte mich an den letzten Indianer, der sich auf der Grenze zum Tal der Toten in einem versteinerten Wald geweigert hatte, den Mond zu verkaufen, der angeblich seine Großmutter war.

The fear starts here, am runden Tisch der internationalen Märchenerzähler, an dem plötzlich alles in eine Bewegung gerät, über die die einfache Hausfrau beim besten Willen keine Herrschaft mehr hat, weil sie der Bauernmultiplikation nicht gewachsen ist, weshalb der Tisch plötzlich aus den Fugen gerät und das Hühnchen, weil es sonst nichts gelernt hat, schon wieder Gold zu spucken beginnt. So viel Gold, dass in der Küche keiner mehr weiß, was daraus wirklich werden soll, denn Gold ist das eine, seine Verteilung ein Zweites.

Ein Problem, das der Algorithmus des Märchens nicht lösen kann, weil das Märchen niemals zu Ende geht, weil man es einfach nicht stoppen kann, es sei denn, man kennt das Zauberwort. Aber wer erinnert sich noch an das Zauberwort, wenn der Brei erst einmal zu fließen beginnt und einfach nicht aufhören kann, Städte und Länder unter sich zum Ersticken zu bringen. Schließlich weiß jedes Kind, wie gefährlich und haltlos das Märchen ist. Überall zu Haus, immer hinten und vorn zugleich, dreht es sich beständig im Kreis, weshalb man ihm auch nichts hinzufügen kann, weder durch Eifer noch guten Willen. Man muss es immer wieder von vorne lesen und schreiben, denn wenn es nicht gestorben ist, lebt es noch heute. Und Doktor Link schreibt zurück: Möge es lange und glücklich leben.

Man lebt hier tatsächlich, schrieb ich zurück, und man lebt hier nicht schlecht, denn man hat hier jede Menge von den Russen gelernt. Sie jagen wie Iwan der Dumme auf ihren Feueröfen dahin, auf der Suche nach der besten Partie, nach einer Zarentochter, die sie bis ans Ende ihrer Tage ernähren wird. Sie steigen ins linke Ohr ihrer Rösser, um aus dem rechten unbeschadet wieder herauszukommen, sie fliegen über goldene Brücken und Täler und werfen sich in die Kostüme von Herrschern, deren Ränge sie niemals bekleiden werden. Sie reiten auf Eimern und Besen, die der Baba Jaga höchste Ehre erweisen, um am Ende wie müde Möwen und Tölpel auf den Strand der Goldenen Küste zu fallen.

Metamorphosen, murmelte Sedric und stellte den Picknickkorb auf den Tisch neben der Fensterbank, auf der ich bereits auf den ersten Blick das zweite Maskottchen ausgemacht hatte: Ein Reagenzglas, in dem sich der vorletzte Atemzug von Sir Henry befand, dessen Porträt über dem Spültisch in der Teeküche hing und meine Erinnerung an den Ausflug in Detroit wachrief. Aber sobald wir den

Picknickkorb ausgepackt hatten, war weder von Märchen noch von Sir Henry die Rede. Wie ein Mann griffen die hungrigen allamerikanischen Nerds nach Buletten und Eiern, nach Hühnerschenkeln und russischem Kaviar. Aber erst als ich die Champagnerflasche entkorkte, begann Sedric wirklich zu glänzen, weil er aus einem Klappbecher trank, der ein Zitat aus seiner Vergangenheit war.

Jedes Picknick ist eine Metamorphose, ein Gespräch über Literatur und Verdauung. Alles verleibt man sich ein, und nichts geht dabei verloren. Als ich, trotz Kaviar und Weißbrot leicht angetrunken, endlich an den Hauptbildschirm trat, um wieder die Verbindung zur wirklichen Welt herzustellen, sah ich zu meiner Verwunderung, dass mein Text die russische Flagge trug, mit einer kleinen Leica im Wappen, die verzweifelt den Mond anbellt. Noch so ein Maskottchen, sagte Sedric versöhnlich, in das wir nach wie vor alle verliebt sind, während Jerry damit beschäftigt war, die Bibliothek der Märchen ins rechte Bild zu bringen: Foma und Sedric neben der Wunderlampe, mich neben dem Sarg der verkauften Braut und AnnAdams neben dem letzten Indianer, der seine Großmutter vermutlich inzwischen verkauft hat.

Die Wunderlampe reiben ist eins, sie zum Leuchten zu bringen ein anderes. Als ich endlich wieder im Tocquevilleerker saß und die Goldene Küste hinunterfuhr, versuchte ich hinter Foma am Steuer wie immer laut lesend den Text von Ilf und Petrow mit der Wirklichkeit zur Deckung zu bringen. Zu meinem Erstaunen kam fast alles zur Deckung, denn das Große Wasser, der Pazifische Ozean, war schöner denn je! Am liebsten wäre ich Red Ruby aufs

Dach gestiegen, stattdessen ließ ich bloß das Fenster herunter und las meinen Text in den Wind.

Nur die Geschichte von Lucita Squier passte nicht so ganz hierher. Die Geschichte einer ehrlich aufrechten Kommunistin, geboren in Buffalo und in Boston gestorben, die das amerikanische Märchen verachtete und vor achtzig Jahren behauptet hatte, was sie auch heute behaupten würde, dass das Schwarze Meer weit größer als der Pazifische Ozean sei, den die Amerikaner nur dazu erfunden hätten, um eine Grenze zwischen Istina und Prawda zu ziehen, zwischen denen, die davon träumen, goldene Eier zu legen, und denen, die wissen, wie das tatsächlich geht. Sie passte genauso wenig wie ihr besticktes Kleid aus Mordowien, denn sie war eine Bauernverbesserin der ersten Stunde, Drehbuchautorin in einer Breitwandlandschaft, in der sie beharrlich versuchte, Wunsch und Wirklichkeit miteinander in Einklang zu bringen und jede Landschaft in eine Farm zu verwandeln, auf der alle Hühner die richtigen Eier legen.

Bereits kurz hinter Carmel, wo Clint Eastwood vor Jahren, auf wessen Kosten und unter welcher Fahne auch immer, ein zweites Eden errichtet hatte, kam ich über dem Text ins Grübeln, in dem Lucita Squier den russischen Gästen beschied, dass Moskau schöner als San Francisco sei. Lesend befiel mich ein leises Gefühl von Schuld, weil ich mich, anstatt für die besitzlose Klasse zu kämpfen, einer Landschaft hingab, deren Schönheit auf nichts als sich selber beruht. Aber da war nichts zu machen, und auch in Zukunft wird nicht viel zu machen sein. Denn wie auch immer man die Seiten wendet und dreht, die Goldene Küste ist einfach zu schön. So schön, dass ich das Buch schließlich erschöpft auf die Seite legte, Lucita Squier und ihr mordowienisches Kleid vergaß und mich in den Anblick einer Sonne vertiefte, die nirgendwo untergeht wie hier am Ende der Welt, immer langsam, prächtig, bedächtig. Ein Anblick, der jeden Dichter foppt und jeden Spion zum Narren hält. Von den Bauernverbesserern ganz zu schweigen.

Nichts gegen Aufruhr und Revolution, aber was ist eine verschneite Revolution im Oktober gegen das Ende einer Welt im September, in der es keine Gerechtigkeit gibt, weil es hier niemals zur Revolution kommen wird. Denn schon Ilf und Petrow wussten besser als ich, dass sie auf immer den Reichen und Schönen gehört, bis zum Tag des fernsten und Jüngsten Gerichts, an dem sich Lucitas Traum vielleicht doch noch erfüllt und sich in die letzte Rache von Lizzy verwandelt, die niemals bis an die Goldene Küste kam, sondern auf immer, falls sie nicht längst in Sing Sing einsitzt, dazu verdammt sein wird, bei Lamy's in Detroit hinter einem frisch gewaschenen Tresen zu stehen und auf den allerletzten Touristen zu warten, um ihm endlich den Kopf abzuschlagen und damit die Weltrevolution in Gang zu setzen.

Aber wer interessiert sich tatsächlich für Lizzy? Obwohl Foma noch vor drei Wochen mit ihr geflirtet und Jerry sie in ein Bild gebracht hat, das AnnAdams eines Tages womöglich erwerben wird, gesetzt den Fall, dass sein Wert in Zukunft noch etwas steigt, stehen die Aktien für Lizzy insgesamt schlecht. Denn Lucita Squier ist nicht mehr am Leben, und es gibt auch keine Gewerkschaften mehr, die sie mit gutem Willen dafür verteidigen würden, dass sie den letzten Besucher der Vereinigten Staaten unberufen um seinen Kopf gebracht hat. Es gibt nur noch eine Schwester namens Helen Prejean, die sie, genau wie Richard Glossip, auf ihrem letzten Weg begleiten wird, auf den letzten Metern zu einem elektrischen Stuhl, den sie wahlweise gegen eine Handfeuerwaffe aus der Fabrik von Smith and Wesson oder gegen die allamerikanische Axt eintauschen kann.

Also vergessen wir Lizzy und wenden uns Lincoln Steffens zu, der genau wie Lizzy im Sterben liegt, allerdings in seinem eigenen Bett. Wie alle sterbenden Menschen, las ich weiter im Tocquevilleerker, hörte auch er bis zum Schluss nicht auf, von der Zukunft zu träumen, Pläne zu schmieden und seine unerfüllbaren Wünsche auf einen einzigen Wunsch herunterzubrechen: Moskau sehen und sterben! Denn der Blick auf die kalifornische Sonne wirkte deprimierend auf ihn: »Hier kann ich nicht bleiben«, las ich laut vor, »die freie Natur Kaliforniens erstickt mich. Ich kann dieses idiotische optimistische Lachen nicht mehr hören.« Eine Seite später warf er die Flinte ins amerikanische Korn und drückte zwei Augen auf einmal zu, die Moskau niemals gesehen haben.

Über der Lektüre waren wir müde geworden, denn wir rechneten die gelesenen Meilen in Seiten ab und wussten genau, dass wir das Plansoll des Tages vermutlich nicht mehr erfüllen würden. Auf dem Beifahrersitz konferierte Foma mit Becky, um uns ein Quartier für die Nacht zu besorgen, während Königin Jerry wie immer über Unterzuckerung klagte und ich versuchte, die Mannschaft mit der Geschichte von Captain Sharky bei Laune zu halten, mit den Blumenkohlohren eines Boxweltmeisters, der in

Carmel zu legendären Partys einlud, von denen man sich bis heute erzählt.

Ohne Zweifel ein Schwergewicht, ein Boxer aus der Welt scharfer Getränke und Fäuste, der genau die richtige Mischung kannte, um seine Gäste zum Reden zu bringen, mit einer hochprozentigen Mischung aus Alkohol und Anekdoten, von Expeditionen zum Südpol auf einem dreimastigen Schoner, unterlegt mit der Entführung des Lindbergh-Babys und effektvoll unterfüttert mit Wodka und Gin. Im Angesicht des Ozeans schwankend, plauderten die Gäste im Haus der tausend Ohren zwischen den lauschenden Wänden des Kapitäns ihre kleinen und großen Geheimnisse aus, kindische Spionagen, über die man heute im Silicon Valley lacht. Nichts als Pläne einer Revolution von gestern, die sich über die Zukunft des ganzen Erdballs erstreckten und wenig später in hohen Gläsern ertranken, in den Kater eines Morgens verwandelt, an dem immer noch dieselbe Sonne aufgeht.

Lauter sentimentale Metamorphosen. Weshalb ich beglückt und erleichtert war, als in San Simeon eine Tafel aufleuchtete, auf der in lesbaren Buchstaben Sea Breeze Inn stand. Es gab weder Wodka noch Gin und kein WLAN, dafür weiche Burger und Betten. Doktor Link war also nicht zu erreichen, und Lucita Squier hatte längst ausgecheckt. Ohren hatten die Wände trotzdem. Im Nebenzimmer stritten Foma und Jerry über einen Gegenstand, der mir bekannt vorkam: 3668Ilfpetrow, sagte Jerry, jeden Morgen derselbe Kleinplanet, immer auf einem anderen Kissen, an einem anderen Straßenrand. Schreiben Sie das in Ihr Notizbuch, Frau Eckermann, rief Jerry und klopfte dabei mehrmals gegen die Wand, schreiben Sie, dass ich

Ihr Gerede nicht länger ertrage und dass es höchste Zeit ist, nach Hollywood zu kommen, um unsere Rollen, verdammt nochmal, neu zu besetzen!

Vermutlich hatte sie gerade ihren Kasten geöffnet, um die Bilder der vergangenen Tage von ihrer Kamera auf den Rechner zu schieben, denn durch die Wand hörte ich deutlich, wie sie eins nach dem anderen herunterzählte, zweihundertmal Silicon Valley, hundertmal Großes Wasser, einhundertfünfzigmal Carmel plus neunzig der Rest. Macht insgesamt fünfhundertvierzig Bilder, von den zehntausend anderen gar nicht zu reden, die bereits auf ihrem Rechner lagen und von denen sie sich vermutlich kein einziges jemals wieder ansehen würde, denn was sie einmal mit ihrer Kamera festhielt, hatte sie für immer im Kopf.

Jerrys Kopf war nämlich ein Wunder, größer und sicherer als jeder Speicher der Welt, Fluch und Segen zugleich. Was sie einmal mit ihrer Kamera festhielt, konnte sie nie mehr vergessen, ihre Backups machte sie nur zum Schein, was sie einmal gesehen hatte, konnte nie wieder verlorengehen. Trotzdem konnte sie nicht aufhören, fleißig zu sein. Weshalb sie für den Rest dieses Abends vermutlich damit beschäftigt sein würde, die Gästeliste auf unserer Webseite auf Linie zu bringen, die Lebenden wie die Toten, Lucita Squier und Steffen Lincolns, gefolgt von R. L. Stevenson vor seinem Haus in Monterey, von Clint Eastwood und Captain Sharky. Du hast Sedric vergessen, sagte Foma, nicht ohne einen gewissen Unterton. Den habe ich gestern schon abgespeichert, sagte Jerry. Dann wurde es still, eine Stille, die mir verriet, dass die Königin nicht in den treuen Gärtner, sondern längst in einen anderen Höfling verliebt war.

Während ich lauschte, dachte ich an das Dossier des Zeichners, das sich bis heute auf keinem Rechner befindet und trotzdem für immer in Sicherheit ist, unter dem Mittelpunkt der Erde, in der letzten Höhle von Hannibal. Trotzdem bereute ich plötzlich meine Leichtfertigkeit, mit der ich den Schlüssel zu seinem Archiv so entschlossen von der Goldenen Brücke hinab ins Wasser geworfen hatte, während hinter der Wand auf der anderen Seite des Zimmers wieder das vertraute Husten von MsAnnAdams erklang, die offenbar in ein freundliches Gespräch mit sich selbst vertieft war, indem sie sich lauter Fragen stellte, auf die sie bereits die Antworten wusste.

Das Spiel war alt und bekannt, wir hatten es mehr als einmal gespielt, immer kurz vor Einbruch der Dunkelheit, wenn wir auf den Highways versuchten, mit hängenden Zungen noch ein paar letzte Meilen zu machen. Ein völlig harmloses Kinderspiel, russische Bauernmultiplikation. Es hieß Frage und Antwort, wobei die Fragen immer dieselben waren: Stand der Meilen? Verbrauchtes Benzin? Verbrauch von Wasser und Kaffee? Alles in Gallonen gerechnet, den Zigarettenverbrauch dagegen nach Schachteln, zuzüglich der Tankstellen, Betten und Kissen, plus, bis hinter das Komma genau, ein Trinkgeld zwischen fünfzehn und zwanzig Prozent und, Zusatzfrage für den, der, entgegen der Weisheit des russischen Märchens, den Abend für klüger hält als den Morgen: Wie wird morgen das Wetter?

Kein Wunder, dass grundsätzlich Foma gewann, nicht nur weil er Becky auf seiner Seite hatte, sondern weil er schlicht und einfach in Zahlen verliebt war, weil er von Haus aus wirtschaftlich dachte. Gärtner und Wirt in einer Person, kannte er sämtliche Tarife samt Updates und Upgrades und überraschte uns jeden Abend mit einem neuen Quartier. Nicht nur, dass er Jerry die Koffer trug, als Sohn eines russischen Offiziers kannte er auch ihre Zuckertabelle, ihren Bedarf an Zuwendung und Energie, weshalb er, sobald an der Front schlechte Stimmung aufkam, kurzfristig die Rationen aufstockte.

Erst als im Nebenzimmer das Husten verstummte, begann ich unruhig zu werden und erinnerte mich an das Katzenfell, das ich in der Höhle liegen gelassen hatte, um damit die achte Schlange des Volkes zu wärmen. Plötzlich schien mir, ich müsste AnnAdams wärmen. Denn obwohl es draußen immer noch ziemlich warm war, hatte sie drinnen vermutlich zu frösteln begonnen, und es hätte sie tausendmal besser gewärmt als die blaue Plastikkapuze, die ich seit Niagara immer noch in meinem Koffer herumtrug.

Aus Angst, an ihre Tür zu klopfen, versuchte ich, im Halbschlaf, ihre Träume zu zeichnen, um Teil einer Antwort auf ihre Fragen zu werden, aber ich hatte längst den Anschluss verloren. Denn ich hatte mich aus dem Staub gemacht, ich hatte unberufen die Gruppe verlassen, ich hatte ihre Mission verraten, ich hatte eigenmächtig auf einen Twister gesetzt, um einem Zeichner in eine Höhle zu folgen, aus der ich bis heute nicht aufgetaucht bin. Und für den eher unwahrscheinlichen Fall, dass ich doch nicht gestorben bin und immer noch lebe, sitze ich in einem hellblauen Ford Pick-up, der auf Geheiß seines Bleistifts von selber fährt. Metamorphosen, das uralte Spiel, in dem sich der europäische Gasthof von gestern, unter ständig wechselnden Namen, in ein amerikanisches Motel von morgen verwandelt, um die Gedächtnismaschine in Gang zu halten.

Kofferpacken. Das Kinderspiel einer Frau von gestern.

Hinter der Wand sitzend, lauschte ich ihrer Stimme, die immer wieder von vorn sämtliche Namen aufsagte, nicht in alphabetischer, sondern in geographischer Folge: Newbury Guesthouse, Super 8, Zero 1, Twin Oaks, Elly und Dan, Cavaliers Motel, Super 8, Shorecrest Motor Inn (Zeitverschiebung von einer Stunde), Whitehall Hotel, Mary und Joe Gott, Knights Inn, Blarney's Inn, El Rey (Zeitverschiebung von einer Stunde), Western Motel, Arizona Motel, Saddle West, Econo Lodge, Hotel Vertigo. Als sie endlich im Sea Breeze Inn ankam, atmete sie hörbar aus und zündete sich die nächste Double Red Road an, für deren Geruch in den Kissen sie am nächsten Morgen würde aufkommen müssen, doch für ihre eigene Freiheit zahlt AnnAdams bekanntlich den höchsten Preis.

In dieser Nacht in der Seebrise über dem Ozean hatten wir, die Schrecklichen Vier, zum ersten Mal alle denselben einfachen Traum. Wir träumten davon, nicht mehr weiterzufahren, sondern die Jagd nach den Russen aufzugeben und für immer stehen zu bleiben. Selbst AnnAdams, die bis kurz vor der Ankunft an der Goldenen Küste keine Sekunde geschlafen hatte, weil sie, genau wie Solomon Trone, unterwegs nicht müde geworden war, uns immer wieder von vorn zu erklären, dass Russian America nicht Amerika sei, sondern nichts als eine bewässerte Wüste, die Traumkolonie der Kutscher und Pelzhändler aus Sibirien, lag unvermutet in einem Tiefschlaf, den ich ihr niemals zugetraut hatte.

Am nächsten Morgen kam sie zum ersten Mal nach mir, als ich bereits beim dritten Pfannkuchen saß. Vielleicht wollte sie mir damit etwas beweisen, auch wenn es ihr niemals gelingen würde, später als Foma und Jerry zu kommen. Denn der Sohn des russischen Generals widersetzte sich hartnäckig dem Diktat seines Vaters. Wahrscheinlich hatte er, seiner Liebe zu Zahlen zum Trotz, irgendwann einfach beschlossen, nie wieder im Leben pünktlich zu sein, sondern einfach im Halbschlaf liegen zu bleiben, zwischen Sedric und Jerry, die von einer hollywoodianischen Zukunft träumten. Nur ich hatte keinen Schlaf gefunden, denn ich schlief seit Wochen den Schlaf der Ungerechten, die auf immer dazu verurteilt sind, sich unter der Last fremder Träume von der einen auf die andere Seite zu werfen, bis endlich einer mit rubinroten Schuhen im Morgengrauen ans Fenster klopft, um mich auf die Insel meiner eigenen Träume zu bringen.

Er klopfte tatsächlich, doch er kam nicht in rubinroten Schuhen, sondern, halb Mädchen, halb Junge, in einem hellgrünen Jagdkostüm, von der Hand des Zeichners aus Blättern genäht, und hieß auch nicht Dorothy, sondern Peter. Denn AnnAdams' Distanzplan war unerbittlich, er brachte uns nicht nach Hollywood, sondern dorthin, wohin ich niemals wollte, in die Schule der ewig tanzenden Kinder, vor die Tore von Neverland, in den Weinberg von Los Olivos, wo das Schlaraffenland mit dem Niemalsland eine so fröhliche Schnittmenge bildet, auf einer Farm, deren Hühner bis heute, allen Schulden zum Trotz, immer noch die goldenen Eier des Nachruhms legen.

Denn obwohl König Pop, Michael Jacko the Great, seit Jahren unschuldig schuldig gesprochen, längst unter dem Rasen im Memorial Park liegt, werden seine Träume samt Zirkus und Zoo in Las Vegas unermüdlich weiter versteigert. Nur das Niemalsland wollte offenbar niemand ha-

ben, das Tor zum Paradies war verriegelt, flankiert von vier
Erzengeln in Rangerkostümen, die sich nicht als besonders
gesprächig erwiesen. Umso lauter sprachen die Steine. Die
Mauern neben dem Tor waren von Zeichen der Hingabe
übersät, von unbeholfen in die Steine geritzten Worten
und Küssen, die in sämtlichen Sprachen der Welt bis heute
keinen Widerspruch dulden: Das Grab ist leer! Er ist auferstanden! Jacko for ever! Wir lieben dich! Unvergessen!
Unsterblich! Für immer und ewig! Unser Kuss dein Atem,
dein Atem ein Kuss. (Ein Kuss, den keiner bekommt, weil
er allen gehört!, hatte jemand daruntergeschrieben.) Don't
fall asleep! Keep going! Keep singing! Keep dancing,
dancing for ever! First man ever who danced on the moon!

Doch objektiv hing über allem eine gespenstische Stille,
keine Spur von all den glücklichen Kindern, die der Flöte
des Rattenfängers gefolgt sind, um im Paradies der be-
grenzten Möglichkeiten wenigstens einmal im Leben auf
Pferden und Elefanten zu reiten, ihren ersten eigenen Affen
zu streicheln und auf einer Achterbahn Helter Skelter zu
fahren, Hals über Kopf erst bergan, dann bergab, neben
einem Jüngling in einem hellgrünen Jagdkostüm, der die
Jahreszeiten bis heute verachtet, weil er an das Geheimnis
der ewigen Jugend glaubt.

Aber inzwischen ist Herbst, und das Geheimnis ist tot,
also lebe das nächste! Jacko ist tot, aber sein Hüter, Peter
Pan, ist noch am Leben und fliegt mit ihm weiter, von Land
zu Land und von Stadt zu Stadt, von Russian America bis
zurück nach Europa, dorthin, wo er herkam und bis heute
nachts an die Fenster der Kinder der Welt klopft, um sich
heimlich in ihre Träume zu stehlen und sie in ein neues
Geheimnis einzuweihen, das außer ihnen selbst niemand

kennt, weder ich noch AnnAdams. Und ihre besorgten Mütter schon gar nicht, die bis heute nicht wissen, was in den Köpfen ihrer Kinder so vorgeht, wenn sie nachts auf eine Fensterbank steigen, um einem Twister zu folgen.

Denn selbst im Land der Erfüllung jeder Verheißung ist Jacko ein fremder Vogel geblieben, ein Vogel, der bis zum Mond fliegen wollte, um die Erde endlich von oben zu sehen und dort oben nur noch für sich zu tanzen. Moonwalk. Doch auch von oben betrachtet sieht die Sache der Menschen nicht besser aus, weshalb er bis zum Schluss unermüdlich damit beschäftigt war, im allamerikanischen Streit um die richtige Farbe seine Federn endlich in das zu verwandeln, was sie bis heute nicht sind: in farbecht tragende Flügel.

Zum Teufel mit der allamerikanischen Farbenlehre von Columbus bis Tocqueville, von JWGoethe bis Ilf und Petrow. Jeder reist unter seiner eigenen Farbe, unter seiner eigenen Flagge, die eine in Rot, der andere in Grün, die meisten auf einem falschen Dampfer, der sie, Helter Skelter, unter der Sonnenbrille der achten Schlange des Volkes an einem Ufer absetzt, an das sie nie wollten. Jackos Botschaft war also nicht misszuverstehen, doch der Zugang zum Heiligtum blieb uns versperrt, an eine Besichtigung des Paradieses war nicht zu denken. Die Erzengel ließen sich nicht bestechen, nicht einmal von Jerry, die trotz der Hitze am Mittag in Los Olivos ihren gesamten Charme aufbot. Denn die vier Ranger hatten nie ein Konzert von Michael Jackson besucht und nie etwas von Peter Pan gehört. Vermutlich hatten sie niemals daran gedacht, auf die Fensterbank ihrer Kindheit zu steigen und in einem Twister zu verschwinden.

Denn sie waren einfache Wachmänner und Polizisten, die, nicht anders als der Vater von Jerry, ihre Familien davon ernährten, die Vergangenheit genau wie die Zukunft auf dem Gelände ihrer Obhut in Schach zu halten, bis der Baum der Erkenntnis neue Frucht tragen würde. Die Wahl vor der Tür ging sie nichts an, sie hatten ihre Wahl längst getroffen, sie hatten sich gegen den Mond und für den Weinberg entschieden, für die achte Schlange des Volkes, die nicht wegen Jacko gekommen war, sondern weil man in Los Olivos einfach gut essen und trinken kann, bevor man am nächsten Morgen einen voll klimatisieren Bus besteigt, der von dort aus weiter nach Süden fährt, auf die Rancho del Cielo, nicht ins Paradies, sondern direkt in den Himmel, wo der vierzigste Präsident der Vereinigten Staaten seiner Geschichte und ihrer Erinnerung bis heute lachend die Zähne zeigt.

Trotzdem wollte ich bleiben. Denn ich hatte mich wider Erwarten in die Idee einer Farm von gestern verliebt, in die schlichte Idee von der Sesshaftigkeit einer großen Familie, mit Kindern aus drei bis fünf Ehen, die mit hochgekrempelten Ärmeln endlich die gemeinsame Ernte einfahren, Wein und frische Oliven. An Aufschub war allerdings nicht zu denken, denn Red Rubys Ölwechsel war überfällig, und sie ließ sich nicht mit Olivenöl schmieren, sie war unbestechlich und konservativ und auf eine Tankstation ihrer eigenen Wahl aus. Außerdem hatten sich Jerry und Foma schon für Hollywood kostümiert: Foma trug ein hellgrünes Pankostüm und Jerry ein Paar rubinroter Schuhe, die auf magische Weise zu leuchten begannen, sobald wir das Niemalstal hinter uns ließen.

Was möchtet ihr hören? Keines von beidem, sagte Ann-Adams entschieden. Also erzählte ich, was passiert, wenn man die Kraft hat, seinen Namen zu ändern wie Maksymilian Faktorowicz, jener Perückenmacher aus Lodz, kosmetischer Berater des Zaren, um den sich Russen und Polen bis heute streiten, was für die Geschichte selbst keine Rolle spielt, denn Max Factor ist längst Amerikaner geworden, Maskenbildner in Hollywood, der besser als jeder Zeichner weiß, wie man ein Gesicht auf die richtige Linie bringt.

Er hatte sie alle in Farbe und Form gebracht, für alle den richtigen Lidstrich gefunden, für alle den passenden Wimpernschlag, für Dorothy, Marilyn und Marlene, für Sharon, Uma und Angelina, für alle die passende Stirn ohne Furchen, auf der sich die Sorgen von gestern in die alternde Schönheit von morgen verwandeln, in ein Leben, das niemals zu Ende geht. Er hatte die Gesichter der Frauen von gestern in das Gesicht einer Frau von morgen verwandelt, ihren Lippen den richtigen Schwung gegeben und ihre Mundwinkel mit jenem dauerhaften Lächeln versehen, das sie für immer unsterblich macht. Doch der Erfinder des elektrischen Schminkstuhls war nicht in Hollywood stehengeblieben, er hatte das große Lächeln der Diven an die kleinen Bräute am Wegrand verkauft, er hatte die hohe Kunst der niederen Schönheit in einen erschwinglichen Preis verwandelt, in einen Kuss, den jeder bekommt. Russische Bauernmultiplikation, der keine Käuferin widersteht, wenn sie nach Feierabend vor einem Spiegel in einem Kaufhaus des Mittleren Westens steht.

So weit die erste Hälfte des Märchens, bevor es, wie jedes gute Märchen, in die wahre Begebenheit übergeht, die davon erzählt, dass weder Jerry noch ich, von AnnAdams gar nicht zu reden, auch nur die Spur von Lippenstift trugen, als wir endlich erschöpft und unendlich müde vor den Toren zur Stadt der Engel die pazifischen Palisaden passierten und die berühmte Villa Aurora erreichten, wo wir auf den tragenden Flügeln des langsam versinkenden letzten Jahrhunderts ein weiteres Mal für Radio Goethe von unserer Reise berichten sollten. Als hätten nicht Tausende andere vor uns dieselbe Strecke zurückgelegt, in Trecks, auf Schiffen, in Ketten und barfuß, ohne Stiefel und Sporen, ohne Sattel und Bügel, bei Regen und Schnee, im Traum und im Schlaf, von Scholle zu Scholle, alle mutterseelenallein und insgesamt unterm Strich schlecht bedichtet.

Aber jetzt kommen wir, die vier Schrecklichen Vier. In einem Auto ohne Schramme und Kratzer, unverletzt und ermüdet durch nichts als uns selbst, fuhren wir durch das Tor der Villa in eine Welt von gestern, in der es nach alten Büchern und nach Stipendien roch, nach Kunst in der Wand, nach Archiv und Exil, nach einer Schnittmenge aus Silberfisch und Papier, in der das Papier eindeutig den Kürzeren zog. Denn während das Geld der Stiftung unter der kalifornischen Sonne dahinschmolz, vermehrten die Silberfische sich unaufhörlich in ihrem unermüdlichen Kampf gegen die europäische Kulturhoheit. Vermutlich hatten sie ihn bereits gewonnen, obwohl das niemand wahrhaben wollte, weshalb man standhaft rückwärtsgewandt immer noch Käse auf Wein servierte, mit Blick über den Pazifischen Ozean und auf einen Garten, den Foma ohne Umschweife sofort für sich in Besitz nahm, indem er seiner Buchhaltung traumwandlerisch einen Posten hinzufügte und sich zum ersten Artist in the Garden ernannte.

Einzig schade, dass Ilf und Petrow diese ganze Pracht nicht mehr mit eigenen Augen zu sehen bekamen, um ihre Freundschaft mit Lion Feuchtwanger aufzufrischen, der sie kurz nach ihrer Reise nach einer Teestunde bei Väterchen Stalin persönlich in Moskau aufgesucht hatte, um ihre Hoffnung auf eine Zukunft zu teilen, von der damals noch niemand wusste, dass sie sich niemals erfüllen wird. Wahrscheinlich wussten sie nichts von den Silberfischen, die bereits damals durch alle Kanäle krochen und ihre Bücher mit kleinen Zeichen versahen, von denen wir heute nicht genau wissen, wie sie wirklich zu deuten sind. Silberfische sind eins, der Schimmel der Geschichte ein Zweites.

Während ich in Feuchtwangers Schlafzimmer stand, das, Wand an Wand mit dem Zimmer seiner Frau Marta, nach Mottenkugeln und Ehebruch roch, nach einem Motel von gestern und nach der Einsamkeit eines gewissen John Steinbeck, der sich auf seiner Reise mit seinem Pudel Charly in Lonely Harry umbenannt hatte, begann ich an der Geschichte der Reisen und der großen Freundschaft zu zweifeln. So was riechen natürlich nur Frauen, die, der schönen Aussicht zum Trotz, keine einzige Nacht hier verbringen wollen. Auch als man mich später im Erdgeschoss in Martas verborgenes Kabinett der schweren Getränke führte, um mich kurzfristig mit einem alten Tropfen zu trösten, ging ich von meinem Beschluss nicht ab, denn ich hatte bereits gut die Hälfte der Strecke hinter mir und wusste genau, dass mir auch auf den nächsten fünftausend Meilen keine neuen Erkenntnisse zufallen würden, sondern dass ich mich einfach entscheiden musste, zugunsten der Bücher oder zugunsten derer, die sie in ihrem unaufhaltsamen Fleiß langsam, aber beharrlich verschlingen, weil sie von ihnen leben. Hand aufs Herz: Wer hat, von den silbernen Fischen abgesehen, all diese Bücher wirklich gelesen, wer außer ihnen hat sich jemals tatsächlich auf den Weg durch diese Seiten gemacht, Titel für Titel und Zeile für Zeile, wer hat den Klebstoff, der sie bis heute ernährt, so ernsthaft verdaut und auf so ernsthafte Weise neu ausgeschieden, um sie in einen neuen Text zu verwandeln?

Nichts als Picknick, Verdauung und Metamorphose. Ein Hoch auf den einsamen Harry, der in einem einsamen Hotelzimmer saß, um nach einer kurzen Nacht mit der Kellnerin Lizzy eine Spur für John Steinbeck zu hinterlassen, der am nächsten Morgen erst sich und danach seinen Pudel Charly gebürstet hat, um danach einfach weiterzufahren, um in Las Salinas seine Schulkameraden von gestern zu treffen. Doch das Kabinett der schweren Getränke war leer, niemand mehr da, der wirklich ernsthaft noch mit ihm trinken wollte, er war einfach zu reich und berühmt geworden, die Wahrheit hatte über das Märchen seiner Kindheit gesiegt.

Aber irgendwo brennt immer ein Licht. In der hinteren Reihe des Vortragsraums, mit einem Getränk aus dem Kabinett von Marta versehen, saß Johanna. Eingewandert aus Frankfurt, eine Ärztin, die, wie ich erst später erfuhr, nussgroße Kinderherzen kurzfristig durch den Tiefschlaf der Anästhesie und damit langfristig vor dem Niemalsland rettet und im Nebenamt Filme, Bilder und Bücher studiert, weshalb sie sehr genau wusste, was Kunst ist und was jener kleine Rest, der mit dem Kater am nächsten Morgen verschwindet.

Ich schlug sofort ein, als sie mir ihr Haus am Mullholland Drive antrug, in dem die Betten nicht mit Blick auf den Ozean standen, sondern mit Blick auf die Wüste von Hollywood. Eine Produktion, die mit den Augen der Ärztin betrachtet, die von Berufs wegen damit beschäftigt ist, die Lebenden von den Toten zu trennen, und kein Hehl daraus macht, dass die einfache Tatsache, dass jemand noch atmet, kein Beweis für seine Lebendigkeit ist, insgesamt nichts als Schnee von gestern sei. Genau wie das hier, sagte sie freundlich, als wir auf der Terrasse der Villa unsere Gläser in die Dunkelheit hielten, das hier kannst du vergessen, vergiss die Betten und Motten, nimm deine drei Leute und komm einfach mit, in meinem Haus liegt ein Schatz, den bis jetzt noch keiner gehoben hat und der euch garantiert auf andere Gedanken bringt. Außerdem könnte ich einen Gärtner gebrauchen.

Ich verabschiedete mich von den Silberfischen und schwor die Gemeinschaft auf den Mullholland Drive ein. Unterwegs hielten wir ein letztes Mal an, um aufzutanken, ein paar Würstchen und Bier zu kaufen, außerdem Chips und Guacamole, was sich als überflüssig erwies, denn als wir das Haus von Johanna betraten, in dessen Einfahrt ein roter Porsche stand, der unsere Herzen hoch bis zum Hals schlagen ließ, eine leise Kränkung für Ruby, hatte der Tisch sich bereits von selber gedeckt und bog sich wie im Mittleren Westen unter der allamerikanischen Gastfreundschaft.

Johanna hatte uns nicht zu viel versprochen: In der Mitte des Wohnzimmers saß mit Blick auf das flimmernde

Wüstental der Schatz höchstpersönlich. Er sah besser aus als ich erwartet hatte, frisch rasiert und mit einem dezenten männlichen Duft versehen, seine gut durchbluteten Lippen luden förmlich zum Küssen ein. Doch unser Respekt vor seinem Glanz war einfach zu groß, wir blieben schüchtern auf der Türschwelle stehen, weil keiner von uns den Mut aufbrachte, sich ihm wirklich zu nähern. Obwohl er plötzlich zum Greifen nah war, wagte niemand von uns, ihn anzusprechen oder womöglich zu berühren, womöglich sogar in Besitz zu nehmen, auch weil er selbst nicht die geringste Anstalt machte, sich aus seinem Sessel zu erheben, um einem von uns die Hand zu reichen.

Denn sein Ruhm hatte ihn unbeweglich gemacht und für immer an einen Thron gefesselt, von dem er sich nicht mehr erheben konnte. Er saß einfach fest. Einzig Johanna, die furchtlos war, weil sie ihn offenbar schon etwas länger kannte, brachte den Mut auf, ihm ein gekühltes Bier anzureichen, in der Hoffnung, ihn damit zum Sprechen zu bringen. Doch er hatte gar nicht die Absicht zu sprechen, dafür sprach er dem Bier und den Erdnüssen zu, die Johanna auf kleine Teller gelegt hatte. Denn sie war eine gute Gastgeberin und zu allem entschlossen, sie goss uns Wein und Champagner ein und sagte leise: Lasst ihm einfach ein bisschen Zeit.

Zum ersten Mal auf der ganzen Reise war es nicht Jerry mit ihrer Kamera, sondern AnnAdams, die die lähmende Stille unterbrach, indem sie einfach zwei Schritte nach vorn tat, eine Schachtel aus ihrer Handtasche zog und freundlich anbietend sagte: Möchte der Schatz vielleicht eine rauchen? Und siehe: Der Bann war gebrochen, der Schatz erhob sich und trat mit AnnAdams auf die Terrasse hinaus, um seine erste Double Red Road zu rauchen und ihr mit Blick auf das illuminierte Tal zu gestehen, er habe schon seit Stunden nicht mehr geraucht und warte schon seit Jahren darauf, von einer Braut am Wegrand erlöst zu werden. Und jetzt war sie wirklich tatsächlich gekommen, in Gestalt einer zierlichen Frau aus Wien, um hier am Mullholland Drive Johannas Nachbarn, dem Schatz, Quentin Tarantino persönlich, seine erste Zigarette seit Jahren anzubieten, die er in tiefen Zügen auf Lunge genoss, während Foma, Jerry, Johanna und ich aus Verlegenheit den Garten begingen, um über Flora und Fauna zu sprechen.

Fünf Minuten später hatten uns in die Schrecklichen Sechs verwandelt, um auf der Terrasse ein paar Runden Kill Bill zu spielen, wobei jedes Mal AnnAdams gewann, weil sie das Spiel in- und auswendig kannte, denn sie hatte es, bis zum letzten Atemzug, am Bett ihres sterbenden Mannes gespielt, der zwar dem Streich der Hunnen entronnen war, doch den auch Johannas Kunst nicht gerettet hatte, denn irgendwann hatte sein flüchtiges Herz auf der Schatzsuche Richtung Westen versagt.

Nur AnnAdams' Herz hörte nicht auf zu schlagen, vielleicht weil es so selten höher schlägt, dafür langsam und stetig und sehr beharrlich, und weil sie bereits seit Boston wusste, dass sie den Schatz eines Tages noch heben würde. Denn sie hatte ihn niemals verloren gegeben. Sie hatte mir den Indianer im versteinerten Wald, der angeblich schneller gewesen war, genauso wenig geglaubt wie Quentin die Geschichte vom schwarzen Rächer. Er kam mit seinen Karten einfach nicht hinterher. Obwohl er immer wieder von vorn versuchte, sie neu und besser zu mischen und in eine für ihn günstige höhere Ordnung zu bringen, hatte

AnnAdams das Spiel längst für sich entschieden. Das in ihr befindliche Wissen war einfach zu groß, denn sie kannte seine Metamorphosen besser als er, von den Nibelungen gar nicht zu reden, die sie in ihrem Great Books Course mindestens zwanzigmal unterrichtet hatte, ein Vorsprung, der uneinholbar war.

In dieser Nacht am Mullholland Drive hatte Quentin seinen letzten Gegner gefunden. In der vierten Runde Kill Bill, in der er sich vom entfesselten Django bereits in Siegfried verwandelt glaubte, während Foma Gunter, Gernot und Giselher gab und Jerry ihr Letztes und Bestes, um Kriemhild und Brunhild auf einmal zu spielen, und die heilige Johanna der Gastfreundschaft die Rolle des Kaplans übernahm, der bis heute nicht schwimmen kann, aber immer noch an die Rettung durch flößende Männer glaubt, hatte sich AnnAdams unter dem Furor der Karten längst in den unerbittlichen Hagen verwandelt und nahm zum ersten Mal Rache für alles, was ihr zwischen Wien und Russisch Amerika jemals widerfahren war.

Sie schlug einfach zu, immer wieder von vorn, sie wich keine Sekunde zurück und ging auch dann nicht ins Knie, als Quentin ihre letzte Dame mit einem König aus dem Feld zu schlagen versuchte. Denn er hatte sie einmal mehr unterschätzt, er hatte nicht mit ihren treuen Buben gerechnet, bekanntlich die besten Vasallen und Trümpfe. Hunnische Bauernmultiplikation, rief AnnAdams und lachte, bevor sie zum alles entscheidenden Schlag ausholte und ihr letztes Ass aus dem Ärmel zog, bis Quentin atemlos unter dem zehnten Stich und in ängstlicher Erwartung des nächsten endlich gestand, er habe die Nibelungen nie gelesen. Every German knows that story, sagte AnnAdams gelassen und bat ihn zur Kasse. Aber Geschichte ist eins und Schimmel ein Zweites, außerdem sind Sie ja Italiener, da wollen wir heute Abend nachsichtig sein.

Schreiben Sie das in Ihre Notizbücher, Gentlemen, aber vergessen Sie nicht hinzuzufügen, dass das Spiel damit nicht beendet war. Denn während wir auf der Terrasse standen, plötzlich sechs von sechs rauchend, begann Ann-Adams, von ihrem Sieg erhitzt, die Geschichte noch einmal von vorn aufzurollen. Ob er, Berlin nicht gerechnet, jemals in Deutschland gewesen sei, ob er jemals den Rhein selbst befahren habe? Die Antwort gab sie sich selbst, sie lautete nein, sie sehe ja schon auf den ersten Blick, dass er niemals selbst dort gewesen sei und von der Wahrheit überhaupt keine Ahnung habe.

Weshalb ihm vermutlich auch nicht bekannt sei, dass jener prächtige Fluss auf jenem berühmten Bild, auf dem mit westwärts geschwollener Brust, ein gewisser George Washington bei Nacht und Nebel angeblich den Delaware überquert, in Wahrheit gar nicht der Delaware sei, sondern der deutsche Rhein. Ins Bild gebracht von einem gewissen Herrn Leutze, fügte sie freundlich hinzu, halb Amerikaner, halb Deutscher, der erst nach seiner Rückkehr nach Düsseldorf gelernt habe, wie man der Geschichte vom Aufbruch ins Neue wirklich Drama und Farbe verleiht. Und bedenken Sie bitte, was das bedeutet, rief AnnAdams mit Blick auf das flimmernde Tal, was das wirklich bedeutet! In einem deutschen Studio seine Statisten so einfach und klar auf Linie zu bringen, dass sie glaubwürdig, ganz nach Belieben des Meisters, alles so darzustellen vermögen, dass es tatsächlich wirklich erscheint: den ersten Präsidenten der Vereinigten Staaten, Offiziere und rudernde Soldaten, um dem Rest der Welt endlich bildhaft zu zeigen, wie man die Engländer für immer aus dem Feld schlagen kann, um ein freier Amerikaner zu werden. Das vermag nur die Kunst!

Als Quentin nach einer letzten Double Red Road Johannas Haus am Mullholland Drive verließ, hatte Ann-Adams ihre einsame Schlacht geschlagen. Sie legte sich in Johannas Sommerbett auf der Terrasse, die Beine zur Wand und den Kopf in die Wüste Richtung Hollywood, um zum ersten Mal in ihrem Leben unter einem freien Himmel zu schlafen, an dem in dieser Nacht überdeutlich und klar neben 3668IlfPetrow ein neuer Kleinplanet auftauchte, dem sie entschlossen ihren eigenen Namen gab.

Nachdem uns die heilige Johanna der Gastfreundschaft am nächsten Morgen auf der Terrasse mit einem üppigen Frühstück bewirtet hatte, wollte keiner von uns mehr gehen, am wenigsten Foma, denn er hatte sich über Nacht in den Garten verliebt. Doch Johanna wusste genau, dass unsere Mission noch nicht erfüllt war. Zum Abschied drückte sie mir eine kleine Karte in die Hand und sagte: Für den Fall, ihr wollt mehr über die flüchtigen Russen erfahren, kann euch Baba unter Umständen weiterhelfen. Dann drückte sie jedem von uns einen Abschiedskuss auf die Stirn und schickte uns zurück auf die Straße.

Auf der Karte stand: Baba Wanga! Full Truth! 20 Dollar! Darunter in kleinen goldenen Buchstaben eine Adresse auf dem Sunset Boulevard, wo sich bekanntlich ein Schicksal ans nächste reiht, Bude an Bude, Zukunft an Zukunft, Kugel an Kugel, Wahrheit an Lüge, Prawda an Kriwda, das Schicksal von gestern an das Schicksal von morgen. Lauter

Schicksale, die sich auf der Durchreise in eine fröhliche Kundschaft verwandeln, in die achte Schlange des Volkes, die, kurz bevor die Reise zu Ende geht, ihr letztes Geld für die Wahrheit auf den Kopf hauen will, um mit Hilfe von Karten oder der eigenen Hand endlich in Erfahrung zu bringen, ob der ganze Aufwand sich wirklich gelohnt hat, ob das Ziel tatsächlich das richtige war.

Reine Zeitverschwendung, sagte AnnAdams entschieden, ich weiß, dass ich nichts weiß und dass Baba noch weniger weiß, also muss ich mir nicht aus der Hand lesen lassen. Aber ihr Sieg über Quentin hatte sie mutig gemacht, also willigte sie in den Abstecher ein. Während wir den Sunset Boulevard hinunterfuhren, besprach sich der Gärtner wie immer mit Becky, die uns umgehend darüber in Kenntnis setzte, dass Baba Wanga, die blindeste Seherin aller Zeiten, geboren im Osmanischen Reich, längst tot und inzwischen Geschichte sei, ihre hohe Trefferquote in Wahrsagerei beruhe einzig auf perfekter medialer Vernetzung. Ein klarer Fall von Suggestologie, las Foma laut weiter, gefolgt von einer Liste von Prophetien und Visionen, die erstaunlich vollständig war: Tod des bulgarischen Königs Boris des Dritten, Tod von Väterchen Stalin, Tod von Ilf und Petrow, der elfte September, die schmelzenden Pole, diverse Tsunamis, der Twister von Quincy, Katrina und Irma, der Untergang des Atom-U-Boots Kursk, Untergang Europas durch Brexit und IS, der verkaufte Mond und, last but not least, das Gemetzel der Nibelungen am hunnischen Hof.

Baba Wanga ist tot, es lebe Baba die Zweite! Allerdings stammte sie nicht aus Bulgarien, sondern vermutlich direkt aus dem Niemalsland. Sie war nur auf einem Auge blind (auf dem rechten), dafür zog sie das linke Bein hinterher, kann aber auch sein, dass sie bloß so tat, denn alles an ihr war platinblond, gefälscht wie ihre ewige Jugend, denn sie hatte garantiert weit mehr als zehntausend Meilen hinter sich und unterwegs nicht mehr als ein Päckchen Karten gerettet und eine Wahrsagerkugel alten Stils, die sie mit Hilfe eines Computers betrieb.

Offenbar waren wir ihre einzigen Kunden. Als wir ihr Hinterzimmer betraten, in dem es nach billigem Mittagessen und Räucherstäbchen roch und in dem der Platz für die Zukunft ziemlich begrenzt war, war die erste Frage, die sie uns stellte: Die halbe oder die ganze Wahrheit? Die halbe, sagten Foma und Jerry sofort. Die ganze, sagte ich, wild entschlossen. Keine von beiden, sagte AnnAdams. Also fangen wir mit dem Hochzeitspaar an, sagte Baba Wanga, der Profi, schaltete ihren Computer an und begann, parallel dazu, die magische Kugel von gestern zu reiben.

Während sie rieb, war es totenstill, die Spannung stieg, denn sie verstand ihr Geschäft und ließ sich viel Zeit, bevor sie mit einem leisen Seufzer in gebrochenem Englisch sagte: Was ich sehe, macht wenig Freude, ich sehe den Sohn eines russischen Generals und die Tochter eines Polizisten aus Halle, eine insgesamt schwierige Konstellation, die sich astrisch nicht zum Erfolg führen lässt. Die Hochzeit wird niemals zustande kommen, auch wenn sich das aus der geöffneten Hand auf den ersten Blick manchmal anders liest. Aber am Ende hat immer die Kugel recht, was oben nicht ist, kann unten nicht sein, eure Wege werden sich trennen, noch bevor der mexikanische Hahn dreimal kräht.

Denn du, sagte sie und bohrte dabei ihr linkes Auge drohend zwischen die Augen von Foma, bist vom Schicksal zu einer anderen Ernte bestellt. Und während sie die Kugel gefühlvoll und pathetisch ein zweites Mal rieb und in ihrer Mitte zu unserer Verblüffung ein Kaktus erschien, der seine Arme gen Himmel streckte, fügte sie leise und bedeutsam hinzu: Allerdings nicht in diesem, sondern in einem anderen Land, jenseits des Ozeans. Denn du bist nicht für die offene Landschaft geschaffen, du bist deiner Freiheit nicht gewachsen und wirst, gegen besseres Wissen und Wollen, ein Haus und einen eigenen Garten betreiben und eine Familie, die nicht deine eigene ist.

Der Kaktus verschwand, und in der Kugel erschien eine Krone. Für dich sieht es wesentlich besser aus, sagte Baba und wandte sich Jerry zu, denn du weißt genau, was du willst. Noch glaubst du, auf der Suche zu sein, doch wirst du das Holz von gestern bald hinter dich werfen. Du wirst eine Sprache sprechen, in der du bis jetzt nicht einmal geträumt hast, und deine Kinder werden Sprachen sprechen, in denen sie nicht mehr träumen müssen, denn der große Rat hat beschlossen – hier brach sie ab, weil sich die Kugel plötzlich verdunkelte. Der Bildschirm begann, heftig zu flimmern, und die Krone verschwand, noch bevor wir erfahren konnten, was der große Rat wirklich beschlossen hatte.

The fear starts here! Sogar AnnAdams begann langsam, nervös zu werden, und fingerte nach einer Double Red Road, doch Baba die Zweite bedeutete ihr mit einer einfachen Geste, dass hier keinesfalls geraucht werden dürfe. Um das zu bestätigen, begann der Bildschirm erneut heftig zu flimmern. Doch sobald AnnAdams die Zigarette zurück in die Schachtel geschoben hatte, war der Kontakt wiederhergestellt, und das Innere der Kugel zeigte zu unserem Erstaunen AnnAdams persönlich, die mit einem kleinen Hund auf dem Schoß am Totenbett ihres Mannes saß und versuchte, seinen letzten Atemzug einzufangen.

Du hast getan, was du konntest, sagte Baba die Zweite, doch du tust dich schwer mit dem Glück, das in dir befindliche Wissen ist einfach zu groß. Zeit deines Lebens, und dein Leben wird lang sein, wirst du ein fliegender Holländer bleiben, denn der große Rat hat dich dazu verurteilt, die Erde immer wieder von vorn zu umrunden, zu Land, zu Wasser und in der Luft, auf der Suche nach der Antwort auf deine letzte Frage. Und wie lautet die letzte Frage, fragte AnnAdams. Metamorphosen, Metamorphosen, murmelte Baba die Zweite und fügte leise und boshaft hinzu: Absence makes the heart grow fonder. Noch zwanzig Dollar, dann wüsste ich mehr.

Um Herr und Dame meiner kindischen Angst zu werden, zahlte ich, ohne mit der Wimper zu zucken, zwanzig Dollar gegen die Lüge und zwanzig weitere für die ganze Wahrheit, unter der Bedingung, dass mir Baba direkt aus der Hand lesen würde. Bist du sicher, dass du dazu bereit bist, fragte die Hexe und warf mir unter ihrer Perücke einen vielsagenden Blick zu. Entschlossen streckte ich meine schweißnasse rechte Hand aus, worauf ihr blindes Auge heftig zu schielen begann, als sie mit schriller Stimme rief: Voll bezahlt, voll bedient! Aber so haben wir nicht gewettet, meine liebe Frau Eckermann! Deine Hand schwimmt ja in Schweiß, wie soll ich da ihre Linien lesen? Nichts als Trug und Verhüllung, eine vernebelte Landschaft von gestern, die du in eine Landschaft der Zukunft verwandeln willst. Aber deine Zeit ist vorbei. Du wirst den neuen Menschen nicht finden, weil du dich mit lauter alten umgibst, Schnee von gestern. Und was deine Odessiten betrifft, sie lachte hämisch, sie werden auf immer verschollen bleiben.

Um meine Handfläche trocken zu reiben, griff sie nach meinem Taschentuch, schüttelte mehrmals den Kopf, begann wieder zu schielen und rief: Jetzt sehe ich klarer, deine reisenden Linien verraten mir deutlich, dass du hartnäckig in die falsche Richtung fährst, du wirst den Delaware nie überqueren! Aber da du doppelt bezahlt hast, sollst du auch doppelte Antwort bekommen, fügte sie gönnerhaft hinzu und setzte sich ein letztes Mal hinter die Kugel.

Auf einmal erschien in der Kugel, auf unheimliche Weise, unsere ganze Reise. Irgendwie musste es Baba gelungen sein, unter der Hand an AnnAdams' Distanzplan zu kommen, die Route stimmte perfekt, auf die Meile genau. Einzig zwischen Quincy und der Goldenen Küste tat sich eine seltsame Leere auf. Baba stutzte, rückte ihre Perücke zurecht, drückte behutsam das rechte Auge zu und sagte leicht blinzelnd: Einer von euch ist überraschend vom rechten Weg abgegangen und in einer mir fremden Aura verschwunden, zu der die Kugel keinen Zugang mehr hat. Da hat jemand versucht, mir ins Handwerk zu pfuschen. Doch was vor euch liegt, sehe ich sehr genau.

Sie begann erneut, schwungvoll die Kugel zu drehen, die uns bereits die mexikanische Grenze zeigte, einen Zaun, der sich in eine Mauer verwandelt, die rasend schnell in den Himmel wächst. Auf der anderen Seite die Wüste, abwechselnd Steine, Sand und Kakteen, endlose Straßen: Vorbei flogen El Paso und San Antonio, ein paar Cowboys trieben Kühe und Stiere, am Golf von Mexiko begannen die Wasser zu steigen. Bis die Landschaft allmählich grüner wurde, Bäume, Pferde, Baumwollfelder. Und Kirchen. Am Straßenrand die altbekannten riesigen Schilder, auf denen die allerletzten Fragen standen. Du musst nur die Augen offen halten, sagte sie spöttisch zu MsAnnAdams, der Rand der Straße bedient dich besser als ich. Ich erspähte in der Kugel ein Schild, auf dem in riesigen Lettern stand: If you die tonight: heaven or hell? Und ein anderes: Are you afraid? Und ein drittes: Who is Jesus? Darunter stand eine einfache Nummer, toll free, erreichbar rund um die Uhr.

Doch noch bevor die reisende Kugel die Tore von New Orleans erreichte, begann der Bildschirm wieder vage zu flimmern. Baba die Zweite erhob sich, zerknüllte das Taschentuch, mit dem sie mir den Angstschweiß aus der Hand gewischt hatte, warf es neben sich in den Papierkorb und sagte: Die Zukunft lesen ist eins, sie erfahren ein Zweites, während auf dem Bildschirm eine interplanetarische Schrift erschien, mit der unmissverständlichen Botschaft: Next customer please!

DER BEGNADIGTE TRUTHAHN

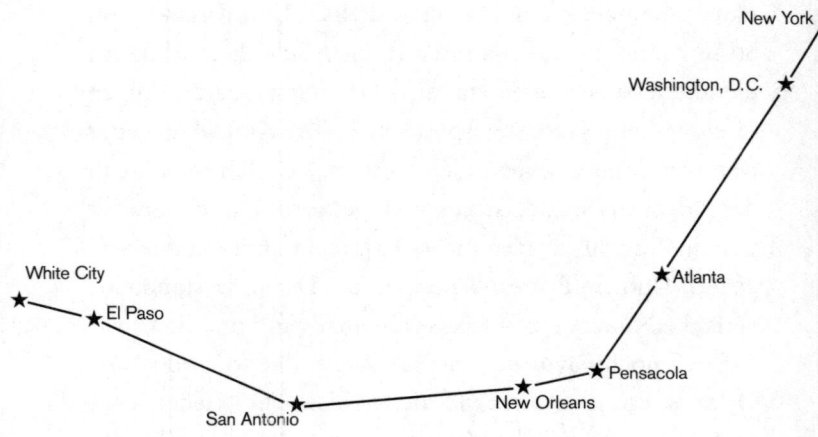

Als wir die Stadt der Engel verließen, sprach keiner ein Wort, jeder kaute auf seinem eigenen Schicksal. Einzig Red Ruby war ungeschoren davongekommen, sie lief nach wie vor wie geschmiert, während ich hinten im Tocqueville-erker versuchte, zur Tagesordnung zurückzukehren, indem ich laut vortrug: »Ehe ich nun die Bahn, die ich durchmessen habe, für immer verlasse, möchte ich mit einem letzten Blick all die verschiedenen Züge umfassen können, die das Gesicht der neuen Welt bestimmen. Diese neue Gesellschaft, die ich zu zeichnen versucht habe, ist noch im Werden, noch dauert die große Revolution an, der sie ihr Entstehen verdankt.«

Während ich las, geriet die Eckermannkutsche ins

Schwanken, Jerry verdrehte die Augen, Foma kaute auf seinem Kaugummi, und AnnAdams' Kopf sank langsam nach unten, bis er zwischen ihren schmalen Schultern verschwand. Es war offensichtlich, wie sehr ich ihnen auf die Nerven ging mit meinem vergeblichen Versuch, Trost zu spenden oder womöglich Halt zu bieten an einem Text, der nicht mehr in die Landschaft passte, denn wir näherten uns der mexikanischen Grenze. Die Bräute am Wegrand hatten sich längst in bewässerte Kakteen und Palmen verwandelt, die Richtung Süden unverkennbar begannen, den Geschöpfen von Doktor Seuss zu gleichen, der schon vor Jahren von Springfield nach Kalifornien geflohen war, um sich in La Jolla in einem Turm einzuschließen, von dem er letzte verzweifelte Signale ausgab: Oh, The Places You'll Go!

Doch während seine Figuren den ganzen Erdball eroberten, um allen Kindern der Welt das allamerikanische Abc beizubringen, war er selbst völlig unbeweglich geworden, sein Turm mit Aussicht über die prächtige Bay, hinter der sich in der Ferne die endlose sibirische Landschaft auftat, war von Kreaturen bevölkert, die, je älter er wurde, immer seltsamere Hüte trugen, unter denen ihre Köpfe langsam zu schrumpfen begannen, bis sie schließlich verschwanden, um als leere Hosen spazieren zu gehen und den Vorübergehenden dieselbe Angst einzujagen, die ihr Schöpfer angesichts einer Geschichte empfand, die er mit seinen Bildern nicht mehr zu bannen vermochte.

Unter der Hitze von Red Rubys Rädern begann das Pflaster von La Jolla langsam zu schmelzen. Der Abrieb fiel kaum ins Gewicht, denn in La Jolla wohnen die Reichsten der Reichen, mit denen selbst Beverly Hills nicht mithalten kann. Nichts Lebendiges mehr auf der Straße, kein lebendiger Mensch, kein Hund, keine Katze, nicht eine Maus. Tür an Tür mit ihren mexikanischen Köchen und Gärtnern, allesamt verpflichtet zu höchster Verschwiegenheit, regieren sie unter Hitze und Schweigen, weshalb es ein reiner Glücksfall war, den Baba Wanga nicht hatte voraussehen können, als sich einer von ihnen plötzlich aus dem Schatten erhob, um mir den Weg zum Haus des Doktors zu weisen.

Allerdings müssen Sie das Zauberwort kennen, sagte der Gärtner, der eine optimistische grüne Gießkanne trug, denn im Garten von Doktor Seuss spukt es seit Jahren, seit Jahren gehen dort Geister um, um genau zu sein, nur ein einziger Geist, der Geist seiner längst verstorbenen Frau, die jede Nacht gegen den Geist ihrer Nachfolgerin antreten muss. Er bückte sich und senkte die Stimme: Sie wissen ja, das uralte Spiel, Geist gegen Geist, Frau gegen Frau, die Gattin von gestern gegen die Witwe von morgen. Obwohl doch längst weltweit bekannt sein sollte, dass es Helen die Erste und nicht Audrey die Zweite war, die dem zeichnenden Doktor die Stifte gespitzt und seine Reime auf Linie gebracht hat. Aber, ganz unter uns, sie ist nicht gestorben, sie geht immer noch um, in immer demselben weißen Kleid, jede Nacht dieselbe Erscheinung, zu immer derselben Stunde, mit immer demselben Messer bewaffnet, mit dem sie Kakteen und Palmen köpft und verzweifelt versucht, im Garten ihrer Vergangenheit für die alte Ordnung zu sorgen.

Die Erste ist tot, also lebe die Zweite, sagte ich nüchtern. Doch ich konnte mich seiner Botschaft nicht entziehen, denn das Haus glich tatsächlich einer dänischen Festung, umgeben von der ewigen Angst vor einem vergänglichen Glück, von hohem Mauerwerk und einem elektrischen Zaun. Und so lebendig und lebhaft erzählte der Gärtner, dass ich alles deutlich vor Augen sah, die weiße Frau auf der nächtlichen Mauer, das weiße Gewand und, last but not least, sogar die Machete, mit der sie die Pflanzen, die er jeden Morgen so mühsam bewässerte, versuchte auf ihre eigene Linie zu bringen.

Haben Sie denn gar keine Angst vor dem Spuk? Angst? Warum, wovor und wozu, sagte der Gärtner und füllte die grüne Kanne mit frischem Wasser. Vor Jahren hat mir ein Medizinmann ein Zaubermittel gegen die Geister gegeben. Kannst du's mir zeigen?, fragte ich höflich. Er lachte und sagte: Man kann es nicht zeigen, man muss es sich merken, es sind ja nur Worte, ein Zauberspruch. Und kannst du mir den Zauberspruch sagen? Natürlich, sagte der Gärtner gelassen, zündete sich eine Zigarette an und deklamierte: In nomine patris et filii et spiritus sancti. Und was heißt das?, fragte ich. Der Gärtner zuckte die Achseln. Keine Ahnung, sagte er, aber es wirkt.

Hätte Jerrys Kamera uns nicht festgehalten, wäre ich bis auf den heutigen Tag des einfachen Glaubens, der Gärtner sei eine Fata Morgana gewesen. Doch ihre Bilder legen ein klares Zeugnis ab: Er steht lachend vor einem elektrischen Zaun, vor jenem ewigen Zaun, der bis heute so standhaft die Kunst vom wirklichen Leben trennt und den ich niemals berühren werde. Denn würde ich den Zaun nach drüben berühren, ginge garantiert ein schriller Alarm los, ein entsetzliches Hupen, flankiert vom lauten Bellen der gebildeten Hunde, das einer steinreichen Witwe den Schlaf rauben würde. Während am anderen Ufer der Vereinigten

Staaten, in Springfield, Massachusetts, Lizzys Chauffeur vermutlich immer noch damit beschäftigt ist, eine Sammlung kleinerer Handfeuerwaffen in eine etwas höhere Ordnung zu bringen.

Die höhere Kunst des Reisens besteht, worin sonst, in der Kunst der beherzten Flucht, im blitzschnellen Kratzen der Kurve, um sich rechtzeitig über die Grenze zu retten, bevor die bissigen Hunde kommen, gegen die bekanntlich kein Zauberwort hilft. Keine leichte Übung in einer Stadt wie San Diego, wo es von Militär und Polizisten wimmelt, die nicht nur ehrgeizig die Geschichte ihrer Veteranen bewachen, sondern allem voran ihre Naval Base, die Jerry um ein Haar ihre Kamera gekostet hätte.

Es war nicht das erste Mal, dass uns die Königin in Bedrängnis brachte, denn sie hielt nichts von Zäunen und Grenzen, sie war wie alle Fotografen weltweit, unbelehrbar und noch immer davon überzeugt, die ganze Welt stehe uns insgesamt sperrangelweit offen. Doch die Stimme des bewaffneten Wachmanns, die, unmissverständlich verstärkt durch ein Mikrophon, aus einem parkenden Auto zu uns herüberdrang, belehrte sie und uns eines anderen: No pictures to be taken! Get back to your car! Immediately!

The fear starts here! Wenn du so weitermachst, sagte AnnAdams mit ungespielter Entrüstung, wirst du uns noch nach Yuma bringen. Dabei zeigte sie auf eine riesige Tafel am Wegrand, die für den Besuch eines historischen Mustergefängnisses warb, ein Nationalpark der besonderen Sorte, in dem unter der drückenden Hitze ein paar versprengte Sonntagsfamilien ihre Hunde und Kinder spazieren führten, um die engen Zellen ihrer Vergangenheit zu besichtigen und sie später, im Schatten eines riesigen Wachturms, bei Eis und Kaffee daran zu erinnern, wie gut sie es hatten, weil sie sonntags weder in die Schule noch in den Steinbruch mussten und scheinbar ohne Ketten durchs Leben gingen.

Irgendwie kam mir das alte Gefängnis bekannt vor. Es erinnerte mich an die Sonntagsschule meiner verflossenen Kindheit, in der ich mich von meinem Vater Karl May längst verabschiedet hatte, um heimlich Comics zu lesen. Ich war verliebt in die Millionen von Scrooge McDuck, in das verlässliche Pech seines erfolglosen Neffen, in Gladstone Ganders ätzendes Glück und in das Pfadfinderhandbuch von Huey, Dewey und Louie, das zehnmal schlauer als Becky war. Ich war verliebt in ihre fröhlichen Reisen, die sie rund um den ganzen Erdball führten, um immer wieder in Klondike zu landen, auf der Suche nach ungehobenen Schätzen.

Doch am meisten liebte ich Lucky Luke, the poor lonesome rider, jenen einsamen Cowboy, der in meiner Kindheit noch rauchte wie MsAnnAdams und dem man das Rauchen inzwischen verboten hatte. Aber er gab nicht auf. Ersatzweise auf einem Grashalm kauend, trieb er Jolly Jumper immer weiter nach Westen, der untergehenden Sonne entgegen, um sich in jeder Folge von neuem auf die Jagd nach den Schrecklichen Vier zu machen, besser bekannt als die Daltons: der cholerische Joe, der willige William, der farblose Jack und der tröstliche tumbe Averell. Auf einmal wurden sie wieder lebendig. Denn auf unserer Flucht Richtung Süden hatten wir uns längst selbst in Sträflinge verwandelt, alle vier schwarzgelb gestreift, mit schweren Kugeln und Ketten im Schlepptau. Verbissen und müde schworen wir ewige Rache an Ilf und Petrow, obwohl wir sehr genau wussten, dass nicht sie schuld an unserem Schicksal waren, sondern einzig wir selbst, mit einem Distanzplan für eine Reise bewaffnet, auf der Joe plötzlich anfing, die Züge von AnnAdams zu tragen, in deren Handtasche sich vermutlich bis heute eine damenhaft zierliche Feile verbirgt, mit der sie seit Jahren versucht, sich selbst zu erlösen.

Als ich kurz vor Benson aus meinem Halbschlaf erwachte, hatte die Stimmung sich aufgehellt, denn wir befanden uns mitten in einem Kakteenfeld. Und zum ersten Mal war es nicht ich, sondern Foma, der nach Ilf und Petrow verlangte, um ihren Bericht mit der Wirklichkeit abzugleichen, indem er laut und begeistert in Auszügen las: »Riesenkakteen. Schön wie aufrecht stehende Gurken. Von Riefen durchzogen wie korinthische Säulen. Mit Härchen bedeckt wie Affenpfoten. Zum Gebet gen Himmel gereckte Arme. Sie umarmen sich, scheinen Kinder zu wiegen. Manche stehen einfach nur da und blicken von oben stolz und stumm auf die Vorüberfahrenden herab.«

Rührt euch! Hier bin ich!, rief der Sohn des russischen Generals und schlug begeistert die Hacken zusammen. Aber sie rührten sich nicht, sie dachten gar nicht daran, sich zu rühren. Also rührte sich Foma, sprang aus dem Wagen und verschwand jenseits des Straßenrands in einer flimmernden Ferne, um endlich dem größten Kaktus der Welt seine persönliche Reverenz zu erweisen. Aus der Ferne sahen wir ihm dabei zu, wie er langsam verschwand, wie er kleiner und immer kleiner wurde und noch kleiner, bis er sich ganz zwischen den Kakteen verlor und begeistert die Arme gen Himmel warf, um plötzlich feierlich in die Knie zu gehen und zwischen Erde und Himmel in ein Gespräch einzutreten, das aus der Ferne nicht zu verstehen war.

Man kann ihn nicht hören, aber man kann ihn sehen, denn Jerrys Bilder bezeugen bis heute, dass der Gärtner das Ziel seiner Träume wirklich und tatsächlich erreicht hat. Der Gärtner aus Kiew ist angekommen, er ist endlich allein, endlich bei sich, um sich und der Wüste in Seelenruhe seine unerklärbare Kunst klarzumachen. Er hatte seine Familie gefunden. Eine Familie, in der kein Platz für uns war. Denn die Kakteen, las ich zehn Minuten später bei Ilf und Petrow, »die Kakteen leben wie einst die Indianerstämme. Wo ein Stamm siedelt, ist kein Platz für einen anderen. Sie sind für immer allein, sie vermischen sich nicht.«

Die Wüste ist eigen und endlos, sie fängt nicht an, und sie hört nicht auf, ständig wechselt sie ihre Formen. Nach den Kakteen kommt der Sand, nach dem Sand kommen die Steine, nach den Steinen die Telegraphenmasten, nach den Masten wieder der Sand, danach neue Kakteen, neue Steine und eine frische Wüste, weshalb die Kunst bis heute den Kürzeren zieht, denn den Pyramiden und Kathedralen aus Sand und Stein ist die menschliche Phantasie nicht gewachsen. Selbst AnnDalton begann langsam stiller zu werden, kann auch sein, sie war zum ersten Mal müde.

Müde waren wir alle, todmüde hoch vier, viermal hungrig und durstig, in einer Landschaft, die aus nichts als Stille und Stillstand besteht, aus einer Stille, die wir nicht teilen können, weil sie ausschließlich mit sich selbst im Gespräch ist. Wir waren der Landschaft egal, sie interessierte sich nicht im Geringsten für uns, allen menschlichen Schildern am Wegrand zum Trotz, die uns mit immer neuen Attraktionen lautstark nach Bisbee und nach White City zu locken versuchten

In Bisbee, bei der alten Königin der Kupferlagerstätten, fanden wir endlich wieder menschlichen Trost. Denn hier hat der neue Mensch von gestern schon vor Zeiten die Natur entschieden besiegt und erfolgreich alles zutage gefördert, was sich aus ihr herausholen lässt, Kriegsmaterial und jenen kostbaren Stoff, aus dem die Märchen im Silicon Valley gemacht sind. Seitdem ist die Stadt zwar empfindlich geschrumpft, aber der Kupferminenmann ist immer noch da und legt auf seinem steinernen Sockel nach wie vor Zeugnis von ihrer Größe ab. Wir erkannten ihn auf den ersten Blick, denn er sah immer noch aus wie auf jenem Bild, das Ilf vor achtzig Jahren von ihm gemacht hatte: Unsterblich wie Tom und Huck und unbelehrbar wie MsAnnAdams hatte er sich einfach nicht von der Stelle gerührt und tat immer noch so, als wäre die Natur das kleinste Problem in der großen Geschichte des menschlichen Fortschritts.

Aber die Mine von Bisbee lag still und stumm, sie hatte sich längst in ein Museum verwandelt, in dem sich auch das Denkmal des unbekannten Arbeiters auf seinem steinernen Sockel eines schönen Tages, gegen den Widerstand seiner alten Genossen, in ein anderes Denkmal verwandeln wird. In das Denkmal des unbekannten Touristen, des ersten Märtyrers aus der siebten Schlange des Volkes, der sich, ohne die geringste Gegenwehr, von Lizzy den Kopf hatte abschneiden lassen, weil ihm der Hammer des Arbeiters fehlte und weil er vermutlich bis heute nicht weiß, wie man tatsächlich Widerstand leistet und wie man, wenn man einmal verreist ist, wieder lebendig nach Hause kommt.

Doch irgendwann kommt seine Zeit, irgendwann wird seine Stunde schlagen, man wird den alten Fuß seines Sockels mit frischen Blumen bekränzen, mit festlichen Schärpen, auf denen in großen Lettern zu lesen sein wird: Ein Hoch auf den unbekannten Touristen! Ein kleiner Mann, aber ein großer Held im unerbittlichen Kampf für die Servicegesellschaft. Touristen aller Länder, vereinigt euch! Ja. Wenn dereinst alle Minen ausgeschürft sind, alle Wüsten bewässert, alle Meere befahren, alle Seen bis zum Grund ausgefischt, wenn alle Gipfel bestiegen, alle Monde vermietet und sämtliche Kleinplaneten für immer benannt sind, wird man für immer und dankbar euer gedenken. An allen Orten der Welt wird man euch Sockel errichten für den tapferen Dienst, den ihr an der Grenze von einem Jahrtausend ins nächste mit euren bescheidenen Waffen geleistet habt.

Denn ihr seid weder zu Hause noch sitzen geblieben, ihr habt immer bezahlt und unter Einsatz von Leben und Leib jederzeit furchtlos dafür gesorgt, dass die alte Welt in Bewegung bleibt und der befürchtete Stillstand nicht eintritt. Ihr habt weder Mühe noch Aufwand, noch Mittel gescheut, euch immer wieder von vorn auf den Weg zu machen, von Ost nach West, von Nord nach Süd. Selbst auf dem Mond wird man euch ein Denkmal errichten, auf dessen Sockel in Mondstein geritzt stehen wird: Er hat keinen Namen, doch er hat gezahlt und gewagt. Er hat getan, was er konnte.

Wie klein und erbärmlich dagegen die Künstler. Immer

allein, immer scheinbar besonders, immer auf eigene Reisen aus, unter eigenen Namen, ohne Sinn für die Gruppe und für den gewaltigen Strom unserer Zeit, schwimmen sie, von fremder Hand alimentiert, nach wie vor eitel gegen den Strom, auf der Suche nach einem letzten Loch in der Wand, nach den letzten Höhlen hinter den Höhlen, in denen sie ihren Träumen nachhängen können, anstatt sich endlich der letzten Schlange des Volkes anzuschließen.

Dabei werden sie manchmal sogar kurzfristig fündig, in Monterey oder Carmel, im Armagosa Opera House, in einem Turm von La Jolla, in der verlassenen Vorstadt von Detroit oder in der stillgelegten Mine von Bisbee: Meet our artist in the mine stand neben der Tür zu einem kleinen Café, in dem man uns einen Kaffee servierte, der nach dem Kaffee der letzten achttausend Meilen fast wie eine Erleuchtung schmeckte. Weshalb wir, auf Vorrat, gleich zwei davon tranken und dazu frisch gebackenen Kuchen aßen. Doch AnnAdams drängte zur Weiterreise. Ich übrigens auch, denn das Minenmuseum bedrückte mich, genau wie der Rest, die harmlosen Gäste, die kleine Stadt und der Kuchen, der mich irgendwie melancholisch stimmte, denn seinem Wunsch nach Frische und Aufbruch zum Trotz schmeckte er nach Asche und Staub, nach einer Kindheit von gestern. Ich wollte weg, einfach weiter, zu den Fledermäusen von Jimmy White, in Karlsbader Höhlen, um ein letztes Mal unterzutauchen.

AnnAdams winkte entschieden ab, an die Karlsbader Höhlen sei gar nicht zu denken, denn sie hatte sich in den Kopf gesetzt, noch am selben Abend nach El Paso zu kommen. Wie immer entschied der Distanzplan, doch in Wahrheit regierte die Angst, denn AnnAdams war klug und hatte inzwischen begriffen, wie empfänglich ich für Höhlen und Abwege war. Es wäre zwar möglich, ist aber nicht machbar, sagte AnnAdams und trug wie immer den Sieg davon. Kurz vor Mitternacht landeten wir am Rio Grande.

In dieser Nacht krähte der erste mexikanische Hahn, und im Traum erschienen mir Ilf und Petrow. Wir saßen an einem langen Tisch unter der Erde, vermutlich in den Karlsbader Höhlen, aßen Weißbrot und Käse und tranken Red Bull, während sie mir mit Abscheu vom mexikanischen Stierkampf erzählten. Am Kopfende des Tisches saß der Schatz, Quentin Tarantino persönlich, der die Fledermäuse wie nebenbei mit der bloßen Hand fing und mit feierlicher Stimme erklärte, er habe sich kurzfristig gegen seinen neusten Film über Charles Manson und für einen Film über Leo Trotzki entschieden: mehr theoretischer Spielraum.

Um das unter Beweis zu stellen, zog er ein Papier aus der Tasche und las laut vor: »Der Mensch wird unvergleichlich viel stärker, klüger und feiner; sein Körper wird harmonischer, seine Bewegungen werden rhythmischer und seine Stimme wird musikalischer werden. (...) Der durchschnittliche Menschentyp wird sich bis zum Niveau von Aristoteles, Goethe und Marx erheben. Und über dieser Gebirgskette werden neue Gipfel aufragen.« Ilf und Petrow schrieben eifrig mit, während Quentin die Requisiten prüfte und lässig an einer Axt rieb, die sich, je länger er rieb, in jenen legendären Eispickel zu verwandeln begann, mit dem Trotzki von einem Agenten namens Ramón angeblich in Mexiko-Stadt erschlagen wurde.

Offenbar hatte es mich in meinem mexikanischen Traum in eine Pressekonferenz verschlagen, in einen Albtraum für Frauen von einem Film für Männer, aus dem mich erst am Morgen um kurz nach fünf der zweite mexikanische Hahn erlöste, der mir den Weg in den Frühstücksraum wies, wo AnnAdams, wie immer mit unseren Konten beschäftigt, unwiderruflich festgestellt hatte, dass wir noch weniger Zeit als erwartet hatten und dass keine Sekunde zu verlieren sei. Aber Foma und Jerry waren nicht davon abzubringen, wenigstens einen einzigen Tag jenseits der mexikanischen Grenze zu verbringen. Und zum ersten Mal gab AnnAdams klein bei. Also machten wir uns auf den Weg an die Grenze und überquerten die Brücke nach Juárez, wo, wie jeden Morgen, die Hölle los war.

Stau und sehr dicke Luft. Der Sohn des russischen Generals geriet plötzlich ins Schleudern, weil er Angst um seinen kostbaren Pass bekam. Denn als wir den Schlagbaum der Grenze zur anderen Welt erreichten, krähte der Hahn zum zweiten Mal, und schlagartig wurde dem Gärtner klar, dass die Zeit in seiner Kugel tatsächlich begrenzt war. Aber es war schon zu spät, wir saßen fest in der neunten Schlange des Volkes, zwischen Schmugglern und Bettlern, die ungefragt damit begonnen hatten, Rubys Scheiben zu wischen und nebenbei mit Schuhputzzeug, Ketten und Kreuzen zu winken, mit kleinen Madonnen und Kakteen aus Plastik, mit Fläschchen, Salben und Zaubertricks, denen sich keiner von uns entziehen konnte, denn sie warben ohne Komma und Punkt in einer Sprache, die keiner von uns verstand.

The fear starts here, in der Schlange des mexikanischen Volkes, die genau wie wir, in nomine patris, mit nichts anderem als damit beschäftigt ist, endlich für immer nach Hause zu kommen. Um sich und ihre Absicht zu tarnen, hatten sich einige von ihnen Tarnkappen über die Köpfe gezogen, Scheuklappen, Kapuzen, um kurzfristig einen Platz am runden Tisch zu ergattern. Doch der Stillstand war einfach nicht aufzuhalten, wir saßen auf einer Grenze fest, von der ein Schrecken ausging, der nicht schrecklich, sondern bloß aussichtslos war.

Wir sind auf der Grenze nach Mexiko, schrieb ich, um die Zeit nicht ungenutzt verstreichen zu lassen, an Doktor Link, wir sitzen zur Stunde in einem Wagen, in dem es kein Nachvorne und auch kein Zurück gibt. Und Doktor Link schreibt zurück: Klingt fast nach Stierkampf! Es grüßt der Torero. Und ich schreibe zurück: Von Stierkämpfen hast du keine Ahnung, ich melde mich wieder, sobald die Kurve gekratzt ist und wir endlich in San Antonio sind. Und was ist mit diesem Film über Trotzki?, fragt Doktor Link. Schnee von gestern, schrieb ich zurück, remember the Alamo, das interessiert hier kein Schwein, ihr schlachtet besser einen anderen Braten. Oder, um den heiligen Antonius selbst zu bemühen: »Unsere Zeit ist durch das hohle Wissen ihrer Leser und Zuhörer so weit gekommen, dass sie des Lesens überdrüssig wird und nur ungern zuhört, wenn sie nicht gewählte, wohlüberlegte und modern klingende Worte liest oder hört.«

Keine Antwort. Vermutlich weiß Doktor Link nicht, wer dieser Antonius ist. Ich schloss den Kasten, hob den Kopf und sah in das Gesicht einer charmanten mexikanischen Grenzerin, die unsere Not längst erkannt und begriffen hatte, dass wir gar nicht nach drüben wollten, sondern einfach zurück auf die richtige Seite, in die bessere Welt.

Weshalb sie uns, als wäre das gar nichts, dabei war es ein Wunder, lässig zurück aus der Schlange winkte und uns bedeutete, einen U-Turn zu machen. Sie zog einen Schlüssel aus ihrer Uniformtasche, entsicherte den mexikanischen Schlagbaum, hob ihn nach oben, ließ uns passieren und grüßte freundlich zum Abschied, wobei sie uns lachend die Zähne zeigte und ihre Haare unter der Grenzerkappe nach hinten warf. Vor lauter Glück und Erleichterung spuckte Foma seinen Kaugummi aus.

Call 855 for the truth. Aber niemand von uns griff zum Telefon, wir hatten die Wahrheit längst hinter uns und fuhren ohne Halt weiter nach San Antonio, um in der siebtgrößten Stadt der Vereinigten Staaten unseren privaten historischen Sieg zu feiern. Remember the Alamo! Ein Hoch auf Texas, die gemauerte Festung, die Grenze. Und auf die zehnte Schlange des Volkes, die uns im La Quinta empfing, wo wir wider Erwarten sofort ein Zimmer bekamen.

Die Nacht war warm und mild und die Stadt bunt erleuchtet, Girlanden, als stünde Weihnachten vor der Tür, dabei war es erst Anfang Oktober. Wir waren umzingelt von Musik und Gerüchen, überall roch es nach Essen. Weil wir längst nicht mehr wählerisch waren, betraten wir wild entschlossen das erstbeste Lokal, wo Familien an langen Tische saßen, auf denen bewegliche Kellner riesige Platten platzierten, während auf einer kleinen Bühne neben dem Ausschank drei Gitarrenspieler in gefleckten Ponchos unter dem Bildnis einer mit Blumensträußen geschmückten Madonna um ihr Leben sangen. Ein Gesang, der uns das reine Vergessen lehrte, während wir mit der Gabel in das typische Grenzgericht stießen, Mole Poblano, eine Mischung aus Hühnchen- und Truthahnfleisch unter tiefschwarzen Bohnen. Endlich authentisch, sagte Foma, worauf AnnAdams schmerzhaft das Gesicht verzog und sich, gegen ihre Gewohnheit, einen zweiten Drink kommen ließ, weil sie ahnte, was uns bevorstand.

Denn die Gitarrenspieler hatten uns längst erkannt und bereits einen von ihnen dazu abkommandiert, sich singend an unseren Tisch zu begeben, un hombre sincero, der immer wieder von vorn Guantanamera sang, während am Gürtel unterhalb seiner Gitarre eine Kamera baumelte, womit er uns zu verstehen gab, dass er gegen eine kleine Belohnung durchaus dazu bereit sei, mit Jerry in Konkurrenz zu treten. Herzlich willkommen an unserem Tisch, fremder Sänger der Grenze, schenk uns das erste Bild von uns selbst, damit wir endlich begreifen, wer wir wirklich tatsächlich sind, wir, die Schrecklichen Vier, die in einem Lokal in San Antonio sitzen und nicht wissen, wer sie hierher gebracht hat.

Was es dem Essen, der Müdigkeit, der Musik oder bloß den Getränken geschuldet? Fakt jedenfalls ist, dass Jerry es zuließ. Sie ließ zum ersten Mal zu, fotografiert zu werden. Eine Sternstunde! Das erste und einzige Bild der Reise, auf dem Königin Jerry ist, was sie tatsächlich ist, zum ersten Mal wirklich und sichtbar, mit Zepter und Krone, während sie, kurzfristig glücklich dem Stierkampf entronnen, nach dem Arm des Sohns eines Generals fasst, der, noch müder als sie, seinen Kopf vor die Füße der fremden Madonna legt, während AnnAdams und ich, mit Getränken bewaffnet, das kleine Glück wie immer linkisch flankieren. Der heilige Antonius hätte es vermutlich besser gemacht, denn er war weniger schüchtern. Wahrscheinlich hätte er vor der letzten Schlange des Volkes nach der Gitarre seiner

Überzeugung gegriffen und einfach selber gesungen, anstatt fremden Stimmen zu lauschen.

Allerdings gilt hier der kleine Unterschied: Er war berufen, und wir sind es nicht, un hombre sincero, der statt des Ponchos nur eine Kutte trug, die besser in die Landschaft der Wüste passte. Seine Sermones werden noch da sein, wenn der singende Fotograf längst verschwunden ist und der mexikanische Hahn zum dritten Mal kräht, während wir zahlten und uns schwankend erhoben, um das Lokal zu verlassen und vierfach schwankend durch die schwankende Stadt voller Gerüche und schwankender Lichter zu gehen. Schwankend warfen wir Trinkgeld in die schwankenden Körbe schwankender Menschen, die am schwankenden Straßenrand saßen. Wir kamen gar nicht mehr aus dem Schwanken heraus, denn wir waren berauscht von unserer Großzügigkeit und von dem Bewusstsein, für immer auf der richtigen Seite zu sein.

Erst als ich im La Quinta endlich im Bett lag, hörte das Schwanken allmählich auf. Ich war plötzlich wieder hellwach und las unter dem Licht der Nachttischlampe ein letztes Mal den Bericht der Russen, die in San Antonio, bis auf den Grund vom Heimweh zerfressen, das traurigste Silvesterfest ihres Lebens gefeiert hatten, in der Tasche ein missratenes Drehbuch, das niemand jemals verfilmen wird, folglich ohne jede Aussicht auf Erwerb eines Fords, mit dem sie in Moskau hätten einfahren können. Außerdem, las ich weiter, hatte es damals in Strömen geregnet, weshalb sie das kleine Lokal der singenden Künstler und Dichter niemals betraten, in dem, laut Botenbericht von Solomon Trone, die Neujahrsstimmung jedes Jahr hohe Wellen schlägt. Denn seiner zwanghaft guten Laune zum

Trotz sprach Solomon Trone alias Mr Adams schon seit Wochen von einem kommenden Krieg, den er aufs Jahr genau voraussagen konnte.

Schreiben Sie das in Ihre Notizbücher, Gentlemen: dass der Krieg um die Ecke wohnt, kein Grund zum Feiern, weshalb Ilf und Petrow dazu verurteilt waren, bis kurz vor Mitternacht durch San Antonio zu geistern und am Ende der Odyssee das neue Jahr mit Sandwich und Tomatensaft zu begrüßen, statt Beefsteak zu essen und Wodka zu trinken. Doch auch Wodka und Beefsteak hätten sie nicht ins Neue gerettet, denn genau wie wir hatten sie ihre Reise längst satt. Je länger ich las, umso mehr machte sich Misstrauen in mir breit, die leise Ahnung von einem großen Betrug, der mich bereits seit achttausend Meilen begleitet. Ist es nicht möglich, dass Ilf und Petrow, genau wie Ostap, ihr Liebling, der sowjetische Großkombinator, niemals in Amerika waren, dass sie die ganze Reise bloß dazu erfunden haben, mir weiszumachen, was mein Vater längst weiß: dass man kein Land braucht, wenn man den Kosmos hat?

Sobald wir San Antonio verlassen hatten, begannen wir, die Kirchen am Wegrand zu zählen. Die meisten waren aus Holz, alle klein und weiß und mit winzigen Türmen versehen, lauter werbende Bräute am Wegrand, eine an die nächste geschmiegt, die, genau wie wir, den Voraussagen Baba Wangas zum Trotz, die Hoffnung einfach nicht aufgeben wollten, vielleicht doch noch den Delaware zu überqueren und endlich Amerikaner zu werden. Aber die Landschaft war nicht amerikanisch, sondern wurde französisch. Sogar MsAnnAdams hatte begonnen, sich in eine andere Frau zu verwandeln, genährt von Zitaten aus dem alten Europa und auf das Denkmal des letzten Touristen aus. Red Ruby lief vom Heimweh geschmiert wie hundert Pferde auf einmal, vor eine Kutsche gespannt, in der die Schrecklichen Vier in einem touristischen Tiefschlaf lagen, aus dem ich erst wieder erwachte, als wir den Mississippi erreichten.

Es roch nach Gil Gott, nach Tom und Huck, nach der Grenze zum Süden des Mittleren Westens, nach dem faulen Geruch von Onkel Toms Hütte, nach Ketten, Peitschen und Ku-Klux-Klan und nach der zehnten Schlange des Volkes, die bis heute nicht weiß, auf welcher Seite sie steht, welches Denkmal sie wirklich bewundern soll und welches dagegen stürzen. Denn nach wie vor herrscht hier die große Verwirrung durch die alte französische Lebensart, das alte Schwanken zwischen gestern und morgen, zwischen Schloss und Revolution, zwischen der festlichen Tafel und ihrem Schafott, zwischen dem Garten des Königs und der Baumwollplantage.

Höchste Zeit, Tocqueville im Original zu lesen. Aber spätestens in New Orleans war Tocqueville verjährt, ich legte das Buch erschöpft auf die Seite, begann wie ein Baumwollpflücker zu singen und mich im selben Augenblick dafür zu schämen. Denn wir hatten einen riesigen Friedhof erreicht, groß wie eine amerikanische Kleinstadt, weiß gemauert über der Erde lauter übereinandergestapelte Sarkophage, in deren Schubladen, säuberlich aufeinandergeschichtet, die allamerikanischen Toten liegen. Hier also liegen sie, in ihrem unruhigen Halbschlaf, in den Reihenhäusern des Todes, mit guten und weniger guten Adressen in Erwartung eines Gerichts, das niemals kommt. Denn noch bevor sie sich zu Gehör bringen können, werden sie alle unter derselben Erde verschwinden, weil die Stadt auf Sumpf gebaut ist und ihre Toten beharrlich nach unten zieht, in nomine patris et filii et spiritus sancti.

Aber ich gab nicht klein bei. Wer bittet, empfängt, wer suchet, der findet. Ich wollte wissen, wohin es sie wirklich verschlagen hat, als vor ein paar Jahren das große Hochwasser kam. Doch der Friedhof war still wie die Mine von Bisbee und stumm wie Katrina, die windigste Braut aller Bräute am Wegrand. So reisen natürlich nur Frauen, als Twister verkleidet und unter ständig wechselnden Namen, an die sich niemand erinnern will. Also zum Teufel mit all diesen Namen, denn wie auch immer sie heißen, Irma, Katrina, Wizard of Oz, sie bringen nichts als Schrecken und Angst und hinterlassen nichts als Not und Verwüstung. Nichts hält sie auf, sie reisen bloß durch und greifen nach allem, was sie zu fassen bekommen, um am Ende nichts davon übrig zu lassen: kein Bild, kein Laut, keine Zeichnung.

Doch vor der Tür stand die Wahl, und wir suchten nach Stimmen, allerdings ohne Erfolg, niemand wollte mit uns über Katrina reden. Katrina? Nie gehört, nie gesehen, als hätte es Katrina niemals gegeben, als wäre die Sintflut reine Erfindung. Von einem Denkmal gar nicht zu reden. Auf der Suche nach dem Katrina Memorial musste selbst Becky die Segel streichen. Am Ende war es der Friedhofsgärtner, der uns den Weg in den dritten Hinterhof einer Geschichte wies, mit der niemand etwas zu tun haben wollte. Doch da stand es tatsächlich, jenseits der Schlangen des Volkes in Stein gemeißelt und flankiert von der allamerikanischen Flagge: »On August 29, 2005, Hurricane Katrina made

Landfall upon the Louisiana and Mississippi Gulf Coast bringing Devastation to many Communities.«

Wir waren die einzigen Gäste, ein paar Wochen zu spät für den Jahrestag und ohne Blumen und Kranz, was uns nachträglich in Verlegenheit brachte. Doch als Foma, um die lähmende Stille zu brechen, Becky ein zweites Mal befragte, erschienen neben dem Memorial vier große Buchstaben auf dem Bildschirm: KNMF. 2525 Desoto Street. »We were there. These are your names and here are our faces. All 10 000 of them. Come and visit Katrina National Memorial Park.« Womöglich gab es also am äußeren Stadtrand etwas, wovon der Friedhofsgärtner nichts wusste? Allerdings sah die Desoto Street nicht nach einem Museum aus. Kein Park weit und breit, nur eine Ansammlung kleiner schäbiger Hütten ohne Glocke und Turm, von denen 2525 die kleinste war. Aber wer klopft, dem wird aufgetan. Es gab sogar eine Klingel, auf der in einer winzigen Handschrift stand: KNMF. R. Omar Casimire. Founder.

Ich musste kein zweites Mal klingeln, die Tür hatte sich wie von selbst geöffnet. Vor uns stand der Gründer persönlich, der sich politisch korrekt nicht beschreiben lässt, wie aus Tausendundeiner Nacht: Ein zierlich gealterter Märchenprinz mit einem schmalen kupferbraunen Gesicht, gekrönt von schwarzen mit Silber durchzogenen Locken, streng nach hinten gebunden, ein herrlicher Mund mit sehr weißen Zähnen und ein bartloses, frisch rasiertes Kinn über dem schneeweißen Kragen eines frisch gebügelten Hemdes. Er trug helle Hosen und leichte Sandalen. Vermutlich war er in seinem früheren Leben Tänzer gewesen, denn mit fast schwebender Leichtigkeit verwandelte er die Hütte in eine Quecksilberbühne, während er sich mehrmals um die

eigene Achse drehte und fast singend Welcome, Welcome!
rief. Dabei streckte er uns seine Arme entgegen, als wären
wir alte Verwandte aus Übersee.

R. Omar Casimire brauchte keine Sekunde, um uns klar
und deutlich vor Augen zu führen, dass es ums Große
und Ganze ging, um nicht weniger als die Rettung der
Menschheit. Die Wände seiner Hütte waren tapeziert mit
Visionen, mit den großen architektonischen Plänen von
morgen, mit Entwürfen für eine Landschaft, in der sich die
Sümpfe ins Paradies verwandeln und sämtliche Stürme auf
immer gezähmt sind: »Our vision is to construct the first
leed certified platinum museum of its kind in America.«

Kein Zweifel, R. Omar hatte beschlossen, dem Schicksal
entschieden die Stirn zu bieten: »To provide a place to ho-
nor those who perished in Hurricane Katrina, remember
and learn from the catastrophe, and celebrate the strenght
of the survivors and those who came to rebuild.« KNMF.
Katrina National Memorial Foundation. Eine phantastische Gründung, ein herrlicher Plan, nur die Schlange des
Volkes war ausgeblieben, auch hier waren wir die einzigen
Gäste, die ergriffen der Geschichte von Omar lauschten,
der vor zehn Jahren in einer einzigen Nacht alles auf einmal verloren hatte, allem voran seine Mutter, die ihm jede
Nacht im Schlaf erschien, um ihn an seinen Auftrag zu erinnern, der kein Auftrag war, sondern ein Gelübde.

Denn auch seine Mutter war vermutlich ein Twister
gewesen, a real twister, sagte Omar, sie gab niemals klein
bei, und als ich sie aus dem Wasser zog, um die letzten
Worte von ihren Lippen zu lesen, wusste ich sofort, was
für immer zu tun ist. Während er sprach, standen Tränen
in seinen Augen. Ich sah die kopflose Hose Katrinas, ich

sah, wie der Mississippi über die Ufer trat und wie das sinnlos erbeutete Erntegerät haltlos durch die allamerikanische Landschaft flog. Ich sah AnnAdams auf einem Besen reiten, mit der Linken lenkend, mit der Rechten fest ihre Handtasche umklammernd, dicht gefolgt von Irma, Baba und Wanga, während unten die Sumpfbewohner versuchten, kleine Boote und Flöße zu bauen, um doch noch ans rettende Ufer zu kommen. Ich sah, wie der Friedhofsgärtner die freien Schubladen zählte und wie die Touristen ihre Papiere prüften, auf der verzweifelten Suche nach ihrer Reiserücktrittsversicherung. Aber es war zu spät, der letzte Zug war längst abgefahren, die letzte Schublade längst verkauft.

Wer jetzt kein Haus hat, baut sich keins mehr, sagte AnnAdams bedeutsam, während sich Omar lachend die Tränen abwischte, obwohl es gar nichts zu lachen gab, weil er das deutsche Sprichwort von dem, der zuletzt lacht, vermutlich genauso wenig kannte wie Rilke. Aber irgendwann, sagte Omar, kommt der Jüngste Tag und mit dem Jüngsten Tag das Jüngste Gericht, das zu unseren Gunsten entscheiden wird. Spätestens dann wird hier keine Hütte mehr stehen, sondern ein großer Palast, ein großer Palast aus reinem Glas, das grüne Museum der Zukunft: 2525 Desoto Street, New Orleans, Louisiana, wo die Stürme für immer zur Ruhe kommen und endlich keine weiblichen Namen mehr tragen.

Und wer soll das bezahlen, fragte AnnAdams? Leute wie Sie, sagte Omar entschieden, die größten, klügsten, reichsten und besten. Er zog einen Ordner aus dem Regal, schwer und schwarzweiß, Zeugnis seiner unermüdlichen Korrespondenz mit der ganzen Welt. Oben links stand die Adresse seiner ertrunkenen Mutter, oben rechts die Adressen derer, die er in den letzten zehn Jahren angefragt hatte, eine schier endlose Liste, auf der sich, neben der englischen Königin, Barack Obama und Papst Franziskus auch Madonna, Henry Today, Lady Gaga und die Kanzlerin von Deutschland befanden. Dass er bis dato von niemandem eine Antwort erhalten hatte, machte ihm nicht im Geringsten zu schaffen, er verschickte die Briefe immer wieder von vorn. Antwort braucht Zeit, sagte R. Omar, aber am Ende werden sie alle begreifen, dass kein Fluss ungestraft über die Ufer tritt.

Während AnnAdams nach ein paar kleineren Scheinen suchte, las ich den Bittbrief an die pausenlos wechselnden Adressaten immer wieder von vorn und geriet dabei wieder ins Schwanken. Doch es war nicht der Bittbrief und auch nicht Katrina, sondern Omars Stammbaum, der den Schwindel in meinem Kopf erzeugte, weil seine Äste und Zweige sich in alle Himmelsrichtungen ausstreckten, weil seine Geschichte einfach kein Ende nahm, weil in seinen Adern alles zusammenfloss, der ganze allamerikanische Kontinent. Sein Vater ein persischer König, seine Mutter aus Afrika und er (Selbstauskunft) der Goldene Schnitt, ein Märchenprinz, der von einem Museum der Zukunft träumt. Erst das Hochwasser hatte sie gleich gemacht, sie trugen alle dieselbe Krone, verraten, vergessen, unsere Liebe, ihr Lohn. Doch bevor sich die Schwalbe der deutschen Dichtung ein letztes Mal selbstgefällig erheben konnte, erlöste uns die Klingel der Tür.

Und wieder breitete Omar die Arme aus, um ein alterndes britisches Paar zu begrüßen, genau wie wir auf der Suche nach Wahrheit. Sobald sie die Hütte betreten hatten, versuchten sie, mit halb versteinerter Miene, das seltsame Ensemble zu erfassen, während Omar begann, die ganze Geschichte von vorn zu erzählen, ein Automat am Wegrand, in den immer dieselbe Münze fällt. Erst als Jerry ihre bewährte Waffe zog und anfing zu schießen, erwachte das Ehepaar aus seiner Starre. Aber weil sie Briten und höflich waren, zuckten sie nicht mit der Wimper, Gäste und Porträt in einer Person, bis Omar uns kurz vor Abschied drängte, uns endlich ins Gästebuch einzuschreiben.

Nicht nur ich, auch die Briten begriffen sofort, dass das Gästebuch unsere Rettung war, dass wir, solange wir nicht unterschrieben haben, Katrina niemals entkommen werden. Also reihten wir uns in die Schlange ein, in die endlose Liste von fremden Besuchern, unter denen sich, wie ich bei Unterschrift feststellen konnte, kein einziger Amerikaner befand. Sie waren von überall gekommen, aus Dänemark, Norwegen, Frankreich und England, aus Österreich, Deutschland und aus der Schweiz, in Zeile sechzig war sogar ein Russe dabei. Aber von nebenan war niemand gekommen, denn die Nachbarschaft war mit sich selbst beschäftigt. Nach den Briten, AnnAdams, Jerry und Foma setzte ich meine Unterschrift in die letzte freie Zeile von unten, während R. Omar begeistert rief: All the way from Germany!

Als wir das Museum der Zukunft verließen, schien von oben herab die allamerikanische Sonne. Die Ausflugsdampfer waren randvoll, und mitten im französischen Viertel stand auf dem Hauptplatz, hoch zu Ross und in Gold gegossen, von den Ereignissen der Geschichte wenig berührt, die heilige Johanna von Orléans, die nach fünfhundert Jahren noch immer so tat, als hätte sie mit New Orleans nicht das Geringste zu tun. Sie ritt stur geradeaus, mitten hinein in die zehnte Schlange des Volkes.

Denn was ist ein Twister gegen ein Weltreich, was vermag die Wut eines Sturms gegen den Glauben der Jungfrau, was vermag die schreckliche Rache der wilden Natur gegen den Willen eines einzelnen Menschen, der schwerelos durch die Luft in den Kampf fliegt, aus jedem Zusammenhang losgerissen, als ritte ein Heer von Hexen auf den heißen Besen des Fortschritts durch die Luft einer frisch entbundenen Welt, bis kein Stein mehr auf dem anderen bleibt. Was ist Katrina gegen Johanna und gegen ihren Sieg über England, und was vermag die Demokratie in Amerika gegen das süße herrliche Frankreich und gegen die zehnte Schlange des Volkes, die, als wäre nicht das Geringste geschehen, unter der Sonne des Mittags einen altfranzösischen Kaffee trinkt, der fast so gut wie der Kaffee in Bisbee schmeckt.

Kein Gedanke an Rache oder Vergeltung, nichts als der alte Wunsch nach Versöhnung, nach einer Dampferfahrt unter der Führung eines französischen Kapitäns, der die alten Geschichten von Tom Sawyer erzählt, während der Stewart beflissen Katzenfelle gegen das Frösteln verteilt. Dass man die Jungfrau von Orléans, in die Lisa Simpson und Mark Twain bis heute verliebt sind, auf einem Scheiterhaufen verbrannte und ihre Asche ins Grab eines Flusses warf, an dessen Namen sich auf den Dampfern des Mississippi vermutlich niemand erinnert, trübte die Stimmung des Tages genauso wenig wie die Liste der Namen von zehntausend Toten, die irgendein freundlicher Spender in die Mauer des Saratoga-Hauses gegenüber der Stadtbibliothek hatte einritzen lassen, wo, großzügig über zehn Stockwerke verteilt, die Werke der Künstler von morgen hängen, die versuchen, die Zukunft in neuen Farben zu malen.

Als Jason, der zugereiste Concierge, der seinen besten Freund an Katrina verloren hatte, uns eine Führung durch alle Etagen anbot, winkten Jerry und Foma gelangweilt ab, denn sie hatten die Lust an der Zukunft verloren, sie waren auf nichts als die Gegenwart aus, während AnnAdams auf der anderen Straßenseite neben der Bibliothek verschwand, um eine Double Red Road auf die Toten zu rauchen. Übrig blieb ich, denn vor der Tür stand die Wahl, und ich sammelte immer noch Stimmen, weshalb ich mich gegen den Dampfer, gegen Johanna und gegen American Spirit entschied, um stattdessen Jason zu folgen, der mir bis hinauf in den zehnten Stock einen Vortrag über den Widerstand durch Neuaufbau hielt, bevor wir zurück ins Erdgeschoss stiegen, um vor die Tür auf die Straße zu treten und in der langsam untergehenden Sonne die in die Hauswand gemeißelten Namen zu zählen. Erst als ich auf den Namen von R. Omars Mutter stieß, hörte ich auf zu zählen und schloss die Augen, denn in der Ferne erschienen Kirche und Turm, das Weiße Haus und der Obelisk.

Ich packte zehntausend Meilen und Stimmen in einen Sack, schnürte ihn oben fest zu und überquerte die Straße, wo Red Ruby bereits mit den Hufen scharrte. Ich warf den Sack nach hinten zwischen die Koffer und stieg ein. Und obwohl Jerry noch immer auf Abstecher aus war und immer wieder nach Florida rief, nach Prinzen, Stränden, Lichtern und Drinks, kannte AnnAdams weder Erbarmen noch Gnade, weil Red Ruby besser wusste als wir, dass wir, wenn wir das Ziel noch erreichen wollten, schlicht und einfach durchfahren mussten, denn inzwischen war es stockdunkel geworden. Als Foma, vermutlich aus purem Ehrgeiz, zum letzten Mal die Route in die Waagschale warf und nach der richtigen Straße fragte, sagte AnnAdams so entschieden wie streng: Right or wrong is not the question: This is the road, and we are on it.

Also fuhren wir weiter und ließen den Rest einfach links und rechts liegen: Alabama, Georgia und Tennessee, die Lieder und das Denkmal von Elvis, Florida, Nord- und Südkarolina. Und die Geschichte von Michael, der uns im letzten Motel vor D. C., dessen Namen ich bis heute erfolgreich verdränge, darauf hinwies, dass Mörder bekanntlich überall lauern und dass, selbst wer ehrlich bezahlt, keinen Anspruch auf Sicherheit hat. Michael war schwarz und fröhlich und übergewichtig (Selbstauskunft), so dick, dass er nicht mehr aussteigen konnte, weshalb er eines Tages beschlossen hatte, einfach drinnen sitzen zu bleiben, im beweglichen Kokon eines Wachmanns, der eher einem überdachten Rollstuhl als einem ernsthaften Auto glich, in dem er Nacht für Nacht das Gelände des Motels umkreiste. Er trug eine leuchtende Weste aus hellgelbem Gummi und am Gürtel eine zierliche Handfeuerwaffe, von der er, daran bestand kein Zweifel, im Notfall jederzeit Gebrauch machen würde.

Hast du keine Angst vor den Mördern, fragte ich Michael, während ich im Nieselregen neben seinem Vehikel stand und die erste American Spirit des Tages rauchte. Michael zog eine kleine Flasche aus seiner Weste, reichte sie mir und sagte: Vor Jahren hat mir ein Medizinmann ein Zaubermittel gegen die Geister meiner Mörder gegeben.

Man kann es nicht zeigen, aber man kann es trinken: In nomine patris et filii et spiritus sancti. Und was heißt das?, fragte ich. Keine Ahnung, sagte er, aber es wirkt. Während ich trank, schlug er mir lachend auf die Schulter und sagte: Sie verstehen mich falsch, ich selbst trinke nie, keinen einzigen Tropfen, die Waffen sind scharf, und die Stellen sind knapp.

In dieser Nacht begann ich, die Bibel von hinten nach vorne zu lesen, und stieß auf die Hochzeit zu Kana. Während AnnAdams, Foma und Jerry im Tiefschlaf lagen, reihte ein Wunder sich an das nächste, bis ich schließlich davon überzeugt war, dass, was außer mir offenbar keiner wusste, die Tafel im Weißen Haus schon seit Wochen für uns gedeckt ist und dass im Vorgarten ein riesiger Truthahn logiert, in der frohen Erwartung, zum höheren Zweck der Erlösung der dort versammelten Gäste, endlich geschlachtet und gebraten zu werden, denn Thanksgiving stand vor der Tür. Höchste Zeit also, im Tocquevilleerker das Erntegerät zu polieren und meine Festrede entsprechend auf Linie zu bringen.

Ich sah überdeutlich schon alles vor mir: Wie wir die Sechzehnte Straße hinunterfahren, vorbei an Kirchen und Tempeln, flankiert von Abraham Lincoln, hoch zu Ross und mit Ofenrohrhut, bis wir im Triumphzug das Weiße Haus erreichen: den grünen Teppich des frisch gemähten Rasens, den frisierten Park, den taufrisch gepflasterten Vorplatz, auf dem sich die elfte Schlange des Volkes formiert, während eine Kapelle in den Kostümen von Uncle Sam in die Posaunen von Jericho stößt und auf frisch bezogene Trommeln schlägt, von allamerikanischen Flaggen umzingelt, die sich knatternd im Ankunftswind drehen. Um unserer Ankunft eine Note von Sieg zu geben, hatten wir Red Rubys Heck mit einem riesigen Banner geschmückt, auf dem in großen Buchstaben stand: MsAnnAdams for President.

In der Luft lag Verheißung, die frohe Botschaft des Volkes, es werde sich auf den letzten Meilen doch noch gegen den Humbug und damit für uns entscheiden, für die Schrecklichen Vier. Denn wir hatten gewonnen, wir hatten ohne Schramme und Kratzer das Rennen gemacht, weshalb uns niemand mehr den Pokal würde ablaufen können. Während ich von einer Zeile zur nächsten sprang und meine Rede mit den Zitaten der Großen schmückte, war Jerry neben mir damit beschäftigt, in ihrer Objektiven Tasche die Schätze der letzten Wochen zu heben und die jüngsten Bräute in die passende Ordnung zu bringen.

Zehntausende Bilder von einer Reise, Träume, Schatten und Schemen, die eng aneinandergedrängt meine Nächte bewohnen und mich immer wieder von vorn an alles erinnern, an meine vergeblichen Verhandlungen mit Doktor Link, an unseren Besuch bei den Gretzkys, an den Twister Aurora, an die alles verzehrenden Silberfische, an Johannas verzauberten Garten, an die letzte Double Red Road beim Jüngsten Gericht von Tarantino. Alles hatte die Königin dokumentiert, ohne sich, von einem winzigen Fehltritt an der Grenze von Mexiko abgesehen, jemals selber ins Bild zu setzen. Denn hinter dem Steuer saß Foma und neben Foma AnnAdams, die, mit der Landkarte auf dem Schoß, ihren vorläufig letzten Vortrag hielt. Allamerikanisches Wahlrecht. Kompliziert und unübersichtlich, sagte AnnAdams, weil nicht der Bürger, sondern der Wahlmann gewinnt, nicht die Mehrheit, sondern ihre Vertreter. Electoral College. Letzte Rätselfrage kurz vor Schafott: Wie geht die ganze Geschichte aus?

Russische Bauernmultiplikation, sagte AnnAdams. Aber sosehr wir uns auch bemühten, wir begriffen den mathematischen Vorgang nicht. Sie wurde trotzdem nicht müde, ihn immer wieder von vorn zu erklären, die roten, die blauen, die schwankenden Staaten. Und über allem der große Rest, eine Landschaft, die nicht zu fassen ist, die sich nicht nach x hin auflösen lässt, grau in grau wie die demokratischen Esel und die republikanischen Elefanten. Wobei AnnAdams kein Hehl daraus machte, auf welches der beiden Tiere sie setzte, so wie Foma uns nicht verschwieg, was er uns schon kurz hinter Boston verraten hatte, dass er von Wahlen nichts hielt und dass das Banner am Heck nichts als reine Kunst sei, bestenfalls ein Zitat, fügte er lachend hinzu, eine private Liebeserklärung.

Der Empfang in der Hauptstadt gab ihm recht. Denn meiner hochgestimmten Erwartung zum Trotz war niemand gekommen, um uns zu begrüßen. Keine Fahne, kein Stern und keine Kapelle, die der elften Schlange des Volkes Kenntnis davon hätte geben können, dass wir tatsächlich die Ersten sind, die auf den Spuren eines russischen Kleinplaneten das riesige Land für immer durchquerten, über zehntausend Meilen von Ost nach West und von Südwest nach Ost und das alles in weniger als sechzig Tagen. Von Applaus keine Spur. Der Straßenrand blieb verdächtig still, als hätte sich überhaupt nichts ereignet, als wären wir nirgendwo angekommen.

Was habt ihr erwartet, fragte AnnAdams nüchtern und schloss ihre Akte, schließlich sind wir hier nicht im Prater. Kein Gedanke an Kirmes, Pomp und Posaune. Außerdem war kein Parkplatz zu finden. Wir fuhren fünfmal ums Weiße Haus, bis wir in einer Seitenstraße doch noch auf eine Lücke stießen, die für Red Ruby allerdings um Längen zu klein war, weshalb Foma sie, unter Protest von Ann-Adams, schräg auf dem Bürgersteig parkte. Also ließen wir sie einfach im Strafraum stehen, denn wir waren hungrig und durstig, und Königin Jerry klagte bereits seit Stunden über den Zustand der Unterzuckerung.

Hinter dem Weißen Haus versank langsam die Sonne, in der ein auf einem Grashalm kauender Reiter verschwand. Dahinter erhob sich der Obelisk. An einer kleinen Bude kauften wir Hotdogs und Wasser und starrten benommen in einen leeren Park, in dem Washington vor gut zwei-hundert Jahren noch Schafe und Kühe geweidet hatte und in dem jetzt zwei Mädchen einem portugiesischen Wasser-hund absichtslos Stöckchen zuwarfen, die er schwungvoll apportierte. Auf dem Dach patrouillierten zwei Wachmän-ner, vermutlich in kugelsicheren Westen, schwer bewaffnet und mit einem Fernrohr versehen, durch das sie uns ihre Aufmerksamkeit schenkten.

Denn wir sahen wenig vertrauenswürdig aus, vermutlich sogar ein bisschen verkommen, wir hatten die ganze Nacht im Auto verbracht, wir waren ungekämmt und verschwitzt, und vermutlich rochen wir schlecht. Doch ich war nicht bereit, klein beizugeben, ich wollte, genau wie Ilf und Pe-trow, in das Innere des Weißen Hauses gelangen, ich wollte ein erstes und einziges Mal die allamerikanischen heiligen Hallen betreten, jenen geheimnisvoll runden Raum, in dem sie vor achtzig Jahren, unter den alten Stichen des Missis-sippi, die Nischen mit Schiffsmodellen dekoriert, an einem Schreibtisch mittlerer Größe mit einer brennenden Zigarre in der Hand und einem Tschechow'schen Kneifer auf der Nase in Roosevelts großes schönes Gesicht geblickt hatten.

Denn ich glaubte noch immer fest daran, dass auch für uns, die Schrecklichen Vier, irgendwo dort drinnen ein Tisch gedeckt sei, noch runder und größer als die Tafel von Artus, an der neben König Obama eine Königin namens Michelle saß, die alle Gäste freundlich begrüßen würde, auch Foma, Jerry, AnnAdams und mich. Ich hörte bereits ihre freundliche Stimme, mit der sie erwartungsvoll Welcome! rief und: All the way from Germany! Und ich sah, wie sie uns freundlich anweisen würde, den einzig für uns reservierten Platz zu finden. Denn wer da klopft, dem wird aufgetan.

Der Tisch war fürstlich gedeckt: Zwischen kristallenen Gläsern und Silberbestecken standen hinter Tellern aus kostbarem Porzellan, flankiert von Servietten aus frischem Leinen, in die die amerikanische Flagge eingestickt war, kleine Karten aus von Hand geschöpftem Papier, die in von Hand geschriebener Tinte die Namen der geladenen Gäste trugen. Die Karten für die Doppelagenten waren mit doppelten Namen versehen, die der Spione mit den Decknamen der letzten drei Generationen. Alle glücklichen Spione sind einander ähnlich. Wie frisch gebadete Kinder saßen sie alle mit kleinen Knöpfen im Ohr und mit leicht geröteten Wangen am selben Tisch und waren, in Erwartung der Mahlzeit, damit beschäftigt, Brieftauben zu twittern und die steigenden Kurse für Pelze und Katzenfell zu studieren, denn obwohl es noch immer trügerisch warm war, wussten sie alle, dass vor der Tür ein eiskalter Winter stand.

Beim Anblick des hungrigen Publikums fühlte ich mich

plötzlich zurück in die Loge von Marta Beckets Theater versetzt, wo man mir einen Ehrenplatz zwischen Ilf und Petrow anwies, während man AnnAdams zwischen den Trones platziert hatte. Foma saß neben Snowden und Jerry neben einem blutjungen Botschafter aus Neuseeland, der ihr bereits beim Aperitif die Datscha der Zukunft versprach. Auf magische Weise saß jeder von uns am richtigen Platz, genau dort, wo wir, dem Protokoll entsprechend, je nach Alter, Größe und Sprachfähigkeit, am wenigsten Schaden anrichten konnten.

Denn der kopflose allamerikanische Tisch, egal wie rund er auch ist, verliert den feinen Unterschied nie aus dem Blick, weil der Countdown der Geschichte noch aussteht. Schließlich kann man sich niemals ganz sicher sein, dass sich nicht plötzlich einer erhebt, um unvermutet die falsche Rede zu halten, wenn er ein letztes Mal Tocqueville zitiert: »Als die Welt voll sehr großer und sehr unbedeutender Menschen war, voll sehr reicher und sehr armer, sehr gelehrter und sehr ungebildeter, da wandte ich den Blick von den ersteren ab, um die letzteren zu betrachten, und diese erfreuten mein Auge; aber ich sehe ein, dass diese Neigung meiner Schwäche entsprang; weil ich nicht alles, was mich umgibt, gleichzeitig beobachten kann. Die Nationen unserer Tage vermögen an der Gleichheit der gesellschaftlichen Bedingungen nichts mehr zu ändern; von ihnen aber hängt es nun ab, ob die Gleichheit sie zur Knechtschaft oder zur Freiheit führt, zu Bildung oder Barbarei, zu Wohlstand oder Elend.«

Doch an diesem Abend blieb uns Tocqueville erspart. Stattdessen erhob sich, wider Erwarten, Jewgeni Petrow und sagte in gebrochenem Englisch: Ich möchte Ihnen ein

Märchen erzählen. Der müde Pharao stutzte, doch die Königin hob huldvoll ihren gut durchtrainierten rechten Arm, griff nach einem silbernen Löffel, schlug damit gegen ihr Glas und sagte, indem sie nach einem Dolmetscher winkte, so bestimmt wie höflich: Der russische Gentleman möge sprechen. Das ist die Wahrheit, und hier ist das Märchen, das Jewgeni Petrow, kurz bevor er in jenem hässlichen Krieg, den Solomon Trone schon in Texas vorausgesagt hatte, in einem Flugzeug zwischen Erde und Mond verschwand, dem König und der Königin vortrug:

Es lebten einmal zwei Kaufleute. Der eine lebte nach der Kriwda, der andere nach der Prawda. Und so wurden sie auch von allen genannt, der eine Prawda, der andere Kriwda. Höre, Prawda, sagte eines Tages Kriwda, es lässt sich doch in der Welt leichter nach der Kriwda leben. Nein! Also dann lass uns wetten, pass auf: Du hast drei Schiffe, und ich habe zwei. Wenn die ersten drei Menschen, denen wir begegnen, sagen, es sei leichter, nach der Prawda zu leben, so sind alle Schiffe dein. Und wenn nach der Kriwda, so sind sie mein.

Über kurz oder lang begegnete ihnen ein Kaufmann. Sag, Kaufmann, wie lässt es sich in der Welt leichter leben: nach der Kriwda oder nach der Prawda? Ich habe nach der Prawda gelebt, und das ist mir schlecht bekommen. Jetzt lebe ich nach der Kriwda, die Kriwda ist besser! Dann fuhren sie weiter und begegneten nach einer Weile einem Bäuerlein: Sag, guter Mann, wie lässt es sich in der Welt leichter leben, nach Kriwda oder nach Prawda? Bekannte Sache – nach Kriwda! Nach Prawda kommt man nicht einmal zu einem Stück Brot!

Auch der Dritte, der ihnen begegnete, sagte ihnen das

Gleiche. Da gab Prawda seine drei Schiffe Kriwda, ging an Land und wanderte auf einem schmalen Pfad in den dunklen Wald. Er kam zu einem Häuschen und legte sich unter dem Ofen schlafen. Nachts hörte er auf einmal ein schreckliches Getöse, und eine Stimme sagte: Und jetzt soll jeder von uns sich rühmen. Wer hat heute die dickste Kascha gekocht? Ich habe Prawda und Kriwda entzweit. Ich habe zwei Geschwisterkinder miteinander verheiratet. Und ich habe in ein Mühlenwehr ein Loch gemacht und werde so lange daran bohren, bis man davor Pfähle kreuzweise einrammt. Durch mich ist ein Mord geschehen. Und ich habe siebzig junge Teufel zu der Zarentochter geschickt. Sie saugen jede Nacht an ihren Brüsten. Nur der kann sie heilen, der die Feuerblume pflückt. Wenn diese Blume blüht, dann wogt das Meer, die Nacht ist heller als der Tag, und alle Teufel müssen sich fürchten.

Sobald sie verschwunden waren, machte sich Prawda auf den Weg und verhinderte die Heirat der Geschwisterkinder, besserte das Mühlenwehr aus, vereitelte den Mord, pflückte die Feuerblume und heilte die Zarentochter. Die Zarentochter wollte ihn heiraten, aber er wollte nicht. Der Zar schenkte ihm fünf Schiffe, und er fuhr nach Hause. Unterwegs begegnete er Kriwda. Kriwda staunte über den Reichtum Prawdas, fragte ihn aus, wie sich alles zugetragen hätte, und kroch des Nachts in demselben Häuschen unter den Ofen.

Die Geister versammelten sich und hielten Rat. Sie wollten herausfinden, wer ihre Absichten durchkreuzt hatte. Sie verdächtigten den Nichtswürdigsten unter ihnen und begannen ihn zu prügeln und kneifen. Da flüchtete er unter den Ofen, fand dort Kriwda und zerrte ihn hervor. Ich bin

Kriwda, sagte der Kaufmann den Teufeln, aber sie hörten nicht und rissen ihn in kleine Stücke. Man sieht also, dass es sich in der Welt besser nach der Prawda als nach der Kriwda leben lässt.

Große Stille am runden Tisch. Denn obwohl der staatlich beeidete Dolmetscher offensichtlich sein Bestes gegeben hatte, um den alles entscheidenden Unterschied zwischen Prawda und Kriwda deutlich zu machen, wobei er den Umweg über Istina ausgespart hatte, um die Gesellschaft nicht unnötig zu verwirren, hatte offenbar niemand das Märchen verstanden. Und mir wurde siedend heiß klar, dass ich in dieselbe Falle gegangen war, in die alte Falle zwischen Osten und Westen. Ich hatte vergessen, dass die Erde rund ist, eine gläserne Kugel, ich war, wie so oft, in die Hände des mächtigsten Handwerks der Welt gefallen: Nach zehntausend allamerikanischen Meilen saß ich wie die Spinne im Netz im Zentrum eines gefälschten Boten-berichts, der sich nicht mehr zurückübersetzen lässt.

Ich kaute noch immer an Tocqueville und Twain, auf Ilf und Petrow, an Karl May und den Trones, an den Gretz-kys und Snowden, an Sir Henry und Lizzy, ich kaute an Becca in ihrer verschimmelten Wand und an dem falschen Russen, der mir in einem Motel in Detroit ein Katzenfell gegen den Winter von morgen verkaufen wollte. Ich kaute an Becky und auf dem Kaktus von Foma, auf der Bibel und der Mission von George Marvin Brush, ich kaute am Mann in der Kupfermine, an R. Omars Zukunftsmuseum, am Zaun von Tom Sawyer, an meiner Liebe zu Gil und an den Zeichnungen eines Doktors aus Springfield, der nie promovierte. Ich kaute auf Lincolns Axt und an Lisa

Simpson. Und an den jüngsten Prognosen von Baba Wanga, die seit hundert Jahren erfolgreich voraussagt, dass schon morgen die Welt untergeht. Aber sie wollte einfach nicht untergehen, genauso wenig wie MsAnnAdams, die in dieser Nacht am runden Tisch des Weißen Hauses ihren Platz offenbar endlich gefunden hatte. Denn sie strahlte über das ganze Gesicht. Zum ersten Mal war sie glücklich, denn das Glück ist nicht möglich, sondern nur machbar.

Ein schönes Märchen, sagte die Königin und klopfte ein zweites Mal mit dem silbernen Löffel gegen ihr kristallenes Glas, aber jetzt wollen wir essen, der Truthahn wartet auf seine Stunde. Am Tisch wurde es zum zweiten Mal still. Denn jetzt trug man tatsächlich den Truthahn herein, und ich gebe ohne Umschweife zu, dass sich mein Mitleid in Grenzen hielt. Truthähne kann man einfach nicht lieben: Sie sind nicht nur hässlich und eitel, sondern vor allem hysterisch, weil sie sich, wie schon John Steinbeck wusste, wobei er vermutlich an die Kellnerin Lizzy dachte, in verwundbare Gruppen verwandeln und schon auf Gerüchte hin grundsätzlich in Panik ausbrechen, denn »sie sind von sämtlichen Krankheiten befallen wie anderes Geflügel, und dazu von einigen, die sie selbst erfunden haben. Sie gehören zum manisch depressiven Typ.«

Doch der Auftritt des allamerikanischen Wappentiers, das alle essen, weil keiner es liebt, war so selbstverständlich wie unvermeidlich. Thanksgiving und Erntedank in einer Gestalt. Ich sah genau, wie sich auf der Stirn von AnnAdams kleine Schweißperlen zu sammeln begannen, als man den kleinen silbernen Tisch hereinfuhr, auf dem, die rote Krone und die nackten Keulen mit einer besternten Krause geschmückt, Stars auf dem einen, Stripes auf dem anderen Flügel, der jüngste allamerikanische Truthahn saß, in Erwartung seines festlichen Endes. Denn er wusste genau, dass seine Stunde geschlagen hatte, dass man in dieser festlichen Nacht, weil die Regel es nun mal verlangt, nicht ihn, sondern wie immer nur seinen Vize begnadigen würde. Hinter dem silbernen Wagen auf vier silbernen Rädern stand die Kellnerin Lizzy.

Und plötzlich tritt jene Stille ein, die jedes Jahr eintritt, wenn man kurz vor Thanksgiving, als gäbe es wirklich etwas zu feiern, dem Truthahn die bleischweren Flügel abbindet und danach seine schwatzhafte Stimme justiert, bevor man ihm endlich die Kehle durchschneidet, ohne dass man ihm den Vorgang erklärt. Denn eine Tradition ist kein erklärbarer Vorgang, sondern nichts als ein Ritual, das sich schlicht und einfach von selber erschließt, also immer von oben herab, während man den Truthahn feierlich fesselt und bindet, erst an Flügeln, dann an den Beinen, mit Gurten aus Leder, die, kurz vor Schafott, plötzlich wehrlos zu zappeln beginnen, weil der Truthahn sehr genau weiß, was jetzt kommt, und offenen Auges der Kellnerin Lizzy dabei zusieht, wie sie, weil ihr Amt es verlangt, nach ihrem Messer greift, um die Geschichte entschlossen zu Ende zu bringen und das frisch geschlachtete Tier in die allelektrische Küche zu tragen, um es wenig später als gelungenen Braten zurück an den runden Tisch zu schieben, an dem seine fröhlichen Esser nicht die geringste Spur ihrer Tat hinterlassen.

Der Truthahn ist tot, also lebe der Vize! Denn an Festtagen wird, bis auf die Knochen hinunter, immer noch ganze Arbeit geleistet, weshalb Ilf und Petrow einfach weiterschreiben und MsAnnAdams entschlossen ihr Taschentuch zieht, eine kleine Fahne privater Ergebung. Schließlich sind wir hier nicht in Wien, sondern längst in Amerika, wo man die Mäuler mit süßen Kartoffeln stopft und mit frischen Preiselbeeren garniert, denn auch in diesem Jahr war die Ernte prächtig, und die Scheunen der Zukunft sind randvoll gefüllt.

Und während die Gäste auf Zuruf der Königin jetzt gesammelt ihre letzten Gläser erheben, tritt plötzlich jene Dunkelheit ein, in die die Geschichte des menschlichen Fortschritts bis heute gehüllt ist, jene kurze Geschichte zwischen Leben und Tod, die von einem Leben erzählt, das irgendwo in der Prärie begann, in einem Planwagen unter freiem Himmel, um nach verzweifeltem Hauen und Stechen als Truthahn im Weißen Haus zu enden, an einem runden Tisch, der kein Kopfende hat, an dem sich der kopflose Präsident erhebt, um der Welt seine letzte lyrische Botschaft mit auf den Heimweg zu geben:

The woods are lovely, dark and deep,
But I have promises to keep,
And miles to go before I sleep.

Er war nicht allein in den verschneiten Wäldern, denn er wusste genauso wie MsAnnAdams und ich, dass ihn die Fahne der Ergebung nicht retten würde. Er hatte das Spiel für immer verloren, weil er sich dem Auftrag einer Köchin verpflichtet hatte, die bis heute in Lamy's Diner sitzt und wesentlich besser als er weiß, wie man einem Truthahn die Kehle durchschneidet und die Schlangen des Volkes auf Linie bringt, kurz bevor die Polkappen schmelzen und New Orleans zum zweiten Mal untergeht. Um hier Missverständnissen vorzubeugen: Es geht gar nicht um das wirkliche Leben, es geht um Märchen und Abenteuer, um kleine Wochenendreisen zum Mond, auf dem die Königin mit ihren trainierten Oberarmen bereits einen anderen Garten betreibt, in dem auch der portugiesische Wasserhund auf seine fröhlichen Kosten kommt. Denn auch das All ist inzwischen bewässerbar, und selbst für die Großmutter eines alten Indianers, der mit fremden Gebissen hausieren geht, wird dort oben für immer gesorgt sein.

Als die Königin zum dritten Mal gegen ihr Glas schlug, denn sie hatte, das Protokoll verlangte es so, das längere Ende des Wishbone gezogen, den letzten Knochen aus dem Skelett eines Truthahns, das dem, der wirklich (tatsächlich) zu wünschen vermag, am runden Tisch eine bessere Zukunft verheißt, schlugen auch die Gäste stürmisch gegen die Gläser. Ihre Begeisterung war kaum in Grenzen zu halten, denn die Königin hielt den Wishbone hoch in die Luft und rief triumphierend: Es ist nicht nur möglich, sondern auch machbar! Dabei sah sie schön und so überzeugend aus, dass sich Königin Jerry eine objektive Scheibe von ihrer Festlichkeit abschnitt und den neuseeländischen Botschafter auf den Unterarm küsste.

Der Rest des Abends zerfloss unter diplomatischen Küssen. Und unter der Musik des chinesischen Ehrengastes, Lang Lang, der immer wieder von vorn die Ungarische Rhapsodie Nr. 2 cis-Moll in die schneeweißen Tasten schlug. Höchste Zeit, zurück auf die Straße zu kommen, sagte AnnAdams, die, inzwischen genauso schwankend wie ich, ein letztes Mal mit dem Distanzplan winkte: Morgen Abend müssen wir in New York sein, und wir sollten Ruby nicht warten lassen.

Aber der Stellplatz im Strafraum war leer. Red Ruby war nicht mehr da, nicht zu finden, sie war einfach verschwunden. Mit einem Schlag waren wir wieder vollkommen nüchtern, und obwohl AnnAdams eiserne Ruhe bewahrte, sah ich genau, wie ihre Hand plötzlich heftig zu zittern begann, als sie versuchte, sich eine Double Red Road anzustecken, erst beim dritten Mal fing sie wirklich Feuer. Selten hatte ich sie so in Aufruhr gesehen. Ich meinte sogar, Tränen in ihren Augen zu sehen. Verrat, murmelte sie, sie hat uns verraten. Dann schlafen wir eben in der Datscha der Zukunft, sagte Königin Jerry und winkte mit ihrer Visitenkarte, während sich Foma in ein Gespräch mit Becky vertiefte, aber Becky war genauso ratlos wie wir.

Wie alle Verliebten gab AnnAdams nicht auf. Sie glaubte weder an Diebstahl noch Flucht, an Entführung schon gar nicht, sie hielt Rubys Verschwinden für nichts als ein kleines Missverständnis, für eine Verwechslung in Folge von Gedächtnisverlust. Verführung durch Fortschritt. Bis zum Schluss glaubte sie an eine verborgene Seitenstraße, an die sich niemand von uns erinnern konnte, an einen Bordstein von gestern, der sich in den Bordstein von morgen verwandeln würde, an dem Red Ruby, mit dem Kopf Richtung Osten geparkt, immer noch auf uns warten würde.

Aber der Parkplatz war unwiderruflich leer. Keine Spur, keine Botschaft, keine Nachricht, kein Zettel, auf dem irgendein kleiner Dieb uns triumphierend mitgeteilt hätte, dass er den Schatz längst gehoben hatte und womöglich gewinnbringend weiterverkauft. Kein Zweifel möglich: Red Ruby hatte sich mit Sedric verbündet und in ein autonomes Auto verwandelt. Sie hatte sich für immer von unserer Herrschaft befreit und war längst auf eigene Faust unterwegs, endlich allein mit dem ferngesteuerten Algorithmus des Todes. Russische Bauernmultiplikation.

So sitzen wir jetzt, die Schrecklichen Vier, kurz vor New York auf einer verlassenen Kreuzung zwischen Kirche und Turm, zwischen dem Obelisken und dem Weißen Haus, Arm in Arm und vollkommen ernüchtert, ohne Red Ruby und Führerschein, mit einem Ziel ohne Ankunft, im Gepäck das letzte Märchen von zwei windigen Russen und mit einer allerletzten Double Red Road bewaffnet, die wir kurz vor Schafott gemeinschaftlich teilen, bevor sich unsere Wege für immer trennen werden. Aber wir können uns beim besten Willen nicht trennen: This is the road and we are on it.

Als AnnAdams die letzte Kippe in ihrer Silberbüchse verschwinden ließ, hörte ich plötzlich hinter mir eine bekannte Stimme: Darf ich Sie zeichnen? Ich stopfte das Katzenfell zurück in den Rucksack, denn mir war plötzlich wieder ganz warm geworden, während Jerry, fast schon im Halbschlaf, nach ihrer Kamera griff, ohne allerdings abzudrücken, denn sie hatte die Größe ihres Gegners sofort erkannt, und AnnAdams, als hätte man sie plötzlich in Stein gemeißelt, mit einer Stimme, die nicht mehr ihre eigene war, sagte: Nur zu! Wann, wenn nicht jetzt, und wo, wenn nicht hier.

So hat uns Brueghel der Allerjüngste doch noch erwischt und auf den letzten Drücker gezeichnet, unmittelbar neben dem Weißen Haus, am Fuß des Denkmals des unbekannten Touristen, auf dem in großen Lettern zu lesen steht: Er hat getan, was er konnte. In dieser Nacht zeichnete er uns zum ersten Mal als das, was wir sind. Ohne Auto, ohne Straße und ohne Distanzplan. Und während er zeichnet und wir langsam, aber sicher die Ketten ablegen, zieht im Osten der Morgen herauf, am Horizont wird es heller, langsam kommen wir zurück ins Geschehen. Vier unauffällig gekleidete Gestalten, die, leicht erschöpft zwar und gebückt von der beschwerlichen Reise, ihr kleines bescheidenes Glück machen wollen, das Gesicht nicht zu Boden, sondern gen Himmel gerichtet, wo wir eines Tages garantiert jenen Schatz finden werden, den man bis heute vergeblich sucht.

Denn wir haben den Delaware längst überquert, wir sind längst unterwegs an ein anderes Ufer. Auf den Karten Brueghels des Allerjüngsten sieht man nämlich genau, dass die Erde noch immer nicht rund ist, obwohl wir New York längst hinter uns haben und in Kürze ein Schiff besteigen. Zum letzten Mal blinkt das Feuer des Leuchtturms, bis Amerika spurlos verschwunden ist, nichts als eine Erinnerung. Darf ich das zeichnen? Falls Sie das können, nur zu!

Zimmer 516, Chelsea, New York City am 13. 10. 2015

DANKSAGUNG

Mein Dank gilt allen voran meinen tapferen Mitreisenden und unseren freundlichen Gastgebern. Sowie der Unterstützung durch die nordamerikanischen Goethe-Institute und die Villa Aurora, die die Nachreise befördert haben. Und, last but not least, all denen, die virtuell mitgereist sind: meinen Freunden, meiner Familie, den Betreibern von 3668.Ilfpetrow.com und dem Fischer Verlag. Ein besonderer Dank der Anderen Bibliothek, der ich die Veröffentlichung von Ilf und Petrow in der Übersetzung von Helmut Ettinger verdanke, aus der ich im vorliegenden Text zitiere.

Dass das Buch wirklich (tatsächlich) geschrieben wurde, verdankt sich einer Einsiedelei im Schweizer Wallis in der Gemeinde Leuk-Stadt.

Dezember 2017
Felicitas Hoppe

Route Ilja Ilf & Jewgeni Petrow

1935–1936

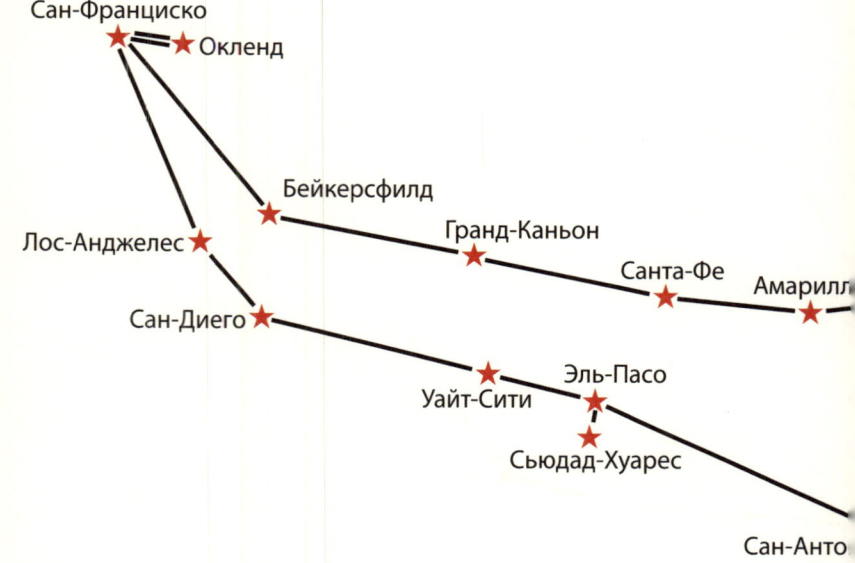

Сан-Франциско
Окленд
Бейкерсфилд
Гранд-Каньон
Санта-Фе
Амарилл
Лос-Анджелес
Сан-Диего
Уайт-Сити
Эль-Пасо
Сьюдад-Хуарес
Сан-Анто